A PELE DA HISTÓRIA

Dados Internacionais de Catalogação na Publicação (CIP)
(Câmara Brasileira do Livro, SP, Brasil)

Albuquerque Júnior, Durval Muniz de
 A pele da história : corpo, tempo e escrita historiográfica /
Durval Muniz de Albuquerque Júnior. – Petrópolis, RJ : Vozes, 2025.

 ISBN 978-85-326-6937-7

 1. Escrita – História 2. Historiografia – História
3. Tempo – História I. Título.

24-222096   CDD-901

Índices para catálogo sistemático:
1. Historiografia : História 901

Tábata Alves da Silva – Bibliotecária – CRB-8/9253

DURVAL MUNIZ DE ALBUQUERQUE JÚNIOR

A PELE DA HISTÓRIA

CORPO,

TEMPO E

ESCRITA
HISTORIOGRÁFICA

EDITORA VOZES

Petrópolis

© 2025, Editora Vozes Ltda.
Rua Frei Luís, 100
25689-900 Petrópolis, RJ
www.vozes.com.br
Brasil

Todos os direitos reservados. Nenhuma parte desta obra poderá ser reproduzida ou transmitida por qualquer forma e/ou quaisquer meios (eletrônico ou mecânico, incluindo fotocópia e gravação) ou arquivada em qualquer sistema ou banco de dados sem permissão escrita da editora.

CONSELHO EDITORIAL

Diretor
Volney J. Berkenbrock

Editores
Aline dos Santos Carneiro
Edrian Josué Pasini
Marilac Loraine Oleniki
Welder Lancieri Marchini

Conselheiros
Elói Dionísio Piva
Francisco Morás
Gilberto Gonçalves Garcia
Ludovico Garmus
Teobaldo Heidemann

Secretário executivo
Leonardo A.R.T. dos Sanatos

PRODUÇÃO EDITORIAL

Aline L.R. de Barros
Marcelo Telles
Mirela de Oliveira
Natália França
Otaviano M. Cunha
Priscilla A.F. Alves
Rafael de Oliveira
Samuel Rezende
Vanessa Luz
Verônica M. Guedes

Editoração: Piero Kanaan
Diagramação: Victor Mauricio Bello
Revisão gráfica: Bianca Guedes
Capa: Érico Lebedenco

ISBN 978-85-326-6937-7

Este livro foi composto e impresso pela Editora Vozes Ltda.

Sumário

Prefácio (*com algumas implicâncias*), 7

Apresentação
Materialismos sem materialidade, 15

A pele da história
Ou como saber servir-se de suas mãos, 29

Por uma historiografia paciente
Quando a escrita da história leva em conta os temores e os tremores das carnes, 55

A mobilização das carnes
História, desejo e política ao rés dos corpos, 81

A voz da terra
Acentos, pronúncias, cantos e espaços, 109

As regiões do existir
A espacialização do sujeito entre o mundo e a linguagem, 129

Entre a terra e o corpo
Os passos para pôr de pé uma historiografia dos espaços, 153

Entregar-se ao passado, de corpo e língua
Reflexões em torno do ofício de historiador, 185

Narrar vidas, sem pudor e sem pecado
As carnes como espaço de inscrição do texto biográfico ou como uma biografia ganha corpo, 217

"O frivião que não deixa se aquietar"
Afetos, forças, acontecimentos e descolonização do corpus historiográfico, 239

O júbilo das migalhas
Apontamentos teórico-poéticos para o futuro da história cultural, 265

O texto à prova de lágrimas
A dramática história da humanidade não é escrita para provocar o choro?, 295

Surfando à beira da falésia
Ou como o historiador navega e escreve em tempos de rede mundial de computadores, 313

A natureza avançando nas palavras
Como fazer do ambiente e do corpo parte da história cultural, 343

Com sedas matei, com ferros morri
Que nomes podem ter certas carnes e certos corpos na língua de madeira da historiografia acadêmica?, 361

Prefácio

(com algumas implicâncias)

"Se usarmos uma pá para desenterrar um baú, é possível que o baú encontrado esteja marcado pela pá que usamos" (Almeida, 2017, p. 127). Lembrei-me desse trecho de um romance ao terminar de ler *A pele da história: corpo, tempo e escrita historiográfica*, o mais recente livro do historiador Durval Muniz de Albuquerque Júnior.

Se tomo a liberdade de começar este prefácio com a escrita de um romance é porque, embora possa ser tido como um livro de Teoria da História ou de Historiografia, *A pele da história* vai além. Sua feitura atravessa os limites bem--comportados e, em público, anda de mãos dadas com a ficção, inclusive para mostrar que o texto fictício, se for bem tratado, se dispõe a dar prazeres e impactos quase inimagináveis para a escrita da História.

Sua escrita, a escrita da *pele*, assim dada ao ficcional, é comprometida e atraente, coesa e transbordante, rigorosa e destemida. O livro acontece sem vergonha das zonas esgarçadas, sem excluir as tramas que não tiveram tempo de ter o fim esperado, sem esconder os fios que ainda estão procurando fazer ou desfazer os nós no meio do caminho, sem romantizar as fímbrias para sempre desgastadas.

Este é um livro com letras encarnadas, que espantam e alarmam a aproximação do pensamento abstrato. Este é um livro com palavras que podem ser lâminas cortantes ou carnes cortadas. Livro com páginas que mostram os dentes de raiva ou de sorrisos.

Tudo indica que essa maneira de escrever vem do gosto incontornável que Durval Muniz de Albuquerque Júnior nutre pela imaginação, principalmente a imaginação literária, parecido com o gosto de pensadores que negaram a memória espectral do pai (e da mãe), como é o caso de Barthes ou Deleuze, na medida em que diversificaram as (des)crenças na Psicanálise.

Aqui, o passado convocado não evoca palavras de ordem. Não é obrigatório, e passa a ser uma questão de pele.

Durval Muniz de Albuquerque Júnior mostra aquilo que poderia ser o mais evidente na operação historiográfica: a pele. O maior órgão do corpo, costuma-se dizer. Mas, aqui, tamanho não é documento. O que mais mobiliza as letras encarnadas não é o tamanho, e sim o contato.

Afinal, quem está na linha de frente do contato é ela, a pele. É dela que vem a experiência da aceitação ou da repulsa, do nós e do eu, sempre em relações historicamente situadas, quer dizer, jamais em definições acima da nossa condição material atrelada ao tempo e suas travessuras.

Sem pele não dá, não rola — lição da vida que o nosso autor leva para a historiografia que se deseja viva.

Uma história dos contatos, inclusive do contato da pele com os objetos. Nisso e por isso, as considerações deste livro a respeito dos "materialismos sem materialidade" parecem demolidoras, e talvez sejam mesmo.

Um livro de crítica e crítico? De reflexão e ponderação? De combates e rebates? Sim, não há dúvida. Até porque

Durval Muniz sabe usar, e usar muito bem, as estratégias do discurso, e não esconde isso de ninguém. Faz parte da sedução. Ilude-se redondamente quem vê nisso tudo alguma profundidade. "É diferente" – Escuto, querido amigo Durval, a sua voz dizendo isso.

A beleza da reunião de textos em formato de livro vem, entre outras coisas, do elogio à superfície, ou melhor, da sua delicadeza perspicaz em problematizar a velha polaridade entre o profundo e o superficial, entre a essência e a aparência, entre o dentro e o fora.

Daí, o apelo rigoroso e terno "por uma historiografia paciente", como mostra o título de um capítulo. Daí, o debate sobre atravessar a "beira da falésia", termo usado no título de outro capítulo. Capítulo, como era de se esperar, também em acordos e conflitos com outras autorias.

Este livro, compreendo-o por sua busca de interlocução, interação. Busca por esse lugar que só existe quando vozes diferentes atuam, não numa polifonia já dada na partitura, mas na inquietação compartilhada.

Talvez seja esse um dos segredos deste livro, que o tornam belo e provocativo: a generosidade de convocar (re)leituras. Tal como eu o sinto, este é um livro engendrado por imagens de consideração. Mais do que ponderar, pensar, apreciar, calcular ou conceber, o verbo considerar relaciona-se com levar em conta, meditar com cuidado e para cuidar.

Belo a começar pelo título, este livro considera que, além de boas amizades com a ficção, a *História vista de baixo* e a *Micro-História* precisariam assumir suas peles com mais vigor, precisariam lidar de maneira mais incisiva com a superfície de coisas humanas e "não humanas" em suas temporalidades.

A pele, eis a questão, é um meio potente para o desmanche da História, que, ao invés de ser povoada com gente, é ocupada por conceitos, tabelas, métodos. Se não há pele na História, o pensamento se põe numa espécie de mirante e daí não arreda o pé. Vê de cima e por cima. Pensa por meio do sobrevoo, como alertava Merleau-Ponty.

Abraçar a materialidade do mundo, eis uma proposta incontornável deste livro. Mas como? O livro indica respostas com trajetos, ou melhor, linhas de fuga que se espalham pelos recortes temáticos de cada capítulo. Por exemplo: trabalhar com a História como uma espécie de ficção, uma ficção com suas especificidades. Mas por quê? Ficcionistas sabem lidar com a materialidade, precisam desse saber como se fosse um pressuposto, para dar carne e temporalidade a personagens, situações, tramas, conflitos.

Além disso, ou subjacente a isso, a escrita da História assumiria as ficções capazes de recriar o nosso contato do dia com a noite. Principalmente considerando que a noite quase sempre não é nossa. Nem seria bom que fosse. Se a noite fosse nossa, o princípio estaria no verbo (eis, contraditoriamente, o limite de toda e qualquer ficção: a noite).

A questão, ele diz, é "ver o que eu consigo inventar para você poder me colocar em um livro". Ela responde que o problema é saber se a invenção alcançará o ponto "para *valer a pena* colocar você num livro" (Coetzee, 2007, p. 239). Ele e ela são personagens de outro romance que me veio à memória depois de ler *A pele da história*. Ele quer saber como entrar em um livro, enquanto ela, que é escritora, diz que, para entrar em um livro, ele deve ser um personagem que *vale a pena*.

Debate de romance, caro ao modo de escrever um romance, mas também caro à escrita da História, tal como Durval a concebe. Quando se lê *A pele da história*, nota-se que não é à toa o empenho na construção de personagens. No primeiro capítulo, conhecemos Fernanda; e no último, Gisberta. Personagens paralelas que se encontram no infinito.

Fernanda e Gisberta, de alguma maneira suas vidas e suas mortes estão aqui. Durval as considera de maneira comprometida e comovente, com um modo generoso e firme de atenção, que elas não tiveram tempo de receber.

A construção dessas duas personagens inicia e finda este livro que defende, do início ao fim, a existência de operações historiográficas com personagens. Aliás, em um capítulo mais ou menos no meio do livro, um grande estudioso da ficção também é tratado como personagem. Barthes é implicado com todo prazer no funcionamento do texto.

Personagens existem em narrativas, seja na escrita, seja na oralidade. Até aí, tudo bem, os teóricos da História não se arranham. Ninguém morde ou é mordido por causa disso. A confusão começa quando se conclui que não deixamos de ser personagens na vida de cada dia, porque, no final das contas, não abandonamos a ficção só porque estamos no rala e rola do cotidiano. E a confusão aumenta quando a História assentada em alguma "ideia fixa" se sente procuradora-geral da "realidade", fiscalizadora de carnes (ou corpos), ou responsável pela emissão de carteiras de identidade da "marca humana" (Roth, 2002).

A confusão é até animada, devo admitir. Mas, pela atual conjunção dos astros, descamba mesmo é para a judicialização conservadora, principalmente com as demandas pela volta da autoria catedrática. O par romântico "vida e obra", afinal, voltou à dança das cadeiras (brincadeira que sempre achei de mau gosto).

Durval, gosto de ver que você continua jogando lenha nessa fogueira (perdoem-me a expressão ancestral; confesso, desde já, que tenho a maior simpatia pelos movimentos ecológicos, principalmente os anticapitalistas).

Você, Durval, se implica, se assume como intelectual em tempos de fascínio perverso e envolvente com o anti-intelectualismo. Aos fascinados, o jogo mais parece uma guerra, ora explícita pelos tais "cancelamentos", ora camuflada pelos agrupamentos de autoelogio. Ver a direita aí, vá lá, faz parte, dá liga. O que dói é constatar que certa esquerda, oficial ou alternativa, triste ou festiva, antiga ou da moda, continua entrando nessa onda.

Sim, Durval, sua contribuição intelectual faz parte da parte maldita. Não precisa, nem procura, ser abençoada pelos benditos. Exatamente por isso, o prazer do texto passa pelo prazer da carne. Nos dois lugares, no texto e na carne, você se posiciona, torna-se implicado e implicante. Não vaga por aí como aquelas almas penadas, desencarnadas e descaradas, pedindo reza para alguma "ideia fixa" (como se sabe, essa foi a causa da morte de um dos principais personagens machadianos) (Assis, 2012).

O que quero dizer é que você não polemiza montado no camarote do intelectual preocupado com a manutenção e a coerência platônica do seu "lugar de fala". O seu "lugar" é o trânsito, a travessia, a busca do "outro", não para estudá-lo ou reduzi-lo ao "mesmo", e sim para considerá-lo. Incomoda, é verdade. Torna-se inadequado, também é verdade. Mas incomodar e ser inadequado não é uma parte inegociável do ofício da História?

A mim me traz felicidade ver que seu novo livro forma uma trilogia de Teoria da História com outros dois igualmente envolvidos com a escrita ensaística, compondo leituras indispensáveis para nós, que não cedemos aos que planejam transformar os saberes historicamente implicados no coro dos contentes com o mundo que está aí, como se fosse um dado, o "real" a ser ensinado em microfone de paróquia (Albuquerque Júnior, 2007, 2019). A trilogia, não será exagero afirmar, contribui decisivamente para o vislumbre de saídas.

Fico igualmente feliz de saborear sua escrita atraente e transbordante, com parágrafos longos e, às vezes, com volteios de reiteração. É seu estilo ensaístico, ainda pouco compreendido pelos vigias do "campo".

O ensaio, não vou deixar de implicar, não é bem recebido pelos "pares", muitos ainda limitados à exigência de artigos tristes para revistas que, consequentemente, vão ficando sem graça. Não encontro outra palavra a não ser "tristes", não porque estou dominado pela vontade nobre de usar metáforas, mas porque são textos que, pelo tom magistral e quadrado, me causam tristeza.

Sabe, Durval, estou lembrando, e com alegria, do nosso encontro recente, quando fui falar no seu grupo de pesquisa, o Corpus, via Google Meet. Mencionei a presença costumeira de moedas de cobre do século XIX no círculo onde são jogados os búzios em conformidade com os preceitos do candomblé (ou da umbanda, a depender do caso). Nos museus, tais moedas representam, de alguma maneira, o tempo passado e ponto-final. No mundo dos orixás, o tempo é diferente: o metal se valoriza pelo desgaste porque transitou por muitas mãos, nas situações as mais variadas possíveis. A pele da moeda importa. O seu livro, Durval, torna-se insubstituível para se acolher essa importância desprezada pelo humanismo em sua face eurocêntrica, afeita aos quiproquós das ideias de "representação" e coisas do tipo.

Já é tempo de finalizar. Prefácios alargados tornam-se enfadonhos. Volto ao início. Ao baú ferido, enterrado e desenterrado, mas não necessariamente nessa ordem. Ferimento na pele de um baú por uma pá, não se sabe quando. Seria a mesma pá que o encontrou durante a escavação? Sim e não. De qualquer maneira, houve contatos. Contatos por meio das peles de mãos e objetos. Encontros para sempre, enquanto houver tempo que os façam fabricantes e fabricações de personagens disponíveis para *valer a pena*. Mãos à obra, porque este livro tem personagens com pele.

Francisco Régis Lopes Ramos
Fortaleza, 8 de janeiro de 2024.
(dia de lembrar que o perigo continua)

Referências

ALBUQUERQUE JÚNIOR, D. M. *O tecelão dos tempos (novos ensaios de teoria da história)*. Santos: Intermeios, 2019.

ALBUQUERQUE JÚNIOR, D. M. *História*: a arte de inventar o passado (ensaios de teoria da história). Bauru: Edusc, 2007.

ALMEIDA, D. P. *Esse cabelo*: a tragicomédia de um cabelo crespo que cruza fronteiras. Rio de Janeiro: LeYa, 2017.

ASSIS, M de. *Memórias póstumas de Brás Cubas*. Belo Horizonte: Autêntica, 2012.

COETZEE, J. M. *Homem lento*. São Paulo: Companhia das Letras, 2007.

ROTH, P. *A marca humana*. São Paulo: Companhia das Letras, 2002.

Apresentação

Materialismos sem materialidade

No final do capítulo sobre a mercadoria, do livro 1 de *O capital*, na seção intitulada "O caráter fetichista da mercadoria e seu segredo", Karl Marx imagina uma espécie de fábula, em que a forma-mercadoria se põe a falar:

> Se as mercadorias pudessem falar, diriam: é possível que nosso valor de uso tenha algum interesse para os homens. A nós, como coisas, ele não nos diz respeito. O que nos diz respeito materialmente [*dinglich*] é nosso valor. Nossa própria circulação como coisas-mercadoria [*Worendinge*] é a prova disso. Relacionamo-nos uma com as outras apenas como valores de troca (Marx, 2013, p. 217).

Logo após ele reproduz o que seria uma fala de um "economista burguês" que afirmava que o "valor (valor de troca) é a qualidade das coisas, riqueza (isto é, valor de uso) é do homem. Valor, nesse sentido, implicaria necessariamente troca, riqueza não", sendo, portanto, a "riqueza (valor de uso) um atributo do homem e valor um atributo das mercadorias". Marx finalmente assume a palavra, depois de entregá-la à mercadoria e ao economista burguês, para afirmar com certa irritação:

> Até hoje nenhum químico descobriu o valor de troca na pérola ou no diamante. Mas os descobridores

econômicos dessa substância química, que se jactam de grande profundidade crítica, creem que o valor de uso das coisas existe independentemente de suas propriedades materiais [*sochlichen*], ao contrário de seu valor, que lhes seria inerente como coisas (Marx, 2013, p. 218).

Karl Marx, antes de tudo, parece se jactar de ser ele a ter grande profundidade crítica, ao ironizar a profundidade crítica alheia. A crítica, para ele, obedece a uma certa imagem do pensamento, que seria a do mergulho, a da busca da profundidade, a procura do não visível na superfície, o ultrapassamento das aparências. A referência, no título da seção, à imagem do segredo explicita que, para ele, o trabalho crítico caminha daquilo que é manifesto, do que se vê, do que se percebe, na direção daquilo que é invisível, daquilo que não se percebe, daquilo que é a manifestação, justamente, de algo que não se sabe. Daí sua irritação com o economista burguês quando ele associa o valor de troca das mercadorias à sua materialidade mesma, à sua condição de coisa. Entre o sarcasmo e a irritação, ele afirma que nenhum químico fora capaz, até então, de encontrar inscrito na coisidade, na materialidade mesma da pérola e do diamante, o valor exorbitante que alcançavam no mercado de pedras preciosas. Para ele, o segredo da mercadoria, a verdade da forma-mercadoria, paradoxalmente, não estaria em sua forma, em sua materialidade, mas naquilo de abstrato que ela escondia, naquilo de invisível que era o que lhe conferia valor: as relações entre os homens, as relações sociais de produção. Ele chega a dar a palavra a forma-mercadoria para que ela mesma diga que o seu valor de uso, aquilo que nela parece interessar aos homens, aquilo que seria dependente de sua existência tangível, concreta, material, não interessaria nem mesmo a ela, o que lhe interessava – como parece ser o que é do interesse do autor do texto e daquele que lhe concedeu e concebeu a palavra –, seria o seu valor, a sua circulação como coisa--mercadoria, apenas quando circulava como valor de troca. O mais curioso na fala da forma-mercadoria é que ela afirma que o que interessa a ela "materialmente" é o seu valor de troca, algo que não está inscrito em sua materialidade mesma, mas na materialização de relações sociais que lhe são extrínsecas e estranhas.

Aprendemos com passagens como essas, do grande pensador materialista histórico, do grande crítico realista, que a verdade das coisas não estão nelas mesmas, que devemos procurar, para além da coisidade tangível das coisas, processos e determinantes invisíveis, estruturais, muitos deles de materialidade inaparente, só apreensíveis, atravessando as aparências e indo se abismar no reino das essências. Talvez, por isso, a materialidade da fala do economista burguês, de sua voz, de seu escrito, seja contraposta a um discurso impossível, a uma voz fabulosa e fabulada, a voz da mercadoria que, no entanto, é a que detém o segredo, é a que fala a verdade, é a que diz aquilo mesmo que o "economista proletário", o economista não burguês queria dizer. Curiosamente, em seu momento de existência material, concreta, em sua condição de coisa, a mercadoria nada diz de si mesma, nada diz de seu segredo, olhar para sua superfície nada revelava de seu verdadeiro conteúdo. Como a forma-mercadoria é uma relação social, ela só existe alienada de si mesma, apartada de sua condição coisal, ela só existe como uma ficção, como uma construção humana da forma valor de troca, uma forma informe. Toda vez que essa forma informe ganha uma expressão material tangível, o nosso pensador materialista passa por uma alteração de humor: quando um economista burguês ousa equiparar valor de troca a dinheiro, ele merece uma verdadeira sova intelectual para aprender que o dinheiro como equivalente geral de valor é também uma ficção. Dialeticamente, a forma ficcional do valor de troca é o que não seria ficção, e a materialidade do papel moeda é o que estaria no reino do ficcional.

A mercadoria seria fetichista, justamente porque teria sua verdade naquilo que não é visível, que é do reino das forças obscuras, naquilo que atuaria nas sombras. O encanto externo das mercadorias; a atração que suas formas materiais exerceriam sobre os humanos, encobriria a feiura e a violência das relações de produção, da exploração do trabalho, da extração do sobretrabalho que elas esconderiam. Fabulando um enredo bem cristão, Marx vai dizer que a mais-valia, o trabalho não pago, as horas de trabalho não remuneradas, é a verdadeira alma da mercadoria; seu valor adviria das horas de trabalho despendidas para produzi-las. Como no pensamento judaico-cristão, a materialidade das coisas aqui vale pouco, é enganosa, é traiçoeira, é mistificadora, é fetichista. O corpo da mercadoria, que produz sedução sobre os consumidores, suas formas atrativas e atraentes, sua materialidade de objeto, não é o que importa para a economia política marxista. O material, nesse caso, é pura ilusão, miragem, a esconder segredos de muito mais valor (literalmente). Como a mercadoria possuiria uma alma, talvez por isso ela pôde se pôr a falar, para denegar, assim como faz o ventríloquo que a manipula, sua materialidade, sua condição de coisa com valor de uso para os homens (para as mulheres nem pensar), para afirmar que seu verdadeiro valor é o inefável valor de troca. Indignada, a forma-mercadoria chega a dizer que "a nós, como coisas, ele (o valor de uso) não nos diz respeito". Mas um giro dialético e desmaterializante acontece, o valor de uso, aquilo para o qual as mercadorias seriam produzidas, as necessidades materiais humanas que elas atenderiam, o valor que elas teriam para esses humanos porque corresponderiam a dadas demandas, a dados desejos humanos (mesmo aqueles produzidos pela força da propaganda), atenderiam a dados usos, não é a verdade da forma-mercadoria. As formas que teriam para atender dados usos não era o segredo de seu existir, mas seria o abstrato valor de troca, surgido na relação de comércio entre os homens, obedecendo as imponderáveis e históricas regras do mercado, aquilo, portanto, que estava fora, para além de sua coisidade mesma, que se constituiria na essência da forma-mercadoria.

Esse movimento do pensamento, que vai do concreto para o abstrato, que abandona a materialidade dos seres, dos fenômenos, dos eventos, para se dirigir à abstração dos conceitos, quase sempre genéricos e com pretensões universais, com pretensões de verdade, deslocalizada e deslocada da situação em que foi gerada, que apaga as suas origens nas condições comezinhas da vida social, na materialidade de uma dada carne, de um dado corpo, levou à prevalência de um materialismo sem materialidade. Um materialismo que anuncia que a verdadeira materialidade das coisas está no imaterial, na abstração conceitual que vai além da coisidade da coisa e que descobre, nesse além, a sua essência, o seu segredo. Ao fabular uma fala para a forma-mercadoria, o intelectual europeu, branco, esquece que, em sua época, nas Américas, existia uma mercadoria que não precisava de fábula para falar, existia, tal como na Antiguidade, uma mercadoria falante: os escravizados. Os homens e as mulheres negras que, embora em muitas situações tivessem a palavra negada, fossem proibidos de falar, embora fossem mercadorias, tivessem valor de uso e valor de troca, faziam, nem que fosse do grito de dor e sofrimento, nem que fosse do canto de lamento, nem que fosse dos sons inarticulados de uma súplica por misericórdia, uma forma de afirmar sua condição humana, sua condição de algo a mais do que uma coisa. Eles faziam da materialidade da voz, eles faziam da concretude do ritmo de suas carnes em dança, da sua corporeidade insubmissa uma maneira de negar a forma-mercadoria. Eles enfrentavam o segredo da forma-mercadoria, denunciavam a sua dimensão fetichista, a sua ficcionalidade, não com a abstração de conceitos pretensamente materialistas, mas com a materialidade mesma de suas *performances* corporais, com seus gritos e com seus cantos, com suas carnes em rebelião e revolta.

Fred Moten, em seu livro *Na quebra: a estética da tradição radical preta* (2023), faz uma análise dessa mesma passagem de *O capital*, para advogar que Marx aloja a sua própria voz entre a fala impossível da mercadoria e a fala possível do economista burguês, para dizer da substância material impossível da mercadoria. O ser mesmo da mercadoria não existiria antes de sua troca, antes de ser objeto de comércio. A ficção da existência de uma mercadoria antes do mercado, de uma mercadoria como coisa com valor de uso, já como promessa de ser mercadoria, ou seja, de se tornar valor de troca, seria um mero mito de origem. A mercadoria só se descobriria como tal ao ser integrada ao circuito da troca, ou seja, sua essência, sua verdade, era extrínseca a ela mesma, estava numa relação que a ultrapassava, a relação humana de troca (Moten, 2023, p. 35-46). Se a fala da mercadoria desvelava que o valor de troca era um atributo, um significado acrescentado à coisa pelas relações entre os humanos, o economista burguês, por seu turno, também atribuía aos humanos a existência do valor de uso das coisas. Em ambas as afirmações, a coisidade mesma das coisas parece não ter importância. Marx aloja sua voz entre as duas afirmações para denegar a existência da mercadoria na coisa, para afirmar o seu caráter de relação social, sem deixar também de se colocar ao lado da fala da mercadoria, que recusava possuir um valor de uso intrínseco, presente em sua materialidade mesma, sendo esse valor, também, um significado cultural. Essa discussão nos remete ao próprio caráter arbitrário do sentido, tal como foi pensado por Ferdinand de Saussure, ao fato de que a relação entre signo e sentido, significante e significado, não guarda nenhuma necessidade, é constituído na cultura e na linguagem (Saussure, 2006, p. 137-138). Mas haveríamos de perguntar: pode haver signo sem traço, sem rastro material? Mesmo na palavra, não é preciso o traço material da letra ou o rastro material do som para que qualquer sentido possa se estabelecer? O caráter humano e convencional da ideia de valor pode funcionar completamente apartado de uma referência material, nem que seja no plano do imaginário? A relação de troca pode prescindir totalmente da materialidade tangível do que nela é investido, é trocado? O valor de troca não teria nenhum amparo na coisidade mesma do objeto da troca? Que materialismo é esse que advoga a independência e prevalência total da materialidade das relações de troca em relação à materialidade da coisa trocada? Embora aquela coisa material só se torne mercadoria após ser agenciada numa relação de troca, sua materialidade de coisa continua existindo e sendo o suporte para essa mudança de significação social, sendo o que a possibilita. Além disso, como Moten chama a atenção, o argumento contrafactual de Marx, colocado na boca da mercadoria, não funciona, pois ele não leva em conta, ele silencia e esquece que existem mercadorias com subjetividades, mercadorias que se esforçam, com a fala, para deixarem de ser objeto e afirmarem sua condição de sujeitas/os.

Esse esquecimento da voz e da carne preta é apenas um capítulo da longa tradição do funcionamento na escrita historiográfica, na escrita da história, de materialismos sem materialidade, de materialismos que operam com abstrações conceituais ocupando os lugares de sujeito e de objeto das narrativas. Assim como o historiador se desmaterializa, se torna um sujeito de discurso que sequer assume a sua condição de Eu, desaparecendo sob a ficção holística de um Nós, sem rosto e sem corpo, ocupando um lugar de autoria que nem fede, nem cheira, os personagens das narrativas históricas, ditas materialistas, em muitos casos, são abstrações categoriais, abstrações sociológicas. Os agentes históricos não têm carnalidade e tudo o que isso implica: dores físicas, sofrimentos carnais, desejos, afetos, emoções, pulsões, erotismo. Os historiadores materialistas escreviam e escrevem histórias em que os sujeitos eram/são a burguesia, o proletariado, os camponeses, a classe trabalhadora, a aristocracia, quando não eram/são o capital, o capitalismo, a luta de classes, o mercantilismo, o pacto colonial, o modo de produção, a formação social etc. Essas categorias eram/são manejadas como se de gente não se tratasse/trate, como não se tratasse/trate de relações entre pessoas de carne e osso; como se elas, para terem efetividade, não tivessem que ser encarnadas e vividas por alguém tangível, alguém entregue à condição carnal. Embora se trate de abstrações conceituais, que têm como pressuposto que há algum ser vivo, algum ser humano para a elas corresponder, muitas vezes parecia que isso era esquecido e as categorias se tornavam enteléquias, entidades fantasmagóricas a se deslocarem com suas próprias pernas. Se Marx se movia do concreto para o abstrato, muitos de seus discípulos partiam mesmo era já do abstrato, muitas vezes submetendo o concreto à lógica do conceito, aplastando a materialidade mesma das coisas sob os seus significados e sentidos conceituais.

Neste livro, reúno uma série de textos que escrevi nos últimos dois anos e reivindicam a atenção dos historiadores e historiadoras para a materialidade mesma dos homens e mulheres dos quais se narram as histórias. Aqui discuto o papel das carnes na configuração social e cultural das corporeidades humanas, de como elas são o suporte material para a elaboração de corpos, para a montagem de corpos conforme os modelos e códigos sociais e culturais que são prevalecentes em épocas e espaços distintos. Chamo a atenção para o fato de que são nossas carnes, e os corpos que com elas fabricamos, que representam a nossa presença no mundo, que são a base do nosso ser e estar na história e, portanto, ponto de partida para o entendimento de qualquer ação, pensamento, sentimento, imaginação, criação humanas. Discuto a própria relação entre condição carnal e escrita da história, levando a sério e dando consequência à ideia de que a escrita é um gesto, implica ações, envolve o investimento de todo o corpo, da carnalidade mesma em sua fabricação. Nosso corpo deixa um traço inultrapassável em tudo o que fazemos, ele risca, deixa marcas, deixa rastros em tudo aquilo que realizamos. Nosso corpo é nossa realidade material, o real incontornável com que temos que lidar todos os dias. Não nos livramos dos limites e demandas da carnalidade em nenhum momento e lugar. A carnalidade é nossa condição e ponto de partida para tudo aquilo que realizamos. Como nos lembra Michel Foucault, o corpo nos articula à história, é ele que nos possibilita ser agentes e pacientes dos acontecimentos, pois a história constitui e marca os corpos, a história os depaupera e arruína (Foucault, 2018, p. 64).

A tradição filosófica ocidental, da qual Karl Marx e o materialismo histórico e dialético é apenas um capítulo, costuma desdenhar do corpo, das carnes e, portanto, da materialidade mesma dos humanos, na hora de tratar do pensamento, da emergência e proveniência das ideias. Fabula-se uma Razão, ou um Espírito, desencarnado, uma alma etérea e situada não se sabe bem onde, uma mente apartada de seu suporte material. A própria materialidade ganha ares de abstração, torna-se conceito, torna-se ideia, torna-se enunciados, com sua existência mesma sendo denegada, foracluída, silenciada. O incômodo causado por pensadores como Friedrich Nietzsche e, com ele, Sigmund Freud, foi afirmar a dimensão incontornável de nossa condição de seres encarnados, mesmo na hora de pensar, de escrever, de produzir linguagens e representações (Nietzsche, 2001; Freud, 1996). Se o filósofo alemão refletiu sobre a relação entre saúde e doença na hora de se constituir o pensamento, o fundador da psicanálise localizou na pulsão, na libido, no desejo, forças e energias imanentes às carnes, aos corpos, que estão no começo de todas as nossas ações conscientes e inconscientes, racionais ou irracionais. Pensamos, escrevemos, inclusive a historiografia, premidos e atravessados pelas energias e forças que percorrem nossas carnes, pelos afetos e afecções que o mundo nelas efetua, pelas emoções e sentimentos que esses afetos promovem, pelas memórias que capturam e dão duração a essas afecções, pelas imagens e pelos conceitos que elas nos obrigam a produzir, no intuito de capturá-las, de significá-las, de dominá-las, de controlá-las. No princípio não está o Verbo, mas a Carne. Só um Deus desencarnado, puro espírito, poderia pretender criar o mundo com o Verbo, preterindo suas matérias e materiais.

Quando o giro decolonial nas Ciências Humanas nos coloca o desafio de repensarmos as regras epistêmicas, os pressupostos que lastrearam a constituição da História como campo científico. Quando nos damos conta de que a escrita da história, tal como foi disciplinada e metodizada na Europa, é uma tecnologia de dominação colonial e imperialista, um saber a serviço do Estado-nação e da narrativa da civilização, que se coloca a tarefa de sincronizar todas as temporalidades dissidentes na narrativa mestra centrada na história europeia e ocidental, creio que devemos rasurar essa tradição historiográfica trazendo para o primeiro plano os traços, os rastros que ela insistiu em apagar em sua trajetória. Um desses traços é a carnalidade, a materialidade mesma dos personagens históricos. Essas carnes, que foram objeto privilegiado de diferenciação e hierarquização entre as sociedades que dominavam a tecnologia da História e aquelas que, segundo Hegel, eram sociedades ahistóricas, sem o sentido da historicidade, indicador de inferioridade intelectual, mas também corporal e racial, pode ser o traço com o qual podemos fazer rasura de uma dada maneira de se ver, pensar e escrever a historicidade, o tempo, o passado. Mesmo que, muitas vezes, dessas carnes só restem o grito, o lamento, a fúria, o canto, a partir desses traços podemos tentar rasurar a escrita logocêntrica, para utilizar um conceito derridiano, da historiografia ocidental.

Os textos aqui reunidos, ensaios no campo da teoria da história, foram escritos com o corpo e a partir dele, abordando diversos silêncios constituídos pelo modo de se pensar e escrever os textos historiográficos nas sociedades ocidentais. Eles chamam a atenção para aqueles personagens que parecem ter existido apenas como corpos, os milhões de seres humanos cujas vozes, um traço também corporal, não chegaram até o presente, cujas ideias não encontraram formas de registro e representação. Personagens de falas e representações alheias, que aparecem como traços carnais, como manchas sanguinolentas, como corpos em dores e sofrimentos, como um arquivo de órgãos sem corpos. Eles propõem uma outra forma de olhar, que não vá do concreto ao abstrato ou do abstrato ao concreto, mas do concreto das carnes ao concreto das letras, da materialidade dos seres, dos entes, dos objetos à materialidade dos discursos, das imagens, dos enunciados, dos textos. Tomando a escrita da história como um gesto de inscrição e, ao mesmo tempo, de rasura das inscrições realizadas pelas memórias e pelas histórias, dos traços deixados pelos humanos em suas ações nos tempos. Trata-se de tentar cartografar, acompanhar as linhas, os fluxos, os movimentos de figuração e configuração, de formatação e formação dos objetos e sujeitos, das tatuagens, das marcas e dos marcos que as ações de homens e mulheres deixaram na pele do tempo, na pele da história. Fazer leituras a contrapelo, leituras à contrapele das tessituras, das texturas e dos textos que enredaram e redaram as tramas narrativas dadas aos eventos por uma tradição historiográfica dita materialista, mas que se esqueceu ou logo se desvencilhou da materialidade, prosaica e pedestre das coisas, das paisagens, dos personagens, dos seres de carne e osso, dos seres que fedem e cheiram, que excretam e secretam substâncias e materiais todos os dias, que fazem a História com tudo o que a sua pele encobre e sente, carregando nela as cicatrizes dos encontros com os tempos, com os espaços, com os outros habitantes da terra (tão esquecidos pela historiografia), com a terra mesma, nestes tempos em que o orgulho racionalista e humanista dos humanos podem pôr a perder a sua própria sobrevivência como espécie.

Este livro procura ser uma contribuição para que outras marcas e outros marcos sejam inscritos na pele da História, fazendo-a perder esse H maiúsculo e másculo, tornando-a plural e polissêmica, rasurando essa letra que encobriu processos de dominação, hierarquização e exclusão, tornando-a histórias, ao percorrer e enfatizar linhas e traços apagados, menores, minoritários, traçando outras cartografias dos corpos e dos gestos humanos, fazendo uma outra quiromancia, uma outra fisiognomonia dos corpos das histórias, dando margem à escrita de outras historiografias.

Referências

FOUCAULT, M. Nietzsche, a genealogia e a história. *In*: FOUCAULT, M. *Microfísica do poder*. 7. ed. Rio de Janeiro: Paz e Terra, 2018. p. 55-86.

FREUD, S. Três ensaios sobre a teoria da sexualidade (1905). *In*: FREUD, S. *Obras psicológicas completas de Sigmund Freud*: edição *standard* brasileira. Rio de Janeiro: Imago, 1996. v. 7.

MARX, K. *O capital*: Livro 1. São Paulo: Boitempo, 2013.

MOTEN, F. *Na quebra*: a estética da tradição radical preta. São Paulo: Crocodilo: n-1, 2023.

NIETZSCHE, F. *A gaia ciência*. São Paulo: Companhia das Letras, 2001.

SAUSSURE, F de. *Curso de linguística geral*. São Paulo: Cultrix, 2006.

A pele da história

Ou como saber servir-se de suas mãos

> *O homem, na conjunção sexual do paraíso, não o imaginemos como um ser cego transportado por movimentos cuja inocência está garantida justamente na medida em que lhe escapam; mas como um artesão refletido que sabe servir-se de suas mãos.* Ars sexualis. *Se a falta lhe tivesse deixado tempo para tanto, teria sido, no Jardim, um semeador aplicado e sem paixão. "O órgão destinado a esta obra teria semeado o campo da geração como agora a mão semeia a terra". O sexo paradisíaco era dócil e razoável à maneira dos dedos da mão* (Michel Foucault, 2018a, p. 353).

Devires de Michel Foucault, de seu pensamento, de suas práticas. Foucault, tal como eu o imagino, tal como o penso, tal como eu o pratico, não faltaria a esse encontro. Ele poderia ter se dado, em uma noite, na beira de uma calçada nas ruas de Paris. Ele poderia ter ocorrido numa ponte, num bosque, num banheiro, num espaço de encontros homossexuais. Os dois podiam ter se encontrado numa prisão: o visitante curioso e o interno criminoso. Um podia ter topado com o outro num arquivo policial e judiciário. Homem famoso encontrando os escritos que procuraram dizer quem era aquela mulher infame. Esse encontro, ao mesmo tempo possível e improvável, vai se dar num dia qualquer, neste escrito que você, leitor, tem em mãos. Neste texto Michel Foucault vai se encontrar com uma Princesa. Como tantas vezes ocorreu em sua vida, o filósofo francês vai se encontrar com um corpo escrito, com uma biografia que, assim como o diário de Herculine Barbin, fala de uma vida que foi salva do completo esquecimento, por um texto escrito que, ao mesmo tempo, é a narrativa de sua perdição (Foucault, 1982). Como a realização da obra escrita pelo filósofo e só publicada após a sua morte, ele vai se encontrar com confissões da carne, mas, e talvez isso o interessasse mais ainda, com a luta contra o destino representado pelas carnes, que ele melancolicamente lamentou em seu texto sobre o corpo utópico (Foucault, 2021). Michel Foucault vai se encontrar, talvez para um chá das cinco, com Fernanda Farias de Albuquerque, uma travesti paraibana que, condenada à prisão, na cidade de Roma, por ter esfaqueado a zeladora do prédio onde vivia, numa crise profunda que a levou à beira do irreparável, conta a sua história para Giovanni, um pastor de rebanhos, um camponês sardenho, condenado por homicídio, que escreve pequenos contos autobiográficos para não enlouquecer. Foi ele quem receitou-lhe o remédio: escrever para não se despedaçar, para resistir à ação devastadora da prisão, para não esquecer de ter nascido livre (Albuquerque; Jannelli, 1995).

Na mesma prisão de segurança máxima, na ala dos terroristas, e também envolvido na prática vital da escrita, estava Maurizio Jannelli, duas vezes condenado à prisão perpétua por ter feito parte das Brigadas Vermelhas, organização armada dos anos setenta do século passado, o qual se interessou pela história de Fernanda, chamada, nas ruas, de Princesa, e se ofereceu para colocá-la no papel. Pequenos bilhetes e escritos em cadernos passam a circular entre as celas desses três personagens, que Foucault possivelmente teria acrescido ao seu texto *A vida dos homens infames* (Foucault, 2018b): o camponês assassino, o revolucionário preso como terrorista, a travesti portadora de HIV, viciada em heroína, perpetradora de lesões corporais. Fernanda faz da escrita a tentativa de se dar uma história, de construir para si um corpo escrito, que possa finalmente conciliá-la com suas carnes, que possa dar coerência a sua identidade dilacerada. Busca na pele da história se reconciliar com a sua própria pele.

Já Maurizio, ao optar por escrever a história de Fernanda, em primeira pessoa, como se fosse ela mesma que a escrevia, parece querer fugir de seu próprio corpo, de seu rosto profundamente marcado e estigmatizado como terrorista, como uma pessoa violenta e sanguinária. Fernanda tenta ancorar suas viagens ao rés das carnes naquele corpo escrito, Maurizio tenta viajar para longe de seu próprio corpo, vivendo uma vida outra, subjetivando essa figura de sujeito bastante distante e distinta de si mesmo, até mesmo na língua, pois tem que decodificar e traduzir os escritos em português precário, os trechos num italiano também precário, para uma linguagem que se torne compreensível. Se Fernanda experimentou nas carnes vivenciar distintos corpos e distintas figuras de sujeito, Maurizio experimenta na língua sair de seu corpo, assumir outra carne, radicalmente distinta da sua, outrar-se, ser diferente de si mesmo. O guerrilheiro de esquerda, uma figura pensada no masculino, tentando se ver e dizer naquele corpo equívoco, naquelas carnes transgressivas, indo da revolução à transgressão (Albuquerque; Jannelli, 1995). Maurizio também teria fascinado Foucault. Ele observaria o embate entre a língua e essas carnes, entre a escrita e os diversos corpos que essa carne performou e configurou. Ele ficaria atento às alianças e aos conflitos entre a linguagem e o poder, ao poder dos saberes jurídico, médico, político na classificação dessas carnes, e ao papel que jogam na construção desses corpos, no seu governo e na sua danação.

Michel Foucault poderia ter patrocinado a publicação do livro *A Princesa: depoimento de um travesti brasileiro a um líder das Brigadas Vermelhas*, e poderia ter feito dele objeto de um de seus seminários no Collège de France. Talvez o fizesse ser lido juntamente com seus apontamentos sobre o pensamento de Santo Agostinho, quando ele discute a momentosa questão sobre o sexo no paraíso. Sobre o caráter voluntário ou involuntário do uso dos membros, mesmo aqueles que não são constituídos por ossos rígidos, como as mãos e os dedos dos pés, mas que não têm senão carnes e nervos. Sobre o que se passa com os animais, os quais Deus tornou capazes de moverem a sua pele na zona em que uma mosca acaba de picar (Foucault, 2018a). Afinal, as memórias de Fernanda principiam pela vivência de uma espécie de estado de natureza, uma espécie de paraíso, de Jardim, onde faz uso de suas carnes, sem a noção de pecado, sem a ideia de que são movidas pela libido, pela concupiscência. Assim como os animais, faz uso, de forma inocente, de suas mãos e de seu membro de carnes e nervos, antes que uma voz viesse nomear suas práticas de "coisas do diabo".

> Tinha sete anos e não sabia o que era pecado. Os grandes me escondiam as palavras eu as roubava: vê como se comporta o Fernandinho? Não brinca como os outros meninos, quer sempre se fazer de mulher para eles! (Albuquerque; Jannelli, 1995, p. 29).
>
> Eu era a vaca. Genir, o touro, Ivanildo, o bezerro. *Short* e camiseta despidos com pressa dentro do mato. Longe de todos, era segredo. Genir mugia e me perseguia. Uma brincadeira de empurrões, pegação e respirações ofegantes. Ele montava a vaca, endemoninhado em cima de mim. Mexia, feito filhote de bicho trepado na perna do dono. Pinto de menino

e esfregação. Ivanildo, o bezerro, priminho desajeitado, enfiava o focinho naquele inferno. Umedecia e chupava abaixo da minha barriga. Oh! Ivanildo, procura a teta! A minha pequena teta. Engolida, mutilada. Cócegas e um arrepio de alegria. Com Genir melado e sem fôlego, o jogo tinha acabado. E eu, acabado. Mas Ivanildo recomeçava: Ei, tem a ovelha e o carneiro, o gato e a gata. Um domingo, tio João surgiu do nada e nos descobriu. Nos deu uma surra e contou tudo para Cícera. Meninos – coisa do diabo! (Albuquerque; Jannelli, 1995, p. 26).

Em *As confissões da carne*, Michel Foucault recupera uma distinção conceitual feita pelo pensamento cristão, em seus primeiros tempos, que seria fundamental para entendermos a experiência de seres humanos como Fernanda, nomeados, hoje, de transexuais. O cristianismo opera com uma distinção entre os conceitos de carne e de corpo, noções que às vezes aparecem sobrepostas e como se fossem sinônimos nos próprios textos de Foucault. A queda, o pecado original, teria dado origem a essa separação entre a carnalidade humana, descoberta quando do ato atentatório à lei divina, e o corpo espiritual humano, a parte divina que continuava presente em nós. Ao se descobrirem nus e ao terem vergonha, os humanos teriam se dado conta da cisão com que teriam de operar daí em diante, entre uma carne humana, mortal, sujeita a dores e ao sofrimento, dominada por movimentos e desejos involuntários, uma carnalidade de difícil controle, por ser produto e produtora do pecado, e um corpo espiritual, imortal, que se purifica e se eleva nas dores e sofrimentos terrenos, aparelhado para dominar e controlar as carnes, voltado (e não votado) a uma vida transcendente e imortal. Simbolizado pela hóstia, pelo corpo de Cristo, esse corpo imaterial, esse corpo de luz, diáfano, tem que conviver com as tentações e fraquezas das carnes, essa materialidade opaca, pesada, atravessada por movimentos e sensações, aguilhoada pelos apelos e acontecimentos do mundo (Foucault, 2018a, p. 346-351).

O bispo de Hipona, que antes se entregara aos prazeres mundanos, estava capacitado para operar as sutis distinções teológicas entre as carnes que se deixam mover e impressionar involuntariamente pelo mundo, que se abrasam pelo contato com a vida mundana e o corpo como reserva da presença divina em nós, que nos mantém em comunhão com o Cristo. É nesse passo que surge a difícil questão teológica da reprodução humana no paraíso. Se o pecado não os tivesse expulsado do Jardim, os pais primeiros teriam que ter procriado naquele estado de inocência. Como isso poderia ter se dado se o ato sexual era entendido pela Igreja Católica como um ato carnal, não corporal, um ato que só não se constituiria em pecado se fosse dele retirado toda a presença da libido ou da concupiscência? Um ato sexual sem desejo, sem movimentos involuntários, um ato sexual sem a entrega às paixões, um ato nascido da vontade consciente, do controle, do comando total sobre os membros? Um ato sexual como fruto de um comando da razão e do espírito? Segundo Agostinho, os pais fundadores, no paraíso, serviam-se do sexo assim como um artesão refletido sabe servir-se de suas mãos. Assim como um agricultor, Adão nas jeiras do paraíso teria sido um semeador aplicado e sem paixão. O órgão destinado a essa tarefa, indubitavelmente o membro de carne e nervos do primeiro homem, nesse paraíso falocêntrico imaginado pelo bispo-filósofo, teria semeado o campo, lançado a semente, provavelmente na vagina e no útero da primeira mulher, como a mão semeia a terra. E conclui Foucault parafraseando Agostinho: o sexo paradisíaco era dócil e razoável à maneira dos dedos da mão (Foucault, 2018a, p. 351-360).

Já Fernanda, se fosse colocada diante dessa narrativa agostiniana, possivelmente concluiria: os pais fundadores entendiam pouco do uso das mãos e eram pouco criativos no uso dos dedos.

No entanto, podemos perceber no discurso de Fernanda a longevidade das categorias do pensamento cristão, como ela insistentemente remete a coisas da carne para o campo do infernal, do demoníaco. Podemos perceber como a obra de Foucault é uma arqueogenealogia das categorias que ainda davam sentido, no presente, a dadas expectativas e experiências da vida de Fernanda e, ao mesmo tempo, como elas a atormentavam, a dilaceravam, a faziam estranhar-se com muitas de suas próprias atitudes e escolhas. A obra de Foucault realiza uma ontologia do presente, entendendo por ontologia a análise de como viemos a ser o que somos. Fernanda empreende uma luta contra as próprias carnes, na busca da construção de um corpo idealizado, um corpo de sonhos, tendo como figura modelar a da travesti carioca Perla que, por sua vez, buscava encarnar o corpo da cantora de origem paraguaia, procura que parece estar atravessada por essa aversão cristã às carnes (Albuquerque; Jannelli, 1995). Sua relação disfórica com o próprio pênis aparece carregada de imagens que bem poderiam ser tiradas das páginas de Agostinho. Ao mesmo tempo que se dedica à prostituição, reproduz o discurso de diabolização dessa prática, se inventando, em muitos momentos, como a mulher romântica em busca de um príncipe encantado que a retirasse daquele inferno e a levasse a viver num paraíso de amor (Albuquerque; Jannelli, 1995). Embora duvidemos que nesse paraíso ela se serviria de suas mãos como um artesão refletido realiza a sua obra, ficando em situação ainda mais difícil na hora da semeadura, pois não estaria disposta a lançar a semente; e o campo que oferecia para o plantio, mesmo arado, era de impossível cultivo, para não dizer daninho. Embora tida como anormal, Fernanda não deixa de aspirar a norma, fora da lei não deixa de convocá-la, excluída busca a inclusão, marginalizada sonha desesperadamente com o retorno ao centro.

Michel Foucault teria muito a dizer a essa "mulher aprisionada dentro de um corpo masculino", como se define, uma "mulher com pênis", a desafiar a chamada normalidade, a encarnar a pergunta que um dia foi feita pelo filósofo: precisamos de um verdadeiro sexo? (Foucault, 2018c). Contra todas as certezas e imposições anatômicas, biológicas, Fernanda fabrica um corpo, remodelando suas carnes com hormônios e silicone. Em vários momentos de seu relato, essas práticas de resistência às próprias carnes estão associadas ao exercício da liberdade, tal como o filósofo francês havia pensado as próprias práticas que escapavam à ordem do poder (Albuquerque; Jannelli, 1995). Ela fabrica um corpo como prática de liberdade. Um corpo fabricado peça por peça, um corpo produzido com artefatos e próteses, um corpo que busca, como o das princesas de contos de fada, corresponder aos corpos sonhados e desejados pelas fantasias masculinas. Um corpo elaborado para si, mas também para atender ao imaginário do outro: a mulher disposta e destinada a se entregar, a ser comandada, das fantasias masculinas e misóginas dos pais da Igreja. A lógica binária, dualista, maniqueísta, tantas vezes questionada pelo filósofo da diferença, que rege os sonhos de Fernanda, é transgredida na prática, no dia a dia duríssimo, nas esquinas e calçadas das cidades, onde o desejo e o prazer são expiados e ameaçados pela violência e a morte. Fernanda é transgressiva quando, por exemplo, mesmo performando a mulher que esculpiu em suas carnes, tem que fazer uso do pênis, que depreciativamente chama de pelanca, para atender aos desejos de seus clientes "pervertidos", encarnando e vivendo uma situação de liminaridade, de fronteira entre os sexos e os gêneros, situação que muitas vezes a incomoda, pois desestabiliza e mantém precária a identidade feminina que laboriosamente tenta construir para si (Albuquerque; Jannelli, 1995). A insatisfação e a angústia geradas por não conseguir ser a mulher que idealiza e sonha, uma mulher tal como o modelo hegemônico, heteronormativo e cisgênero privilegia, a leva a se refugiar no álcool e depois nas drogas, única forma de continuar o espetáculo de toda noite, a sua *performance* teatral a cada farol que a ilumina. Nisso consome todo o dinheiro que ganha, o que faz com que sempre adie seu sonho de, com uma cirurgia, tornar-se uma "mulher de verdade".

Apaixonado, nos anos sessenta, pela literatura da transgressão, Foucault talvez ficasse impressionado com a crueza e, ao mesmo tempo, a beleza do relato de Fernanda. O relato, sobretudo, de alguém muito só, que busca ser amado, mas que só encontra desprezo, violência, exclusão por onde passa, embora, ao mesmo tempo, esteja completamente incluída na ordem capitalista, já que vende suas carnes, as expõe nas vitrines das calçadas como mercadorias. Como ela dizia "a sociedade que a inventava só sabia desprezá-la" (Albuquerque; Jannelli, 1995, p. 60), o cliente de quem atendera todos os desejos e fantasias, durante a noite, a desconhecia ou a agredia durante o dia. Uma vida consumida numa espécie de vertigem em busca de uma miragem, tantas vezes problematizada por Foucault: a miragem da normalidade. Seu sonho de ser uma mulher de verdade, uma mulher com vagina, uma mulher capaz de reproduzir a norma heterossexual, a faz embarcar numa espécie de linha de fuga, que a leva a nomadizar nos códigos sociais e nos próprios espaços: da pequena cidade de Remígio, no interior da Paraíba, para Campina Grande, Recife, Natal, Salvador, Rio de Janeiro, São Paulo, Lisboa, Madri, Paris, Milão e Roma. Seu relato é de uma procura angustiada por um território existencial onde possa ser aceita, onde possa sobreviver:

> Com a escuridão da noite, no parquinho que eu tinha escolhido para esconderijo, visto meus novos trajes. Tiro as calças compridas e ponho calcinhas de mulher. Minha nova liberdade, um arrepio. Uma necessidade. Apertadíssimas, as calcinhas contêm um sexo que maltrato. Que afundo na pele do saco e puxo e empurro para trás, entre as coxas. No tecido das calcinhas, leve, um sulco vertical na frente sugere uma fenda feminina. Um engano, o meu sonho. Depois, saia azul de pregas, comprida até o joelho, que combino com a blusa bege e gola de redinhas. A maquiagem leve, discreta, completa a preparação. Estou pronta para meu passeio na cidade. Incerta, me equilibrando em sapatos femininos, saio do parque e confio minha honradez a dois livros apertados sobre o peito. Eu, estudante (Albuquerque; Jannelli, 1995, p. 45-46).

Nesse relato, encontramos a liberdade como uma prática de transgressão à norma, prática cotidiana, comezinha, da qual se extrai um arrepio, um prazer. A liberdade conquistada nos pequenos gestos de afrontamento dos próprios limites das carnes, vivida como uma necessidade existencial, embora um sonho, um engano. Só um pensamento em devir, como o de Michel Foucault, pode nos ajudar a pensar esse regime de práticas, a relação existente entre poder, resistência, liberdade e prazer. Maltratada pelo dispositivo que implantou um sexo em suas carnes, ela as maltrata em busca de escapar do órgão e do conceito que foi socialmente a ele atrelado (Foucault, 2020a). Para quem reduz o corpo à dimensão biológica, carnal, para quem entende a dimensão empírica, natural do corpo como um destino, para quem julga que um conjunto de órgãos é suficiente para constituir um corpo terá dificuldade em entender as demandas de Fernanda, tenderá a atirá-la para o campo da anormalidade, da perversão, da loucura. Quem desconhece que todo corpo é feito de sonhos e de enganos, que todo corpo é produto de uma montagem, que a fabricação do corpo próprio implica, sempre, sofrimentos e a negociação com os códigos, com os limites impostos por uma dada ordem social e cultural, terá a tendência de julgar e condenar Fernanda, considerando-a anormal. Mas ela não apenas simula ser uma estudante, ser uma moça honrada, ela se torna concretamente o sujeito que resolve performatizar, pois todo sujeito é da ordem do performático, todo sujeito é máscara, é travestismo (Butler, 2021).

No entanto, Fernanda se dilacera entre as figurações socialmente hegemônicas do feminino e o feminino que consegue performatizar, ela busca esculpir em seu corpo um ideal de Eu, o modelo idealizado do feminino, vivendo a permanente insatisfação, a permanente angústia de constatar que, como todo corpo, como toda identidade, os seus não passam de simulacros. Em busca dessa "mulher de verdade", simula as diversas formas do feminino com as quais consegue se travestir (camponesa, estudante, moça direita, puta). Ela se fragmenta entre as carnes, que são seu ganha-pão, e o corpo imaginário e fantasmático que existe para além daquela sua condição carnal, corpo que seria a sua verdade, o seu verdadeiro Eu. A sua batalha é a luta inglória a que estamos todos submetidos, ou seja, aquela que envolve o tentar encarnar, o trazer para as carnes esse corpo ideal com que se sonha, essa busca, sempre frustrada, de fazer coincidir o ideal de corpo com o corpo que se consegue produzir com as carnes que se tem (Sibilia, 2016).

Tendo uma subjetividade marcada pelo discurso cristão, ela se esquizofreniza entre ser Fernando, o menino inocente, o filho de Cícera, a alma pura, o espírito cristão, e entre ser Fernanda, a boa moça, a moça branca, que tem nojo de negros, honrada, direita, romântica, sonhando com a operação que a fizesse corresponder inteiramente ao que seria sua verdade ou ser a Fernanda das noites, das ruas, com suas práticas carnais, que considera pecaminosas, que seriam o motivo de ter sido levada à violência, ao vício, ao crime:

> Se há um diabo no meio de vós, que se retire! Eu tinha certeza, o diabo era eu. Fiquei de todas as cores. Ele me fixou do púlpito, calou a algazarra dos machos. A calamidade se abatia sobre mim e enchia de insultos até mesmo a igreja, onde eu marcava encontros secretos e pecados no rio. 'Se há um diabo no meio de vós que se retire!' Ele fez o sinal da cruz, em nome do Pai, do Filho e do Espírito Santo, e iniciou a Santa Missa. Saí da igreja de cabeça baixa (Albuquerque; Jannelli, 1995, p. 41).

O corpo de Fernanda se narrativiza através dos enunciados emanados da pastoral da carne cristã e, ao mesmo tempo, do moderno dispositivo da sexualidade. Seu corpo equívoco é fruto da sobreposição barroca dessa dupla codificação, seu corpo é desejado, é pensado a partir de dois dispositivos distintos: o dispositivo cristão da carne e o dispositivo burguês da sexualidade. Em seu discurso se misturam imagens de um corpo espiritualizado, do discurso religioso, com imagens de um corpo biologizado, do discurso médico. Conforme a pastoral cristã, as carnes confessam seus pecados: tomadas pelas paixões, pela concupiscência, pela libido, pela luxúria, elas falam através dos gestos, dos comportamentos, das ações. Sem dizer palavra, Fernanda se confessa ao ficar de todas as cores diante da fala do padre e ao sair cabisbaixa da igreja. São esses movimentos involuntários que fazem das carnes um perigo a ser perscrutado e controlado pelo espírito. Todo o relato de Fernanda é atravessado por remorsos, por uma culpa nascida de sua formação cristã. A pastoral da carne continuava perseguindo a pobre ovelha paraibana, instada a confessar, em seu texto, os deleites das carnes com seus Josés, com seus homens. Seu depoimento não deixa de estar atravessado pelo dispositivo da confissão, central na pastoral cristã. Talvez tenha sido o peso de seus remorsos, de sua culpa, que a tenha levado a verbalizar suas aventuras carnais com o primo-carneiro na caatinga, que a tenha levado a transformar em discurso as vezes em que, nas colheitas de frutos, encantou com sua voz e seu canto os caçadores, quando, como uma Eva camponesa, magnetizou-os com seu olhar direto no vão das coxas, convencendo-os a lhe mostrarem o fruto proibido, o fruto da árvore do conhecimento: seus membros de carne e nervos (Albuquerque; Jannelli, 1995). Talvez tenha sido essa culpa cristã que a fez trilhar um caminho de autodestruição e de busca da morte, esse acontecimento que, para o cristianismo, nos liberta do peso da nossa condição carnal e redime os nossos pecados. A gramática cristã da construção do sujeito de desejo, estudada por Foucault em *As confissões da carne*, ainda parece pautar o discurso de Fernanda, embora se articule com a gramática da construção do sujeito de desejo da *scientia sexualis* burguesa e seja, todo tempo, transgredida em suas práticas.

Michel Foucault poderia ter sido um dos inúmeros Josés que fizeram parte da vida de Princesa, poderia ter sido o seu príncipe de chapéu de cowboy, como o podemos ver numa famosa foto tirada com estudantes na Califórnia. Ele teria ficado fascinado ao ouvir Fernanda relatar a sua luta contra as prisões e confissões das carnes, sua odisseia em busca de um corpo feminino, de um verdadeiro sexo, de tornar-se uma verdadeira mulher. Seu pensamento faz todo sentido ao nos depararmos com relatos como esse, suas práticas como filósofo e homem público que não param de se multiplicar no encontro com esses corpos de letras, como tantos que encontrou nos arquivos e que o emocionaram e o abalaram até às lágrimas. Michel Foucault poderia ser aquele motorista de táxi, da cidade do Recife, que encontrou uma Fernanda recém-chegada, sem saber para onde ir, com fome e pouco dinheiro, e que ouviu ela narrar a sua vida, ao mesmo tempo em que tentava seduzi-lo em troca do primeiro dinheiro que ganharia naquela metrópole desconhecida:

> Olhos claros, flores na janela: olhos dele diante de mim. Um palco. Fernanda, a minha nova liberdade, ocupa o palco como um protagonista. Cícera, Álvaro, Sauro Afonso – a fuga. Põe para fora, chora, conta tudo. Inclusive o prazer de ser agarrada, não tinha ainda dez anos; penetrada, aquelas diabruras sem pudor que me faziam mulher para eles. Treze anos, eu era a vaca, no campo, no mato. Em mil imagens reconstruídas, inventadas para um José agarrado ao volante que acelera, debreia, freia. As imagens povoam o carro. Aprisionam a cabeça dele. Eu estou ali, dividido, inofensivo, enquanto Fernanda cintila e conta sua história, puta, estudante. Olho para ela, olho para mim. Encolhido em um canto, viajo pela cidade de noite. Ao alcance dele, dentro do carro, sou a única saída ao tráfego de desejos no qual o aprisionei: Ei, José, é você que dirige o panorama onde seus pensamentos derrapam. Sim, eu gosto – ela confessa –, é um jato quente dentro de mim. Olhem para ele, é um José, seu corpo responde às minhas palavras como se fossem doces chicotadas. Parado no sinal vermelho, cada ocasião palpita no pecado, eu, secretamente, aperto e dilato meu prazer. O cu. Fernando, sou espectador de mim mesma. Fernanda me surpreende, inesperada, liberada. Jeitos e trejeitos. Mora no meu corpo, engole

o meu rabo, a bicha. Eis-me aqui, homem-fêmea com um José-para-mim e o tesão que nos invade enquanto viajamos por uma orla desconhecida que deixa a cidade para trás. Agora eu sei, basta uma brisa e ele cairá, um castelo de cartas, ao primeiro sopro.

– Oh, José, se eu pudesse nascer mulher para um homem (Albuquerque; Jannelli, 1995, p. 52-53).

Em muitos momentos de seu relato, Fernanda parece ter consciência do caráter performativo do sujeito, do caráter teatral da vida social. Numa sociedade que valoriza sobremaneira as aparências, as dimensões visuais da existência, em uma sociedade das imagens, em uma sociedade do espetáculo, tal como teorizada por Guy Debord (2007), o sujeito depende sobremaneira de seus modos de aparecer, de fazer aparecimento, de fazer aparência. O sujeito e sua identidade são aquilo que aparece, como aparece. Embora, muitas vezes, Fernanda busque, contraditoriamente, encontrar a sua face verdadeira, sabe que Fernanda existe no campo da apresentação, da teatralização, do aparecer espetacular. Fernanda ganha vida quando a vida se transforma num palco. Fernanda, sua versão liberta e liberada, quando não libertária, aparece quando, como um desdobramento de si, toma conta do palco, tornando-se protagonista. Em seu relato há esses momentos em que seu ser parece se dividir, em que Fernando observa como de fora, como se fosse uma instância crítica, uma instância racional, a Fernanda, como que se apartando dele mesmo, saindo de si, momentos em que, liberada, ela sai do controle da instância, não por mera coincidência, masculina. Fernanda, a mulher, toda sedução, toda desejo, toda paixão, toda carnalidade, a pecadora, se apodera das carnes de Fernando, como se fosse uma entidade que nele se encarna, faz dele cavalo, restando a ele apenas assistir de fora, como convém a um homem, a um macho, a um ser masculino, esse ser que é seu duplo, um ser que brilha e fascina em seu desatino.

Uma vez transformado, travestido de Fernanda, Fernando pode se libertar dos estritos códigos que definem socialmente o masculino. Mantendo a consciência desperta, como se exige de um homem, Fernando apenas observa a fuga, a linha de fuga do desejo, simulando um território, uma corporeidade, um outro ser, um corpo para aquelas carnes que julgava habitar. Um corpo feito de memórias, de lembranças, que vêm desde a infância, memórias das práticas que foram dando existência a essa corporeidade dissidente. As diabruras de meninos que a faziam, desde cedo, se sentir e se ver como uma mulher. Uma mulher inventada através de seus relatos, de uma narrativa de si povoada de imagens, de fantasias, de sonhos, de desejos, mas também através de mil imagens que buscou vivenciar na realidade, encarnar numa forma corporal, na construção de um corpo. Narrar os diferentes corpos que performatizou em suas aventuras sexuais era também uma maneira de seduzir o José da vez, de estimular as fantasias de seus amantes. Tendo aprendido e entendido que o corpo erótico, o corpo do desejo, é muito mais do que uma empiricidade carnal, que a carne é apenas uma espécie de tela na qual se projetam as fantasias dos amantes e dos clientes, uma superfície em que ela mesma tentava imprimir suas fantasias e as imagens de corpo que desejava, fazia da narrativa de suas aventuras eróticas, das imagens que configuravam sua corporeidade erótica, uma maneira de "aprisionar a cabeça" dos amantes. O corpo do amante, o corpo do outro também se constitui, também se performatiza ao som das chicotadas de suas palavras, as carnes do José respondem aos apelos das imagens construídas pelo relato das cenas eróticas.

Fernanda se apodera das carnes de Fernando para dar materialidade à sua existência. A bicha enraba Fernando, vem por trás e se apodera de sua carnalidade, como se fosse uma entidade, uma identidade, um ser estranho que viesse habitar suas entranhas. Ao ser penetrado em seu órgão do prazer, Fernando devém Fernanda, o menino engravida e pare a mulher, que gira em torno daquele orifício secreto, buraco negro do seu ser, zona erógena e zona semiótica em torno da qual se constrói uma corporeidade, uma identidade. Zona de tráfego, zona de passagem, aquele orifício transita, inclusive nos sentidos, nos significados, nas imagens, tornando-se a vagina que ainda não se possui, o órgão sexual atribuído ao feminino, recorte carnal em torno do qual a sociedade e a cultura constroem toda a narrativa sobre o sexo e o gênero. Pelo seu cu transitam desejos e fantasias, por ele trafegam mais do que os pênis e os dedos de seus amantes, aqueles que sabem fazer um bom uso das mãos. Por ele entranham em suas carnes seus sonhos e as figurações da mulher, que se torna, a cada vez que, com jeitos e trejeitos, conforma e dá vida ao corpo de Princesa. Fernanda mora em suas carnes, se faz corpo, a cada vez que dá asas a seus desejos e à sua imaginação, mas também a cada vez que parte para a ação, para a prática. Fernanda não pode ser entendida como apenas um delírio, uma criação do plano da imaginação, ser apenas uma fantasia produzida pelo desejo, mas também não pode ser reduzida a uma materialidade equívoca, a uma carnalidade recusada e indesejada, a uma realidade inventada, ela é tudo isso, ela se constrói na encruzilhada do material e do imaterial, do palpável e do imponderável, um homem-fêmea, um ser cuja identidade é dada pela não identidade, pelo trânsito, pela transição infinda, que jamais chega a um termo. Ser trans é ser na travessia, no trânsito, na transição, é ser uma viagem, uma fuga, um ser que nunca se estabiliza (mas qual ser é da ordem da estabilidade? Essa é outra forma de fantasia).

Enquanto parteja a si mesma, Fernanda sonha em nascer de novo, em nascer uma mulher. Ela, em sua fala, repõe a ilusão naturalista de que já se nasce um homem ou uma mulher, quando ela mesma é a maior testemunha de que uma mulher ou um homem são produtos da fabricação social, uma mulher é fruto da montagem produzida pela maquinaria cultural e histórica. Michel Foucault foi um pensador que teve uma enorme importância para que seres como a Princesa pudessem sair do campo da abjeção e da monstruosidade. Ele mostrou como nossos corpos, como as corporeidades que carregamos e que tomamos muitas vezes como uma fatalidade natural e biológica, são inseparáveis das relações de poder que constituem uma dada ordem social. É na articulação entre poder e linguagem, entre relações de poder e conceitos, entre instituições e códigos que materializam o poder e um arquivo de imagens, enunciados e formas modelares, que os corpos são construídos, são fabricados, tendo como matéria-prima as carnes. Um poder que é entendido não como o fato maciço de uma dominação global de uns sobre os outros, de uma classe ou de um grupo sobre outro, de um Estado sobre uma sociedade civil, mas em sua capilaridade relacional, como uma rede que se espraia por toda a sociedade, em seu exercício que, cada vez mais, foge do domínio do jurídico. Um poder que não tem dono ou sujeito constituinte, mas um poder que circula, que se exerce em cada prática real e efetiva, seja ela discursiva ou não discursiva. Foucault adoraria conhecer Fernanda porque ela era a própria materialização de sua teoria sobre o sujeito, de sua crítica à visão essencialista, racionalista e jurídica do sujeito. Em vez de se perguntar pelo sujeito de tal prática de poder, Foucault vai se perguntar que sujeito tal prática de poder constitui, ele preferia formular a seguinte questão, que nos ajuda a pensar sobre os múltiplos sujeitos formulados, ao longo da vida, por Fernando:

> [...] como as coisas acontecem no momento mesmo, no nível, na altura do procedimento de sujeição ou nesses processos contínuos e ininterruptos que sujeitam os corpos, dirigem os gestos, regem os comportamentos. [...] procurar saber como se constituíram pouco a pouco, progressivamente, realmente, materialmente, os súditos, o súdito, a partir da multiplicidade de corpos, das forças, das energias, das matérias, dos desejos, dos pensamentos etc. Aprender a instância material da sujeição enquanto constituição dos súditos [...] (Foucault, 2005, p. 33).

Michel Foucault, chamando a atenção para a materialidade dos sujeitos, para a carnalidade dos sujeitos, aspecto comumente negligenciado por muitos que se professam materialistas, procura trazer para o plano das práticas e das relações de poder e de significação a construção dos próprios sujeitos. O sujeito não precede e não dirige racionalmente, de fora, suas ações, suas práticas; ele se constitui, ele se formula, ele emerge nessas próprias práticas, nos conceitos que as nomeiam e a elas conferem sentido. O sujeito do desejo, do qual traçou a arqueogenealogia em suas últimas obras, não antecede, soberano e racional, as suas práticas no campo da sexualidade, mas ao contrário são as práticas, sejam discursivas ou não discursivas, que irão conformando esse sujeito (Foucault, 2007). O que se passou com Fernanda não é, portanto, uma anomalia, um delírio, uma excepcionalidade. Como todo mundo, ela se constituiu como sujeito do desejo através de suas atitudes, de suas ações, de suas *performances* corporais e de suas narrativas acerca de si mesma e de suas carnes, pensadas e nomeadas como corpo. Mas, à medida que ela se configurou como um sujeito dissidente em relação aos códigos hegemônicos, à medida que ela figurou um corpo e deixou passar um desejo minoritário, ela explicitou, tornou visível o processo de construção dos sujeitos, dos sexos e dos gêneros como sendo inseparáveis do exercício do poder. Perseguida, por isso mesmo, por vários poderes que instituem a ordem social, ela terminou por ir parar na prisão e por cometer o suicídio. A morte, única forma de escapar do poder e de suas tramas e enredos. Fernando não foi um bom súdito, pois, ao rebelar-se contra suas carnes, ao recusar o sexo que Cícera, como agente do poder parental e familiar, procurou implantar em suas carnes, desde o nascimento, atribuindo o conceito macho à "pelanca" com que nasceu entre as pernas, pelanca, que, muito cedo, entrou em um devir teta, ele realmente, materialmente, se rebelou contra a lei, contra a ordem, contra os códigos que serviam de diagrama para a formatação de corpos em sua sociedade. Fernanda terminaria punida, vigiada, castigada, porque nunca foi aceita, incluída, incorporada por essa ordem, já que não fez dela corpo, não a incorporou.

O sujeito, a subjetividade é uma dobradura do fora, é fruto de um processo de sujeição aos códigos sociais hegemônicos, a que, em certos aspectos, Fernando e Fernanda resistiram. No processo de constituição como sujeito, Fernando parece ter enfatizado a outra dimensão do processo de subjetivação, tal como pensado por Michel Foucault, ou seja, a subjetivação, o trabalho de si sobre si mesmo, a fabricação ética e estética de um si mesmo (Foucault, 2020b). A subjetivação travesti, por trabalhar na contramão dos códigos e dos poderes estruturantes da ordem binária dos sexos e dos gêneros, ao romper e denunciar o engodo e a pantomima que são as pretensas identidades naturais, definidas pela natureza ou mesmo fruto de disposições eternas de uma divindade, produz sujeitos considerados pelo senso comum como seres anormais, abjetos, perigosos. A violência simbólica e física com que são tratados, as constantes agressões de que são vítimas terminam por produzir, muitas vezes, sujeitos que têm que lutar, com unhas e dentes, por sua existência. A marginalidade desses corpos e desses sujeitos, a liminaridade em que se colocam os leva, muitas vezes, à violência e ao crime – como foi o caso de Fernanda –, como as únicas formas de defender e afirmar suas próprias existências. Se Maurizio terminou preso por cometer crimes em nome de seu corpo de ideais, Fernanda cometeu crimes em defesa do direito de ter e ser o corpo que escolheu, que minuciosamente esculpiu, em defesa de sua existência, física e simbólica, permanentemente ameaçadas pela ordem heterocisnormativa. Assim como o nascimento, o renascimento é doloroso. Subjetivar-se, fazer-se sujeito na contramão de uma dada ordem, dar-se um corpo, implica operações dolorosas. Para Fernanda até a beleza era fruto da dor:

> Tem dois tipos possíveis de aplicação: o primeiro se faz com anestesia, o segundo, a sangue frio. Este tipo a sangue frio é aquele preferido pelo bombador ou bombadeira, que é quem faz a aplicação. Já houve muitos mortos por causa da aplicação de silicone; eram sempre trans que exageravam. A aplicação sem anestesia é muito dolorosa. Mas é menos arriscada, porque quando a agulha pega uma veia ou artéria, você logo sente a dor. Para mim foram necessárias duas horas e vinte minutos de aplicação. Parecia que eu estava parindo. Queria me levantar da cama porque não conseguia suportar toda aquela dor, mas sabia que era a dor da beleza e não me mexi. Eu fiz aplicação a sangue frio três vezes. Hoje, acho que não conseguiria resistir novamente a todo aquele sofrimento (Albuquerque; Jannelli, 1995, p. 145).

Para que Fernanda nascesse, foi preciso um parto doloroso tanto física quanto subjetivamente. A jornada entre nascer Fernando, tornar-se Fernanda, a Princesa, até chegar a ser uma "mulher de verdade", implicava em transitar por diferentes lugares de sujeito, inclusive por diferentes corporeidades. Ao narrar esse processo, em uma entrevista concedida ao próprio Maurizio Jannelli, Fernanda Farias de Albuquerque alude a um dado momento de sua vida, em que ainda seria um gay. É curioso que um conceito que serve de base para a identificação de tantos corpos, que serve de ponto de partida para os processos de subjetivação e de constituição como sujeito de tantas pessoas, que ancora e estabiliza, que nomeia e dá sentido a tantas existências, era, para Fernanda, um lugar de indefinição, "era uma coisa que não dava para entender" (Albuquerque; Jannelli, 1995, p. 143). Ser gay, ser homossexual masculino, para ela, era um lugar de equivocidade, pois fugia do binarismo dos sexos que, no fundo, sua luta inglória buscava reinstalar. Contraditoriamente, toda sua trajetória de ruptura com ordem binária de sexo e gênero se fazia em nome de restaurá-la. Toda sua viagem para além das carnes com que nasceu visava, mesmo à custa de muita dor e sofrimento, reinstalá-las na ordem binária do sexo e do gênero, voltando a conformá-las como macho ou como fêmea, como masculino ou como feminino. Ela falava dos gays como se eles fossem uma farsa, como se esse lugar de sujeito, que via como estando a meio caminho entre as polaridades que deveriam conformar a ordem de sexo e gênero e os próprios corpos, nascesse da falta de coragem de assumir o verdadeiro sexo, que seria a fêmea, e o verdadeiro gênero, que seria o feminino. Aquela que simulava um corpo e uma identidade feminina acusava os gays de serem simuladores, de dissimularem o que seria a sua verdade, permanecendo numa espécie de meio caminho, de lugar nenhum, sendo os homens-mulheres que ela gostaria de deixar de ser, por considerar que habitar esse lugar era se colocar à margem de todo entendimento. Fernanda se narra para se entender. Suas memórias, seu relato, visam, desesperadamente, produzir uma verdade para si. Demandada pelo dispositivo da sexualidade a ter um verdadeiro sexo, a se definir e se dizer a partir desse pretenso sexo verdadeiro, Fernanda, que não conseguiu trazer para as carnes essa demanda, que não conseguiu realizar nas carnes a exigência da ordem heteronormativa e cisgênero de ser uma "mulher de verdade", procura configurar por meio de seu relato, produzir no campo da linguagem esse corpo nomeado de feminino que desejou ter:

> Quando eu ainda era um gay, ou melhor, quando eu ainda não tinha peitos e era uma coisa que não dava para entender; quando ainda não tinha nenhum traço feminino, não tinha as próteses de silicone e a dosagem hormonal que eu tenho hoje; então, na época, já tinha intenção de copiar e de ser uma atriz brasileira muito famosa, a Sônia Braga. Eu a via nos filmes, na televisão no Brasil. Como mulher, Sônia Braga é perfeita. Tem cabelos muito compridos como eu gosto. A pele dela é morena, mas não escura, o rosto um pouco magro, não arredondado. No meu modo de ver seu físico é perfeito. Eu sempre tive esse sonho: ser como Sônia Braga. Hoje, se me olho no espelho e vejo Sônia Braga nas revistas, constato que a diferença é pouca! (Albuquerque; Jannelli, 1995, p. 143).

Como nos ensina Michel Foucault, é no encontro da materialidade das carnes com a materialidade do poder, em suas práticas, relações, instituições e códigos; e com a materialidade da linguagem, do enunciado, do conceito, da imagem, do nome, que um corpo se configura, se encarna, ganha sentidos, significados e imagens, que ele se constrói, que ele é dito e se diz, que ele é visto e se vê, que ele ganha entendimento e seguimento (Foucault, 2020a). É a partir das imagens de Sônia Braga, na televisão e nas revistas, é a partir do modelo de feminilidade que ela encarnava, do ideal de mulher que ela representava, que Fernanda pensa a sua própria corporeidade e seu ser de mulher. Capturada pela ordem dominante que, encarnada no corpo da atriz famosa, a seduzia, Fernanda, sem se dar conta, se entregava aos poderes que produziram o corpo da estrela de cinema e televisão. Como nos alerta Foucault, o poder não é apenas da ordem da negação e da proibição, o poder é sedutor e produtivo (Foucault, 2018c). Ele produz corpos modelares, ele configura corporeidades que circulam socialmente como demandas a serem respondidas, como exemplos a serem copiados. Dilacerada, como todos nós, entre as demandas da ordem e seus desejos e fantasias, entre o modelo de mulher valorizado pelo *status quo* e a realidade em que tinha que viver e lutar pela sobrevivência, Fernanda nos demanda um esforço de compreensão, senão terminamos, nós também, por considerá-la incompressível, "uma coisa que não dá para entender". Em seu relato, em que busca fazer o *strip-tease* de seu corpo de sonho, de seu corpo de "mulher de verdade", Fernanda termina por fazer o *strip-tease* dos processos de construção de corpos na vida social, em dado momento histórico, em dadas circunstâncias e condições. Ela expõe duplamente o seu corpo, aquele que sonhou e imaginou e aquele que conseguiu esculpir e fabricar em suas carnes. É na exposição e através da exposição que esses corpos acontecem, mesmo que apareçam fraturados por suas contradições e ambiguidades, por suas divisões e conflitos de ordem subjetiva, prática e material:

> De noite todos me veem. Como puta, se quero ganhar algum dinheiro a mais, tenho que expor meu corpo. Mas só de noite, só no lugar onde vou para aquele tipo de trabalho. À tarde, ou mesmo à noite, quando não trabalho, gosto de me vestir como uma mulher casada. Mesmo que eu não tenha um marido,

sempre me comportei assim. Nunca saí por aí vestida como puta; me dá nojo uma mulher que se comporta como uma puta na frente de todo mundo, na frente das crianças e dos velhos. Durante o dia é preciso se dar ao respeito (Albuquerque; Jannelli, 1995, p. 142).

Fernanda Faria de Albuquerque, a Princesa, a materialização da impossibilidade de qualquer sujeito viver completamente fora, marginalizado, alheio à ordem, mas também a materialização de como sempre se pode resistir a essa ordem, como a resistência é inerente às próprias relações de poder, tal como pensou Michel Foucault, como a resistência à ordem pode ocorrer ao rés das carnes. Fernanda é a concreção das teorias construtivistas acerca das identidades de sexo e gênero, bem como das teorias performativas do sujeito. Fernanda, em sua vida e em seu relato, torna palpável e visível as teorias sobre o caráter construído e fabricado dos corpos, a separação necessária entre os conceitos de carne e de corpo, a afirmação de que nascemos com carnes e não com corpos, que as carnes serão apenas um dos elementos na fabricação das corporeidades que empreenderemos por toda a nossa vida. Mas, além disso, Fernanda nos permite afirmar que, ao contrário do que afirmava Michel Foucault, em sua visão melancólica sobre o corpo, nem mesmo as carnes são destinos incontornáveis, apenas o ser vivo, a vida e, como corolário, a morte são os incontornáveis com que temos que conviver (Foucault, 2021). Fernanda nos ensina que até mesmo as carnes, os órgãos e a pele são históricos, estão sujeitos à ação do tempo e à ação dos próprios homens. Nossos corpos e nossa história terão a pele que formos capazes de simular, seja materialmente, seja discursivamente. Nossos corpos escritos ou carnais dependem dos gestos de escritura e de inscrição que somos capazes de realizar, no papel ou nas carnes, dependem das artes e dos usos que fazemos de nossas mãos, de como delas nos servimos no ato da criação de um *corpus* historiográfico ou de um corpo para chamar de seu, mesmo que esse corpo tenha dificuldade de dizer eu.

Referências

ALBUQUERQUE, F. F.; JANNELLI, M. *A Princesa*: depoimento de um travesti brasileiro a um líder das Brigadas Vermelhas. Rio de Janeiro: Nova Fronteira, 1995.

BUTLER, J. *Discurso de ódio*: uma política do performativo. São Paulo: Editora Unesp, 2021.

DEBORD, G. *A sociedade do espetáculo*. Rio de Janeiro: Contraponto, 2007.

FOUCAULT, M. *O diário de um hermafrodita*. Rio de Janeiro: Francisco Alves, 1982.

FOUCAULT, M. *Em defesa da sociedade*: curso no Collège de France (1975-1976). São Paulo: Martins Fontes, 2005.

FOUCAULT, Michel. *História da sexualidade 2: o uso dos prazeres*. São Paulo: Paz e Terra, 2007.

FOUCAULT, M. *História da sexualidade IV*: as confissões das carnes. Lisboa: Relógio D'Água, 2018a.

FOUCAULT, M. A vida dos homens infames. *In*: FOUCAULT, M. *O que é um autor?* 10. ed. Lisboa: Veja, 2018b.

FOUCAULT, M. Não ao sexo rei. *In*: FOUCAULT, M. *Microfísica do poder*. 7. ed. Rio de Janeiro: Paz e Terra, 2018c.

FOUCAULT, M. *História da sexualidade I*: a vontade de saber. 11. ed. Rio de Janeiro: Paz e Terra, 2020a.

FOUCAULT, M. *História da sexualidade II*: o uso dos prazeres. 8. ed. Rio de Janeiro: Paz e Terra, 2020b.

FOUCAULT, M. *O corpo utópico, as heterotopias*. 2. ed. São Paulo: n-1, 2021.

SIBILIA, P. *O show do eu*: a intimidade como espetáculo. 2. ed. Rio de Janeiro: Contraponto, 2016.

Por uma historiografia paciente

Quando a escrita da história leva em conta os temores e os tremores das carnes

> *[...] e vendo o pente de cabeça em sua majestosa simplicidade no apanhado de seu coque eu senti num momento que ele valia por um livro de história [...]*
> *– De ninguém em particular; eu só estava pensando nos desenganados sem remédio, nos que gritam de ardência, sede e solidão, nos que não são supérfluos em seus gemidos; era só neles que eu pensava (Raduan Nassar,* 1989*).*

Num grito, num vagido, as carnes adentram ao mundo. Expulsas de um outro mundo: líquido, cálido e sonoro, elas nascem para o mundo dos paridos, dos partejados como seres humanos. A espada da primeira rajada de ar atravessa os pulmões, que se dilatam pela primeira vez. Primeiro alento, primeira dor. No respiro físico, a possibilidade do espírito metafísico: espirro e espírito. Ao sofrimento da expulsão da bolha primordial vem se somar a dor da primeira separação, da primeira secção, da primeira perda: foi cortado o cordão umbilical. Agora já é uma carne separada, autônoma, individualizada. Agora, já é dona do seu umbigo, cicatriz primeira, marca em torno da qual se construirá um corpo. Concorrendo com seu choro, com a sua primeira angústia, já se ouvem vozes, já circulam palavras, que começam a retirar aquelas carnes de sua condição de vida nua, para fazê-las adentrar ao universo dos humanos (Agamben, 2002). Numa sociedade Ocidental, a bio-lógica começa a operar, a esquadrinhar aquelas carnes, a cultivá-las com suas categorias e conceitos (Oyêwùmí, 2021). Logo aquelas carnes ganham um sexo, se já não recebera antes, numa ultrassonografia. Com efusão se ouve, "é um menino, é macho". A anatomia começa a ganhar corpo e sofrer as categorizações e nomeações advindas da cultura em que aquelas carnes nasceram. "É uma criança saudável, é uma criança normal, é tão branquinho, é tão lindo o nenê de mamãe". Em cada frase aquelas carnes vão sendo generificadas, racializadas, situadas em dados lugares de pertencimento, na grade de valoração e hierarquização hegemônicas na sociedade em que aquelas carnes deram entrada.

A boca buscará ávida o leite da vida, buscará retomar o contato com o gosto da bolha primordial. Abertura para o fora, da boca ao ânus o sistema digestivo põe em contato o visceral e o atmosférico, por ele o mundo atravessará as carnes, será deglutido e digerido (Fédida, 2017). Será em torno desse orifício, lugar primordial da emissão de sons, através do qual se buscará continuar a comunicação sonora intrauterina, que um corpo começa a se delinear, que um mundo começa a se gestar (Sloterdijk, 2016). Lugar de contato e passagem do mais exterior com/ao mais interior, do mundano com o íntimo. No contato seio-boca simulasse um primeiro território para habitação. Na voz de quem amamenta, o primeiro ritornelo a configurar um lugar de morada. Dá-se no ar as primeiras construções de um lugar para o ser, ser no tempo, mas também ser no vento, ser evento. Qualquer restrição ao ser será vivida como perda de ar, afogo, aperto das vias respiratórias, angústia, combate e luta por respirar, agonia (Didi-Huberman, 2020). O ser é agônico, pois seu corpo se constituirá na luta constante contra tudo aquilo que já enuncia a sua finitude, a sua morte. Ser para a morte, em luta contra o nada, os humanos convivem com a certeza dolorida e dilacerante da finitude, e contra ela inventa sua história.

As carnes são apanhadas pelas mãos do tempo, em sofrimento. Elas passam a percorrer uma história a partir do trauma do nascimento. Superfície de inscrição dos acontecimentos, as carnes registram o que se passa, o que a eles ocorrem. Chegam ao mundo dos que vieram à luz, trazendo memórias da vida intrauterina, inclusive das dores e sofrimentos que, por acaso, sua mãe tenha padecido durante a gestação. Sai daquele mundo de escuridão, em que nada via, sai de um mundo sem imagens, trazendo memórias sonoras, táteis, gustativas, olfativas (Sloterdijk, 2016). As carnes, primeiro arquivo com o qual teremos que lidar por toda a vida. Arquivo em ebulição permanente, arquivo em comoção constante, ao qual recorremos na fabricação de nossos corpos. Carnes, palimpsestos moventes, rasurados e reescritos pelas emoções, pelas sensações. Carnes, superfícies sensíveis, sencientes, que tomam ciência do mundo por meio das sensações e dos afetos. Carnes que se deixam marcar, que se deixam estriar, pelos encontros com o mundo, com o real, com a realidade histórica e social. A história é experiência das carnes e experiências nas carnes. As carnes nos tornam pacientes da história, pois tomamos ciência e fazemos ciência do seu passar, através dos padecimentos das carnes, das paixões das carnes, da capacidade que possuem de afetar e serem afetadas pelos acontecimentos de um dado tempo e espaço.

As carnes são vibráteis, como cordas de um instrumento, percutem aos toques do mundo. Tangidas por ventos e marés, por carícias e carências, estremecem diante do roçar das coisas e dos entes. Em reação e recepção do experimentar do mundo, tremem, se movem, se mobilizam, se emocionam, se inflamam, se deslocam. Friccionadas e ficcionadas pelo mundo, elas se abrasam de desejo, fazem corpo com tudo à sua volta. Carnes devêm corpos nos múltiplos acoplamentos e agenciamentos com os artefatos, com os materiais, com os conceitos, com os signos, com os símbolos, com as imagens que nelas se encarnam e ganham corpo. As carnes entram em devir-corpo quando sofrentes e sencientes põem suas superfícies em contato com estruturas sociais, culturais e de sentido. É preciso contar a história das dores de se tornar corpo, é preciso se dizer dos sofrimentos necessários para se ganhar uma corporeidade, para se encorpar. Existe uma história da formação e educação das carnes, de sua disciplinarização, de sua modelagem e formatação, de sua normalização e correção, que implica dores e sofrimentos, quase sempre indizíveis e inaudíveis (Foucault, 2014). Há padecimentos, paixões e gozos, há sentimentos, sensações e emoções, em cada etapa de fabricação de um corpo, nas suas indefinidas versões e diversões. Encarnar racionalidades, regramentos e códigos fazem as carnes tremer e temer diante das forças e poderes que sobre elas atuam, estimulando, dirigindo, gestando, limitando, proibindo, inibindo, maltratando. Percorridas por pulsões, mobilizadas por desejos, movidas por vontades, desestabilizadas e abertas ao mundo por impulsos, tensionadas por tesões e tensões, distendidas por inúmeras convocações partidas do mundo, as carnes ganham corpo se lançando nas aventuras e nos riscos do viver, onde se machucam, se ferem, se degradam, se arruínam, morrem. As carnes se tornam corpo no padecimento do tempo, na paciência da vida.

A palavra "paciência" deriva da raiz indo-europeia *pei*, que remete ao ferir, ao causar dano, de onde adveio a palavra grega *pathe*, que remete a sentimento, a aguentar, a sofrer, e a palavra latina *patientia*, suportar com bom ânimo. Há uma relação nessas várias línguas, inclusive no hebraico (arîk), entre a paciência e o sofrimento (Cunha, 2010, p. 468). Para os hebreus, ser paciente era viver sem perturbação de ânimo os trabalhos, gozos e sofrimentos. Era uma atitude do espírito que não se deixava perturbar ou confundir, seja com os prazeres, seja com as dores da vida. A paciência seria uma sabedoria, um saber, diante das paixões do mundo, uma ciência aprendida no padecer da existência. Por isso, venho propor neste texto que façamos uma historiografia paciente, ou seja, uma escrita da história ciente dos sofrimentos do mundo, a prática de uma escrita da história como ciência dos padecimentos das carnes, dos corpos e das subjetividades humanos. Escrever história, atentando para as dores do mundo, requer paciência, requer, ao mesmo tempo, distanciamento e empatia do/pelos sofrimentos dos outros, dos personagens que nos chegam do passado. A paciência é distanciamento, porque requer o se retirar do turbilhão dos sentimentos, emoções, acontecimentos, paixões, para instituir uma espera por um vir a ser, por um futuro de esperança, por um tempo esperado e ainda incerto. A paciência distancia, objetiva, pois rebaixa as expectativas, os desejos, as vontades, rebaixa o poder de afetar daquilo que se sofre, sem que deixe dele receber o influxo, a presença. Pois na paciência há empatia, há simpatia, há recepção em relação àquilo ou àquele que é vítima do sofrimento. Na paciência continuamos pacientes daquilo que é objeto de nossa atenção, ao mesmo tempo que dele nos separamos, nem que seja do ritmo de seu acontecer.

Se a escrita da história implica uma relação com o tempo, um conceito de temporalidade, a construção de uma dada temporalização, a paciência é uma ciência, uma sabedoria de como lidar com o tempo, de como se relacionar com uma dada realidade temporal. Ter paciência é saber manter uma relação com o tempo marcada pela arte da espera e da esperança, é saber desembarcar de uma visão frenética e apressada do tempo, é ter sabedoria para viver um tempo alongado e distendido. Uma historiografia paciente instauraria uma interrogação sobre como os homens e as mulheres sofrem com o tempo, como suportam o ser no tempo, como padecem o viver temporal. Acima de tudo se perguntaria que sofrimentos, cada tempo em particular, trouxe para as vidas humanas, como esse tempo se encarnou e se incorporou nas carnes e nos corpos humanos por meio das dores físicas e subjetivas que produziu.

Se nos tornamos cientes do que acontece no mundo, do que as coisas são, como se chamam e como agem e reagem, através da linguagem, através dos sons, imagens e conceitos, é ela que nomeia e significa as dores que sofremos, os padecimentos que as nossas histórias nos trazem. Ficamos ciente de nossos padecimentos e de nossas paixões através da linguagem. Sofremos na linguagem e sofremos pela linguagem, já que as palavras são também fontes de sofrimento. As palavras podem nos ferir, nos machucar, nos traumatizar, nos dilacerar, tanto quanto qualquer outro ente do mundo. Se a historiografia é uma construção narrativa, portanto, do campo dos usos da linguagem, ela nos faz ciente e paciente, sujeitos e objetos de ações, práticas, discursos, eventos, aventuras e desventuras. A escrita da história é, ela mesma, um modo de afetar os outros, de produzir afecções e paixões em quem a ela têm acesso. A escrita da história dá o que pensar, força o pensamento ao produzir afecções, emoções, comoções, prazeres, desprazeres. A historiografia pode ser o registro, o testemunho e a denúncia de nossos padecimentos, pode ser a escrita que nos torne pacientes das dores que ainda latejam nas memórias, dos gritos que ainda ecoam em meio à poeira do arquivo, das lamentações que ainda entrecortam o silêncio documental. Uma historiografia que se sabe e se assume como paciente das próprias escolhas epistemológicas e estéticas que realiza. Uma historiografia paciente é aquela que recepciona no interior de sua linguagem o rastro sanguinolento deixado por uma carne rebelada, transgressiva, que foi trucidada por uma ordem e uma norma mortíferas, que recebe em sua grafia o resto de um corpo mutilado pelas violências e guerras que dividem e destroem os seres ditos humanos.

É preciso tomar a palavra mesma em sua materialidade, em sua forma, em sua capacidade de nos tocar, de nos mobilizar, de nos afetar. A palavra como matéria em movimento, que nos constrange a dizer, que nos torna pacientes da obrigatoriedade de fazer sentido e de sermos sentidos. A palavra metódica, ordenada, regulada pela ciência, nos infringindo o sofrimento de dizer e fazer o verdadeiro, nos colocando sobre os ferros da racionalidade acadêmica. Tomar as palavras testemunhais e documentárias como aquilo que são, o resto, a sobra, o traço, o pó das coisas e seres que buscam reapresentar, mas que ainda guardam certa emanação, alento, cheiro, odor, certo ar das coisas e seres que buscam dizer. As palavras possuem, portanto, uma distância e, ao mesmo tempo, uma proximidade material com o que buscam dizer. O historiador paciente há de prestar atenção no que na palavra, na imagem, no gesto reminiscente guarda aquilo que Pierre Fédida (2005) nomeou de ancestralidade. Como na reminiscência, por segundos, tocamos o traço material de um ausente.

É preciso estar atento às aparições reminiscentes que o contato com o arquivo nos proporciona, a essas imagens fugazes, que, como um sopro, nos devolve pulverizados em traços, em signos, os entes passados. Nessa imagem reminiscente o que advém não é a imagem do ausente, mas a efígie da ausência mesma. A ausência não como vazio, como falta, mas como matéria em movimento, como a matéria com a qual nós historiadores fabricamos uma escrita e uma presença. A historiografia é uma escrita da ausência, uma escrita tumular, como dizia Michel de Certeau (2011), mesmo quando está diante de restos materiais do passado, já que, para se enunciar como história, esses artefatos devem ser nomeados como passado e, portanto, ausentes, embora presentes. Tudo que é ancestral, está no presente mas não é presente, nem presença, é emanação de um tempo outro, passado e ausente. A escrita da história seria a presença sensorial de uma ausência, um corpo escrito que se coloca no lugar do morto, que lhe dá respiração e alento, que lhe dá voz e movimento, que lhe dá cor e discernimento.

É uma demanda política para a escrita da história, que essa escrita da ausência lide com o ausente da própria ausência, que descubra por trás da imagem do pai ausente, a mãe que sequer é citada; por trás do patriarca de nome, a prole sequer nomeada; ao lado da imagem do branco, a sombra do negro que não é focalizada na imagem, o que foi ausentado da cena, do enquadramento, do foco. Em vez de tomar a escrita da história como espelho que reflete e refrata o passado, tomá-la como uma semiologia das sombras, das opacidades, das ausências, como espaço de inscrição da imanência das imagens. As carnes em sofrimento, o corpo dolorido, o sujeito sofrido é uma dessas ausências nas ausências que deve ser objeto de atenção por parte dos historiadores. Consultem os títulos clássicos que compõem uma historiografia da violência (Muchembled, 2012; Scheidel, 2020; Del Priori; Muller, 2017). O que menos se lerá ali serão relatos sobre carnes e corpos em situações de dor e pavor. A violência é reduzida à frieza das estatísticas; linguagem acadêmica que nos defende do encarar os corpos mutilados, as carnes torturadas. Há uma pudicícia acadêmica que faz com que o que menos se leia numa historiografia sobre história da sexualidade sejam relatos de relações sexuais (Foucault, 2020; Stearns, 2010; Steinberg, 2021). A historiografia das guerras, das revoluções, das revoltas, consegue sair dos campos de batalha cheia de certezas e verdades, mas com o avental limpo de sangue (Gilbert, 2014, 2017; Masson, 2010).

Uma historiografia paciente seria aquela que se deixaria tocar, afetar, que se abriria ao sofrer das vidas humanas do passado, em sua própria diversidade em definir o que seria ser humano. Um ser que se diz e se constitui no tempo é um ser sofredor, pois é um ser sujeito a ações do tempo e de todos os seus acontecimentos. Uma historiografia paciente seria uma escrita da história que se localizaria entre uma abordagem das condições estruturais dos sofrimentos humanos, em dado contexto social e temporal, e uma abordagem das aparições fenomênicas do sofrimento e da dor. Uma historiografia paciente seria aquela que se colocaria no próprio interior da história que escreve, como paciente dos próprios processos que analisa. Uma ciência aberta ao patético das vidas humanas, de todas as formas de vida, muitas delas imoladas em nome do bem-estar dos humanos. Se a vida é *pathos*, é o afeto provocado pela presença do outro, humano ou inumano, é o contato, a convivência, a relação, a incontornável presença de um outro, que é, muitas vezes, o seu si mesmo, o seu ser mesmo desdobrado em muitos, em contextos e situações diversas, seus vários rostos a lhe mirar, como um outro, nos muitos espelhos que nos cercam, como aventar a possibilidade de viver e escrever uma história sem paixões, afetos, sensações ou desejos? Como escrever uma historiografia impaciente, uma historiografia cuja ciência, cujo conhecimento nasceria da recusa a se deixar afetar pelo objeto, uma escrita da história que não mostraria empatia com aquele ou aquilo que pesquisa, se os historiadores não possuem corpos insensíveis ou não são seres em desafeto? Uma historiografia impaciente por chegar rapidamente à verdade e que trata de afastar do caminho da racionalidade tudo aquilo que lhe serviria de escolho: o desejo, o sentimento, a fantasia, a imaginação, a memória, o sonho. Uma historiografia marcada pela ânsia do encontro com a essência e com a identidade, que vai deixando pelo caminho essa realidade opaca das carnes, essa materialidade imaterial dos corpos.

Uma historiografia paciente seria aquela que saberia produzir um conhecimento sobre os sofrimentos humanos, como aquela que se deixaria atravessar por eles, que assumiria que em suas práticas de pesquisa e de escrita há e estão presentes também sofrimentos, dores, prazeres e paixões. Uma historiografia que aborda e não aborta o sofrer, o padecer, que a pesquisa e a escrita da história implicam. Sabemos que a atividade de historiador exige o trabalho paciente do arquivo, a paciência na espera de que o sentido se faça, que a compreensão aconteça. Articular fragmentos, dar sentido a restos e rastros, mesmo que sejam sentidos provisórios, requer o olhar e o pensar pacientes. A compreensão histórica não se dá instantaneamente, não se faz na impaciência da produção em série, não acontece sem o ruminar paciente sobre os vestígios e signos coletados. Suportar o sofrimento de uma ideia que emerge, de uma cena que se forma, de uma intuição que rasga o véu escuro do desconhecimento, de uma imagem que fulgura, de um *insight* que relampeja, de um conceito que se visualiza, que ganha forma, de um personagem que ganha corpo, faz parte dos ossos do ofício. É sofrido parir um ente de carne, como é sofrido parir um artefato de papel e tinta. Por vezes a sua subjetividade sangra, derrama lágrimas, se contorce de dor diante do arquivo, diante do escrito que vai nascendo no papel. Por que não confessarmos as dores de nascimento de um *corpus* historiográfico? Por que silenciamos sobre os padecimentos das carnes que proporcionaram e promoveram a feitura de uma narrativa historiográfica? Por que esse pudor em se desnudar, em deixar à mostra, as feridas, cicatrizes e marcas que uma pesquisa deixou em seu corpo e em seu espírito?

Quando os historiadores assumirão que os sentidos carnais, *soma*, se relacionam com os sentidos linguísticos, *sema*? Quando tomarão o corpo da língua, suas vozes, como fruto do alento, da respiração, do trabalho da língua na boca, das cordas vocais, da circulação aérea das palavras, do trabalho de um corpo de carnes? Na abstração da imagem linguística há traços da carnalidade que a constituiu. O sopro, princípio da vida, princípio da palavra, princípio do espírito. O sopro, princípio do desejo, princípio da vontade, princípio da verdade. O respirar agitado que faz as carnes tremerem na realização do coito, na efetuação do desejo, que se acelera com a emoção e a comoção, que ameaça de apneia quem dorme, quem sonha, quem goza, está na origem do discurso. Sem respirar não vivemos, ao respirar nos movemos, fazemos acontecer, fazemos história. Não é possível produzir conhecimento, saber, ciência sem o trabalho das carnes, o conhecimento é somático, tanto quanto semântico. O sentido principia na percepção senciente de nossas carnes, naquilo que elas conseguem registrar e memorizar. Toda ciência é, por isso mesmo, paciência, ou seja, a consciência e a racionalização de um contato com o mundo, com o padecer de um real, com o sofrer de uma realidade social e cultural. A palavra "sofrer" remete à palavra latina *sufferere*, que significava literalmente estar sob ferros (Cunha, 2010). Ela era a palavra que os romanos utilizavam para nomear os escravos ou prisioneiros acorrentados, aferrados, subjugados por ferramentas que visavam contê-los, castigá-los, feri-los. O sofrimento é, portanto, a condição de todo subjugado, de todo oprimido, de todo explorado, de todo punido, de todo ser que obedece a leis, regras, códigos, normas, de todo ser que está manietado a uma carne, a um corpo que padece, que adoece, que sente dor.

Como o sofrimento se expressa, como ele se comunica, qual a linguagem que utiliza para fazer sentido? Os sofrimentos ganham forma sobretudo por meio dos gestos. O historiador dos sofrimentos e das dores deve realizar, sobretudo, uma semiologia dos gestos. Uma leitura arqueológica e sintomática dos gestos. Gestos que são imagens em movimento, imagens corporais em acontecimento. Os gestos são fenomênicos, mas estão também enraizados em memórias seculares. O gesto é memória e história, desejo e expressão, sentido e forma. O gesto é um cristal de temporalidades sobreviventes e o sintoma de desejos inconscientes. O gesto atualiza num presente reminiscente um passado anacrônico (Didi-Huberman, 2020). Ler gestos é percorrer as suas distintas camadas de significação, a história de suas mutações formais, é remontar aos tempos que os constituiu e remontar a suas formas fragmentadas. Uma historiografia paciente é aquela que toma ciência da história dos humanos através da observação de seus gestos, que recepciona em sua escrita o gesticular que as emoções, os prazeres e as dores produziram em um dado tempo. O gesto é uma reação carnal e corporal a dados contextos e situações, a dados eventos. Os gestos são extensões, contrações, coalescências de experiências vitais e temporais, são fósseis em movimento, em desdobramento. Uma historiografia paciente é aquela ciente dos próprios gestos que realiza e que a realiza. O pesquisar convoca gestos, chamamos de metodologia nada mais do que um sistema codificado e organizado de operações, que implicam uma gestualidade. A escrita implica gesticulações seculares e trejeitos recentemente aprendidos.

Se os sofrimentos implicam o domínio por nós humanos de uma gramática dos sinais e dos gestos, das poses e das fisionomias, das rostidades e das corporeidades, eles implicam um aprendizado social e cultural dessas modalidades de expressão encarnadas das dores. O gesto, a pose, a *performance* expõem, apresentam e cristalizam um rosto, um corpo, mas também os transformam e os põem a perder, os desmancha. Se, como defende Hans Ulrich Gumbrecht (2010), a primordial tarefa e o grande desafio da historiografia é produzir a presença do passado em seu texto, esse é o mesmo desafio que enfrentamos a cada gesto, a cada pose, a cada posição que assumimos: produzir a nossa presença no mundo. Somos como nos apresentamos, somos o que apresentamos, somos a nossa presença, feita de corpos e gestos. Nossa presença no mundo depende de que corpos elaboramos, de que gestos lançamos mão. Escrever história requer esse aprendizado da gramática dos corpos, da semiótica dos gestos que deram corpo a um dado momento histórico. Escrever história é transitar entre o gesto e a gesta, entre a gesticulação e a sua narração. Escrever história exige esse aproximar-se do corpo do outro, essa mirada atenta e paciente para o desabrochar e o desenrolar de seus gestos, para o volutear de suas carnes. Ser historiador requer adquirir uma intimidade com as carnes alheias, com os corpos dos humanos do passado, um sentir junto com as carnalidades de antanho. Temos que imaginar, tal como propunha Benjamin (2020), que respiramos o mesmo ar que respiraram, que inalamos os mesmos odores que inalaram, que experimentamos os mesmos gostos e sensações que experimentaram, que sentimos as mesmas coisas que sentiram.

Escrever história é fabricar um corpo de historiador, um corpo ciente e paciente, que se dispõe a sofrer junto com os sofredores de antanho. O corpo de historiador é aquele que deseja e anseia por ser afetado, por ser tocado por entes do passado, que abre seus olhos, seus sentidos, sua pele às coisas e gentes que se foram, que estão mortos ou tomados como passados. O corpo-historiador é que aquele que se move, que se emociona, que se comove, que se deixa atravessar por memórias e desejos de seres que se foram, de coisas que são passadas. O corpo de um historiador deve ser aquele que se arrepia diante de uma palavra, de uma imagem, de um dito e feito por humanos e inumanos. Um corpo que se coloca e se assume como instrumento de interpretação, compreensão, conhecimento. Quem mais poderia saber senão um corpo? Ele sabe, porque saboreia o mundo inteligentemente, ele sabe por que o mundo sabe mediante seus sentidos.

Uma historiografia paciente é aquela que assume que o saber nasce de uma intimidade com aquilo que se quer sabido. Saber é experimentar, provar, pôr à prova as coisas que ainda restaram daquilo que se foi. Em vez da prova documental, judiciária, positivista, a prova material, testamentária, testemunhal, a prova como provação das coisas da vida. Um historiador paciente sabe porque prova, porque passa pela provação e a provocação da carnalidade dos homens e do arquivo. O historiador é capaz de tornar linguagem aquilo que sentiu na língua e com a língua, tornando escritura aquilo que foi oralidade. Por sofrer a história é que precisamos contá-la, pois no conto e no canto é que os humanos encontraram alento, fôlego, para poderem aguentar o sofrimento de sua condição carnal. Aprendemos que todo texto traz em si mesmo uma respiração, um ritmo, que nasce da pontuação, das pausas, dos intervalos, memórias de seu tempo de oralidade. Para fazer sentido, para que haja entendimento, é preciso que haja respiração, que o texto nos permita inspirar e aspirar, que o texto seja paciente em seu desenrolar, em seu discurso. Há textos torturados, há textos que nos torturam e causam tontura, há textos impacientes, velozes, furiosos, há textos galopantes, sôfregos, angustiantes, há textos apaziguantes, lânguidos, sensuais, emolientes, emocionantes. A respiração da narrativa é uma marca das carnes e de sua dependência do sopro em sua textura, em sua tessitura. Há textos que choram, há textos que soluçam, que tropeçam, que cambaleiam, há textos que riem, que gargalham, que debocham, há textos que recendem a ódio, inveja e ressentimento, há textos amargos, há textos doces, há textos ternos e há textos eternos. E como poderia ser diferente se os textos são tecidos, são tramados, são entretecidos e entristecidos por nossas carnes, por nossos corpos, por nossos gestos. Há textos que nos dão alento e há textos que nos angustiam, nos sufocam e nos agoniam, tudo uma questão de respiração, do ar que sopra daquele texto, da atmosfera que ele constrói (Gumbrecht, 2014).

Quando entramos em contato com um documento, com um artefato, com um rastro do passado, ele também nos devolve uma atmosfera, há nele uma respiração, um ritmo, um gesto, uma tomada de posição, uma postura, rastros do tempo e dos espaços em que foi gestado. Se mantivermos com nossas pistas uma intimidade paciente, elas nos envolverão em certo clima emocional. Como signos que são, elas irão nos desafiar a decifrar os seus sentidos, vão acicatar os nossos sentidos e a nossa razão, eles nos obrigarão a pensar, a imaginar, a lembrar a partir dos efeitos e afetos que farão sobre nossas carnes e nossas ideias. Há nesses sentidos rastros de emoções e crispações que se materializam, que ganham forma em sua superfície, em sua presença tangível. Na pesquisa histórica somos pacientes de nossos encontros, às vezes acidentais, com o que chamamos de evidências, somos afetados pelos encontros, às vezes não previstos e programados, com os signos do passado (Foucault, 2018, p. 89-128).

A palavra "evidência" atesta a prevalência de um oculocentrismo na cultura Ocidental, a ênfase no visual, que nos faz dar tanta importância a dados da superfície das carnes, como os órgãos sexuais ou a cor da pele. Uma historiografia paciente deve partir de uma reformulação da ideia de evidência para advogar que a leitura que fazemos do arquivo, do mundo, não mobiliza apenas os olhos, mas todos os nossos órgãos do sentido, todas as nossas carnes. Uma ciência nascida do *pathos*, um conhecimento que decorre da recepção das informações do arquivo não apenas pela visão, tida como mais objetivante e distanciadora, já que ao contrário do tato, por exemplo o contato visual, não requer a máxima proximidade do que se tenta perceber e apreender, exigindo até um afastamento. Uma paciência, uma ciência que assume que seu saber decorre dos afetos que nossas carnes sofrem em seu contato com o mundo, se abre para pensar a apreensão dos signos do arquivo pela mobilização de todo o nosso aparato perceptivo (Hartog, 2011).

Fazer pesquisa em arquivo, ou mesmo escutar testemunhos orais, requer que lembremos que as palavras têm uma materialidade, seja uma materialidade gráfica, seja uma materialidade fônica. As palavras nos tocam, nos afetam, em todas as partes do corpo, mesmo quando o primeiro contato com elas é visual e/ou auditivo. As palavras volteiam pelos ares, deslocam-se na luz, para nos tocar em lugares os mais inesperados: elas nos provocam um frio na espinha, uma pontada no coração, um aperto na garganta, um tremor nas mãos, um enregelar dos pés, uma cólica abdominal, um rubor nas faces, uma queimação no lóbulo da orelha. Elas nos trazem uma onda de calor, um banho de suor frio, entumecem ou molham os nossos sexos, fazem eles se mobilizarem para o coito. As palavras nos levam às lágrimas, as palavras nos enfurecem, nos descontrolam, nos desmantelam, as palavras nos alegram e nos entristecem. Com as palavras infringimos sofrimento, com as palavras machucamos e somos machucados, elas veiculam nossas dores e nos doem em todas as superfícies de nosso ser. Assim como as imagens, que são parte constituinte do entendimento de uma palavra, já que cada uma delas remete a um ente, concreto ou abstrato, mas do qual devemos possuir um esquema de forma, para sabermos do que se está falando, as palavras nos atingem não apenas por meio do olhar da visão, mas de todos os olhares que temos espalhados pela superfície das carnes. Se um cego discerne e se orienta no mundo utilizando os outros sentidos, notadamente o tato, é porque não vemos apenas pelos olhos, não formamos imagens apenas através da visualidade, há imagens sonoras, olfativas, palatáveis, táteis, há imagens cinestésicas, nascidas da inteligência encarnada, da inteligência adquirida ao se fazer corpo, de seus movimentos e deslocamentos, dos seus contatos com o mundo.

Como escrever história omitindo os sons que as coisas, que as pessoas emitem, como escrever história sem levar em conta a música que envolve particularmente a cada entidade do mundo. Um historiador paciente não lê apenas o arquivo, mas escuta-o, põe-se atento às suas sonoridades, aos seus ruídos, procura se dar conta de suas melodias. A palavra "melodia" advém da palavra grega *melos*, que originalmente significava membros do corpo, sendo posteriormente utilizada para nomear a frase musical, uma parte da canção ou do canto. Essa origem etimológica da palavra "melodia" nos lembra que o canto, a música, é inseparável da voz, do corpo, é um membro, uma parte da corporeidade do cantor, a melodia está unida, forma parte de sua carnalidade, pois depende de seu aparelho vocal e de sua execução corpórea (Cunha, 2010). A carne se faz corpo através do canto, a carne ganha corpo através da música, mas o canto e a música ganham corpo através das carnes. Nossas carnes são uma orquestra de sonoridades, muitas delas que ignoramos ou desconhecemos, muitas que não podemos ou queremos ouvir. Nossas carnes vibram no contato com o mundo e o enche de sons particulares. Nossas carnes são nossos primeiros instrumentos sonoros, percutir a pele, a boca, a cabeça, bater os pés e as mãos, são gestos milenares executados pela espécie. Por que, então, os historiadores perdem as sonoridades das carnes, dos corpos, de seus personagens, a ambiência sonora de seus eventos? Falta não apenas treinamento de nossa audição, falta treinamento do poder auditivo de nossa visão. Precisamos superar as hierarquias e as separações entre nossos órgãos de percepção, entre os nossos órgãos do sentido. Há visão na escuta, como há escuta na visão. Há escuta no tato quando sentimos a vibração das coisas em nossos corpos. Um surdo pode, por meio das mãos, ter noções de ritmo e harmonia, através da frequência, intensidade, espaçamento entre as vibrações táteis. Há visualidade no cheiro e no paladar, ambos são modalidades da tatibilidade de nossas membranas, mucosas e peles. Nenhum de nossos sentidos agem separados, aprender a fazer corpo implica, justamente, aprender, no processo de socialização, de formação cultural, a associar os sentidos, a utilizá-los em conjunto. Fazer corpo é organizar os órgãos, é hierarquizá-los e relacioná-los, é estabelecer conexões entre eles.

São sonoras muitas expressões do sofrimento e da dor. É um grito que comunica a cálida ferida. É um "ai" que materializa o desconsolo e a lamentação. É o berro que atravessa o ar e nos comunica a mutilação. É o murmúrio que nos fala da profunda dor que vai na alma. É o pranto que transmite o desespero e a carência. O sofrimento é sonoro, se materializando no canto, na imprecação, na lamúria, na poesia, numa frase musical. Os sons, o canto, a música, nos fazem sofrer, nos ferem, nos afetam até o desespero. Minha escuta sofre e eu sofro de escuta. Na hora da dor, tudo de que precisamos é que alguém nos escute, precisamos dividi-la, socializá-la, para poder aguentá-la. Se a História lida com experiências sociais e coletivas, não pode fechar seus ouvidos para as relações sociais e para as partilhas sonoras nascidas do sofrimento. O sofrimento nos aproxima, o sofrimento nos divide, os sofrimentos coletivos convocam o grito da revolta ou o canto coletivo do luto, da catarse coletiva. O sofrimento convoca, portanto, uma tomada de posição em relação ao outro. O sofrimento é político, porque convoca o não estar ou ficar sozinho, convoca o partilhar, convoca o dividir, convoca o colaborar, convoca a solidariedade e a presença. O sofrimento gera paixão e compaixão, a paixão compartida, o sofrer em partilha. O sofrimento comove, move juntos e na direção do outro, aqueles que dele compartilham. O sofrimento pode ser uma força aniquiladora, provocando abatimento e desistência da vida, mas pode ser uma força impulsionadora para a

73

tomada de posição, para o levantar-se, para o atirar-se na busca do alívio e da superação (Didi-Huberman, 2021). Uma historiografia se politiza, toma posição, ao se voltar para os sofrimentos, para as dores que habitam o passado, pois para escrever a história de um sofrimento é preciso sofrer junto, é preciso se colocar à disposição, se abrir para as desditas dos homens e das mulheres. Se foram os sofrimentos que arrancaram nossos primeiros gritos, de dor e/ou de revolta, que aprendamos a escutá-los, para que a escrita da história possa ser o prolongamento desses gritos, que ela possa ganhar em estridência, para melhor ser ouvida em nossas sociedades. Vocalizar o grito de dor e revolta do outro, que missão mais nobre pode almejar um historiador? Se recusar a vocalizar o grito de mando e de poder que tantos sofrimentos e ferimentos, que tantas mortes, já causaram.

Escrever uma historiografia paciente requer prestar atenção na própria entonação, na rítmica, na intensidade, na sonoridade da escrita. É tomar a escrita naquilo que lhe dá a potência de afetar, de emocionar, de causar prazer e desconforto. Assim como o sofrimento não está nunca apartado de sua forma de expressão, da materialidade da forma que o comunica, do gesto que o materializa, a escrita da história deve ser pensada em sua materialidade, em sua forma, em seu gesto, em sua expressão, se queremos dominar, minimamente, os efeitos, os afetos, as paixões e emoções que ela provocará. É preciso desautomatizar o ato de escrever, é preciso reflexão não só sobre o que se escreve, mas sobre como se escreve. Não há *pathos* sem intensificação, sem a acentuação dada pela forma, nos alerta Georges Didi-Huberman (2020). Há escritos de historiadores que nos fazem sofrer pelo descuido na forma, que nos torturam com a verve acadêmica, com o empolado e o engrolado de um discurso abstrato e abstruso.

O texto do historiador deve convocar a empatia e a simpatia, o sentirmos juntos aquilo que o autor advoga e sobre o que escreve. Não há nenhuma incompatibilidade entre inteligibilidade, racionalidade e sensibilidade. As grandes ideias podem nos comover. Nos alegramos e os olhos brilham diante de uma interpretação feliz, de uma descoberta novidadeira. Uma historiografia paciente é aquela que convida o leitor a padecer junto, a sentir as mesmas paixões, a se engajar naquilo que lê, a partilhar dos sofrimentos daqueles sobre os quais se fala. Como posso entender a dor do outro se dela não partilho? Como posso me solidarizar com o sofrimento alheio se não sou capaz de sofrer com ele? Para que o leitor padeça de sua leitura, para que ele seja não apenas um agente, mas um paciente do que lê ou do que vê, é preciso que o texto seja tecido de modo a provocar e intensificar seus sentimentos e emoções. Os textos têm andamentos, respirações, ritmos, andaduras, sonoridades, figuras, volteios, giros, silêncios, acentuações, métricas, ênfases, interrupções que produzem a sua melodia, a sua harmonia, a sua musicalidade; assim como produzem a sua visualidade, a sua forma de encenação, de produção de presença. Deles dependem o efeito e o afeto que exercerão sobre nós e o tipo de pensamento que nos provocarão. Pois o conceito, a racionalização, a interpretação vêm depois da afecção, da percepção. A memória, a imaginação vêm em auxílio do pensamento para juntos darem sentido, conceituar, dar identidade e realidade àquilo que primeiro se percebeu, que primeiro foi sentido.

Os humanos sofrem até nos sonhos, até com os sonhos. O sonho pode ser fonte de prazer ou de dor. Podemos sonhar acordados ou dormindo, podemos chorar no sonho ou por um sonho. Os sonhos fazem parte da vida e da história humana. Um historiador paciente espera por saber nos seus sonhos e aguarda o fazer no que sonhou. O sonho é uma dimensão política do humano, sem a capacidade de sonhar, de desejar, pois o sonho é uma expressão de desejos, tal como advogou Freud (2019), os humanos perderiam a capacidade de projeção de tempos outros, para além da tautologia e do pragmatismo dos tempos que lhes são oferecidos. O sonho é imagem, o sonho é sonoridade, o sonho é emoção, ele faz sintoma de nossos sofrimentos subjetivos, inconscientes. Os sonhos são um excelente material de trabalho para os historiadores, pois conectam memórias e desejos, passados e futuros, nos abrem a trilha para os sofrimentos subjetivos (Rancière, 2012). Com o que sonham os homens e as mulheres de um tempo? Esses sonhos dizem muito dos devires que atravessam essa temporalidade. O sonho é político, porque abre no mundo a passagem para outros mundos possíveis. A historiografia paciente se faz de sanha e de sonho, do desejo incontrolado e do desejo sob controle, ela procura não apenas dar conta das racionalidades presentes na história, mas dar conta de suas insanidades, da insânia dos sofrimentos e das dores que homens e mulheres foram capazes de infringir aos outros e a si mesmos, as violências e matanças que foram feitas da própria espécie. Mas também dos gestos de abertura para possíveis outras humanidades, outras formas de ser humano, das quais as cinzas dos arquivos ainda guardam os seus despojos. Nós historiadores temos que nos mostrar pacientes, temos que nos deixar afetar, temos que acolher e receber esses sonhos em frangalhos, os sonhos abortados e atirados pelo chão daqueles que vieram antes de nós. É um compromisso político não deixar que dados sonhos pereçam por esquecimento e desídia. Apelemos para as palavras e as imagens para tornar esses sonhos memoráveis, para fazê-los sensíveis, para torná-los palpáveis.

Uma historiografia paciente é aquela que investe em dada forma de escrita que busca na imagem e na forma se aproximar das próprias coisas, da materialidade e sensorialidade dos entes e corpos. Uma escrita ao rés das coisas, que caia sobre suas superfícies como uma luz fugaz, dando a elas um rosto, uma rostidade. Quando escrevemos, nosso rosto está diante e se defronta com o que escrevemos. Cada texto capta e refrata a imagem desse rosto que lhe olha de fora, expectante. Em cada palavra é nosso rosto que se pronuncia, mas é também todos os rostos que nele vêm habitar, como o rosto dos humanos do passado. Todo texto é imagem e imago, a reminiscência de um rosto, de uma figura de sujeito que aí se desenha e aparece (Deleuze; Guattari, 1996, p. 31-62). Quando dizemos a alguém que o texto que escreveu é a sua cara, é a capacidade de rostificação da escrita a que estamos nos referindo. Estamos nos referindo à presença espectral do rosto naquilo que escrevemos. Através do texto, imaginamos um rosto fantasmático para quem o escreveu. Ao lermos um relato de sofrimento, é um rosto sofrido que se simulará naquela escritura. Nos remeteremos ao arquivo de imagens de rostos em sofrimento de que dispomos para rostificar aquele ser que sofre, que padece. Fazer uma arqueologia dos sofrimentos físicos e subjetivos de dado momento histórico é também se indagar sobre o repertório de rostos sofrentes que estavam à disposição dos homens e das mulheres naquele momento. Os nomes que nos vêm do passado carregam em si rostos desaparecidos, as palavras dos mortos carregam o fantasma de quem as pronunciaram e escreveram, eles as sopram em nossos ouvidos. O rosto é imagem e, como imagem, suporta a ausência da sua materialidade mesma. O texto que escrevemos é uma maneira de tocarmos os mortos e de os mortos nos tocarem. Um texto paciente seria aquele dotado do que Pierre Fédida (2017) nomeou de tato vidente, capaz de nos levar a tocar os mortos através das imagens poéticas e literárias, mas também através das imagens dos conceitos. Tocar os mortos no interior do texto, tal como, por vezes, tocamos o nosso próprio cadáver no interior do sonho.

Uma historiografia paciente é aquela que tem como pressuposto que a escrita da história, que a vida humana mesma, articula a transparência do ar, por onde circulam as palavras, com a opacidade das carnes; o clarão do pensamento com a obscuridade das vísceras, a intangibilidade da voz com a tangibilidade do corpo. Entre a caixa preta do crânio e a agitação luminosa das mãos, um texto se tece e aparece. Enchendo de signos a página em branco, tampona a ausência dupla dos corpos de quem escreve e daquele que é descrito. É preciso padecer da dor dessa ausência para que um texto se coloque em seu lugar. Escrever é padecer, é passar por alguma coisa, no duplo sentido dessa expressão, ou seja, ter experimentado algo e alguma coisa ter acontecido, atravessar uma situação. O historiador escreve porque algo se passou, algo aconteceu, mas para fazê-lo deve passar pela experiência da pesquisa, do contato com isso que se passou, ou seja, de certa forma é preciso que ele passe novamente pelo que foi passado, que se passe com ele aquilo que antes se passou, para só então ele procurar passar, em seu texto, o que foi passado, de modo que aquele que o leia possa repassar o que foi passado por ele, historiador, e por aqueles sobre quem escreveu. Escrever a história pacientemente supõe produzir um texto capaz de nos interpelar, de nos fazer pensar; um texto capaz de nos tocar, de nos comover. Um texto que seja crítico e tocante.

Referências

AGAMBEN, G. *Homo Sacer*: o poder soberano e a vida nua. Belo Horizonte: Editora UFMG, 2002.

BENJAMIN, W. *Sobre o conceito de história*. São Paulo: Alameda, 2020.

CERTEAU, M. *A escrita da história*. 3. ed. Rio de Janeiro: Forense Universitária, 2011.

CUNHA, A. G. *Dicionário etimológico da língua portuguesa*. 4. ed. Rio de Janeiro: Lexikon, 2010.

DEL PRIORI, M.; MULLER, A. *História dos crimes e da violência no Brasil*. São Paulo: Editora Unesp, 2017.

DELEUZE, G.; GUATTARI, F. Ano zero – rostidade. *In*: DELEUZE, G.; GUATTARI, F. *Mil platôs*: capitalismo e esquizofrenia. São Paulo: Editora 34, 1996. v. 3, p. 31-62.

DIDI-HUBERMAN, G. *Gestos de aire y de piedra*: Sobre la materia de las imágenes. Cidade do México: Canta Mares, 2020.

DIDI-HUBERMAN, G. *Povos em lágrimas, povos em armas*. São Paulo: n-1, 2021.

FÉDIDA, P. *L'absence*. Paris: Gallimard, 2005.

FÉDIDA, P. *Corps du vide et espace de séance*. Paris: MJW Fédition, 2017.

FOUCAULT, M. *Vigiar e punir*: nascimento da prisão. 42. ed. Petrópolis: Vozes, 2014.

FOUCAULT, M. A vida dos homens infames. *In*: FOUCAULT, M. *O que é um autor?* 10. ed. Lisboa: Veja, 2018.

FOUCAULT, M. *História da sexualidade I*: a vontade de saber. 11. ed. São Paulo: Paz e Terra, 2020.

FREUD, S. *A interpretação dos sonhos*. São Paulo: Companhia das Letras, 2019.

GILBERT, M. *A Segunda Guerra Mundial*: os 2.174 dias que mudaram o mundo. Santo André: Casa da Palavra, 2014.

GILBERT, M. *A Primeira Guerra Mundial*: os 1.590 dias que transformaram o mundo. Santo André: Casa da Palavra, 2017.

GUMBRECHT, H. U. *Produção de presença*. Rio de Janeiro: Contraponto, 2010.

GUMBRECHT, H. U. *Atmosfera, ambiência, Stimmung*: sobre um potencial oculto da literatura. Rio de Janeiro: Contraponto, 2014.

HARTOG, F. *Evidência da história*: o que os historiadores veem. Belo Horizonte: Autêntica, 2011.

MASSON, P. *A Segunda Guerra Mundial*: história e estratégia. São Paulo: Contexto, 2010.

MUCHEMBLED, R. *História da violência*: do fim da Idade Média aos nossos dias. Rio de Janeiro: Forense Universitária, 2012.

NASSAR, R. *Lavoura arcaica*. São Paulo: Companhia das Letras, 1989.

OYÊWÙMÍ, O. *A invenção das mulheres*: construindo um sentido africano para os discursos ocidentais de gênero. Rio de Janeiro: Bazar do Tempo, 2021.

RANCIÈRE, J. *A noite dos proletários*: arquivos do sonho operário. Lisboa: Antígona, 2012.

SCHEIDEL, W. *A violência e a história da desigualdade*: da Idade da Pedra ao século XXI. Rio de Janeiro: Zahar, 2020.

SLOTERDIJK, P. *Esferas I*: Bolhas. 2. ed. São Paulo: Estação Liberdade, 2016.

STEINBERG, S. *Uma história das sexualidades*. São Paulo: Sesc, 2021.

STEARNS, P. N. *História da sexualidade*. São Paulo: Contexto, 2010.

A mobilização das carnes

História, desejo e política ao rés dos corpos

As histórias são inventadas, mesmo as reais, quando são contadas. Entre o acontecimento e a narração do fato, há um espaço em profundidade, é ali que explode a invenção (Conceição Evaristo, 2017, p. 11).

As carnes humanas, quando vivas, se movem, se movimentam, se mobilizam. O que define o ser vivo é a mobilidade, a sua capacidade de mutação, de transformação. O vivo, mesmo quando fixo em um lugar, como é o caso das plantas, é atravessado por movimentações, metamorfoses, modificações, por fluxos. As carnes humanas não apenas se movem, mas se comovem, são percutidas pelas emoções, são abaladas pelos sentimentos. As carnes humanas vibram no encontro com os afetos do mundo, elas são afetadas, elas são afetuosas. As carnes humanas são eróticas, pois se mobilizam ao toque do outro, são atravessadas por ondas de prazer ou desprazer, por espasmos de repulsa e abjeção, por calafrios, por arrepios, por retesamentos, tensões e distensões. Elas respondem aos choques, aos toques, às provocações e às provações que vêm do ambiente natural, social e cultural em que se encontram. As carnes se tornam corpos humanos nos encontros e desencontros com outros corpos, com outros entes, humanos ou inumanos, através da encarnação dos códigos sociais, dos modelos de corpos que circulam socialmente.

Se os corpos são fabricados por meio da incorporação das regras, das normas, das leis; o corpo é, de saída, um construto político. Como explicitava a concepção grega de cidadão, o corpo de cada habitante da cidade era o que a constituía e, ao mesmo tempo, era por ela constituído. Como nos fala Richard Sennett (2010), a cidade é feita de carne e pedra, do amálgama entre elas, com as carnes dando forma às pedras e com elas também ganhando forma. O corpo da cidade é fruto do conjunto dos corpos de seus cidadãos que, por sua vez, deixam de ser carne nua, simples existência biológica, a vida como *zoé*, para se tornarem corpo, através da participação nas leis e nos costumes da cidade, a vida como *bios*, isto é, como vida política, como vida pública. O corpo visto como mero conjunto de órgãos, como biologia, é a sua redução à condição de vida nua, como nos fala Giorgio Agamben (2002), o corpo hospitalar, o corpo que perde seus direitos e se torna mero paciente, perde a condição de sujeito de si mesmo e passa a ser o objeto de aplicação de um saber e de um poder de um outro, de um especialista. O poder e o saber médicos nos assustam por ter como ponto de partida o que seria uma despolitização do corpo, a perda de nossos direitos fundamentais, como o da privacidade, o da intimidade e o do controle sobre nosso próprio corpo. O ritual de internação hospitalar, assim como o ritual que marca a entrada de um prisioneiro no cárcere, é marcado pelo despojamento das marcas que fazem de dadas carnes, um corpo, e, com ele, um sujeito de direitos, um sujeito político. A sujeição a um poder externo exige um ritual de dessubjetivação, de despersonalização, de despossessão de si mesmo, para que esse corpo volte a ser carnes e elas possam ser moldadas e modeladas como corpo institucional, como corpo hospitalar ou carcerário (Foucault, 1984).

Mas são nessas situações extremas de exercício do poder, em que os corpos são postos à prova, em que os corpos são ameaçados de aniquilamento, de redução à sua condição de carne, à sua condição de vida nua, que as carnes manifestam a sua potência de resistência, de resiliência, de revolta, de rebelião. Em nome, muitas vezes, da própria manutenção da vida, da afirmação da condição de ser vivo, as carnes se rebelam, as carnes se levantam, as carnes se mobilizam, as carnes se comovem. Elas manifestam, antes de tudo, o desejo de continuar existindo, ou seja, de continuar se movendo na direção de um além de si mesmas, de um fora, de um exterior de si próprias. Pois existir, etimologicamente, vem da palavra latina: *"ex-sistere"*, significando sair do cesto, sair para um fora de algo. A existência é uma manifestação, um aparecimento, um levantamento, um vir à tona, portanto, para continuar existindo, as carnes precisam, muitas vezes, fazer um aparecimento, se manifestarem, chamarem atenção para sua presença, nem que seja através da dor. Se gritar, se falar, se manifestar-se é um gesto político, as carnes podem estar fazendo uma ação política ao chamarem atenção para sua existência, ao se manifestarem, ao gritarem através da dor e do sofrimento. As carnes se mostram, se apresentam, fazem presença também quando se comovem, quando se deixam movimentar pelas paixões, pelas emoções, pelos sentimentos. Em momentos de perigo para a vida, as carnes se apaixonam, se tornam patéticas, se deixam atravessar por emoções: medo, pavor, horror, raiva, ódio, orgulho, tristeza, ressentimento etc. As carnes, nesses momentos de ameaça à existência, nesses momentos em que se veem ameaçadas de paralisia, de morte, reafirmam o estar vivo através de suas manifestações nervosas, humorais, hormonais, instintuais, pulsonais: elas expelem suores, cheiros, secretam substâncias químicas, se manifestam através de tremores, de contrações, de arrepios, de lágrimas, de reações instintivas e agressivas.

Como podemos nos dar conta da rebeldia das carnes, de seu inconformismo com a situação em que está vivendo? Como podemos nos aproximar, como historiadores, das rebeliões das carnes, de suas afrontas aos poderes e saberes que as tentam domar e domesticar? Como podemos nos dar conta das emoções, das comoções e dos desejos que atravessam as carnes em um momento de perigo? Para além das falas, dos discursos, dos gritos, dos xingamentos, das imprecações, das lamentações, dos impropérios, das lamúrias, há os gestos, as gesticulações, que são os signos das mobilizações das carnes, dos movimentos dos corpos. Como nos mostra Georges Didi-Huberman no belíssimo livro *Levantes* (2017), o desejo de futuro se encontra com a memória, por vezes milenar, na aparição do gesto. O gesto é uma figura, um esquema corporal, pois é fruto da educação das carnes, da formatação cultural dos corpos. O gesto tem um sentido que depende de cada contexto cultural em que é realizado. O gesto implica o aprendizado de uma gramática corporal que, por vezes, foi gestada secularmente. O gesto, muitas vezes, se assemelha a um fóssil cultural, é a cristalização de uma imagem que se elabora com partes do corpo ou com o corpo inteiro, e que é atualizada e posta em movimento a cada vez que se repete, diferenciando-se. O gesto é um cristal de tempo, é um traço de tempo em suspensão, por isso mesmo, material privilegiado para a leitura dos historiadores.

Quando estamos doentes, repetimos gestos milenares sem nos darmos conta. Quando a vida se vê ameaçada, certas reações corporais, há muito aprendidas pela espécie humana, vem à tona, aparece ao rés dos corpos. O historiador deve ser um leitor de signos gestuais, de signos corporais, deve ser um semiólogo dos desenhos que traçamos no ar, com os nossos corpos. Aquilo que nos revolta politicamente, aquilo que nos levanta do chão, da cama, do comodismo, aquilo que nos faz ir à luta, começa pelas forças que atravessam nossas carnes: as forças dos desejos, das emoções, dos sentimentos, das paixões, das imaginações, dos sonhos, das fantasias, dos fantasmas, das razões e desrazões. Só nos pomos de pé para a luta, para a revolta, para a disputa, para o conflito, porque algo nos mobiliza, algo que vem de fora e nos afeta, mas que nos move por dentro, que comove nossas entranhas. O gesto político nasce de uma mobilização das carnes feitas pelas condições históricas em que elas se situam e da qual padecem. Como já teorizava Freud (2016), o desejo pode nascer da falta, da perda, da derrota, da ausência, do luto. A perda, a morte de um outro e até de um mundo, de uma forma de viver, a perda de algo amado e de valor pode mobilizar alguém, pode levá-lo ao gesto de revolta e de rebelião. Os gestos de luto podem se transformar em gestos de sublevação, tal como nos indica a análise do filme *O encouraçado Potemkin*, de Sergei Eisenstein, feita por Georges Didi-Huberman (2017). A revolta, a revolução, devemos lembrar aos historiadores, é feita, sobretudo, pelos corpos, e não apenas por ideologias, ideias ou projetos. A sublevação começa nas carnes e ganha corpo nos gestos, nas ações, que põem a revolta em movimento. Movimentos sociais são antes e, acima de tudo, movimentos corporais, das carnes, pois são a partir delas, ao se moverem, impulsionadas por dados desejos de mudanças e transformações, ao se mobilizarem a partir de dadas paixões políticas, que podem nascer de discursos e projetos racionalmente elaborados, que corpos políticos se configuram, que órgãos e instituições políticas ganham corpo.

Mesmo o projeto político mais racional só será posto em andamento se ele apaixonar corpos, se ele mobilizar carnes pensantes, se ele fizer se mover, apaixonadamente, subjetividades encarnadas, que são as subjetividades humanas. Como os historiadores podem contar a história das sublevações, das revoltas, das rebeliões, das revoluções, sem partir dos corpos e de seus gestos? A iconografia de um levante, como nos mostra Didi-Huberman (2020), começa pelos gestos, pelos corpos que se configuram, ganham dada forma na revolta. Há rostos para a revolta, há faces de raiva e de indignação, de descontentamento e de insubordinação. São as carnes que sangram, se mutilam e morrem na revolta, mas também são elas que dão corpo à rebelião, são elas que se aglutinam e dão forma ao batalhão, à tropa, à guerrilha, ao atirador, ao sabotador etc. A política é do campo dos afetos e das paixões e não apenas das razões. Para que o ar se incendeie com o fogo da revolta, é preciso que se mobilizem o calor, as forças, as energias, as fagulhas de desejo e sonho das carnes humanas. A cólera revolucionária é uma paixão que nasce nas subjetividades encarnadas, que faz um fogo percorrer toda a carne e colocá-la de prontidão para devir um corpo rebelado, um corpo capaz de gestos e ações de rebelião. Para que um corpo se incendeie com o desejo da revolta é preciso, muitas vezes, apenas uma imagem, uma afecção visual ou sonora, uma mensagem, um signo, que toque e mobilize aquelas carnes e que as façam se levantar, se erguer. O gesto político nasce da dialética entre o afeto de superfície e o desejo que vem das profundezas das carnes, da subjetividade. O gesto é uma manifestação de superfície, de desejos e paixões que movimentam as profundezas das carnes. Quando nos exaltamos, quando um gesto se levanta, se ergue, ele vem das entranhas das carnes e das subjetividades, ele vem das profundezas dos tempos. Ele se ergue como uma resposta a uma convocação, a uma provocação, a uma provação feita pelo mundo. Aprendemos um repertório de gestos, muitos deles automatizamos a ponto de se tornarem instintivos, eles são aquisições seculares da espécie, traços estruturais que se atualizam fenomenologicamente, que se fazem acontecimento em dado contexto temporal específico: quando levamos a mão aos olhos protegendo-os de alguma ameaça que se aproxima, quando nos abaixamos quando algo vem de encontro a nossa cabeça, quando nos desviamos rapidamente de algo que pode nos ferir, realizamos gestos que foram aprendidos há milhares de anos, mas que atualizamos em cada um desses acontecimentos.

Um gesto é, pois, ao mesmo tempo, memórias encarnadas e convocadas, atualizadas, por afetos, por acontecimentos, por desejos do presente. No gesto, passados e presente se encontram, entram em coalescência ou em colisão. Numa manifestação política erguemos os braços, cerramos os punhos, cantamos canções e repetimos bordões, gestos seculares ligados à expressão da disposição para a luta e para a resistência. O historiador pode fazer a arqueologia do gesto de revolta, como pode fazer do gesto de dor, da expressão de adoecimento, de padecimento, de sofrimento físico e/ou subjetivo. O gesto implica um sair da paralisia, do repouso, da inação, daquilo que se assemelha ao cadáver, uma carne morta. O gesto é, ao mesmo tempo, estético e político, porque ele implica uma forma que, por sua vez, implica o sair da paralisação, implica o movimento, a ação, o sair de si, o apresentar-se, o mostrar-se, o fazer cena, o arriscar-se, o colocar-se em risco. Toda vez que fazemos um gesto, corremos, pelo menos, o risco do não entendimento e da incompreensão. Um gesto pode ser bem ou mal recebido, recepcionado, pode fazer sentido ou não fazer sentido, pode ser aceito ou recusado. Toda vez que gesticulamos, tomamos posição no mundo, fazemos uma pose, nos posicionamos perante o outro, nos colocamos em relação ao mundo, a um fora, nos expomos. O gesto é exposição, ou seja, a tomada de uma posição num fora, num exterior, é a colocação de nossas carnes num dado espaço, é a performatização de um corpo sob o risco do fora. O gesto é político porque ele é mensagem, é sentido, é discurso, é linguagem dirigida a um outro, mesmo que, no momento, possamos estar sós, pois, quando elaborado, esse gesto implicou a comunicação a alguém de algo. A gesticulação, a mímica, foi a primeira forma de linguagem humana, fazer caras e bocas, fazer gestos e corpos, fazer cenas e encenações, fazer presença, ganhar aparência, fazer formas de aparecimento foram aprendizados que nos constituíram como humanos. Como seres gregários, como seres sociais, os humanos inventaram gestos na ânsia por comunicação com o outro. O gesto é político porque nasce do desejo de relação, princípio de todo poder. Todo poder é relacional e, portanto, gestual, gesticulado. O poder se realiza e se encena através de gestos, o poder é estético porque necessita, para se afirmar e se legitimar, ganhar formas rituais e emblemáticas, formas simbólicas, todas apoiadas em dados gestos. O curvar-se diante da presença do rei ou o beijar a mão da autoridade eclesiástica, o pedir a bênção ao pai e o levantar-se diante do patrão são gestos que materializam relações de poder.

Mas o gesto também carrega consigo a potência, a potencialidade, da afronta ao poder, do enfrentamento ao poderoso. O gesto transgressivo viola em ato a norma, a regra, a lei e desafia os poderes que as sustentam. O gesto de queimar o sutiã simbolizava para as feministas a afronta ao poder patriarcal sobre o corpo das mulheres, afrontava o controle dos corpos, o poder masculino, materializado em uma peça de vestuário. A libertação das mulheres começava pela liberação de suas carnes de todos os aprisionamentos, inclusive de peças do vestuário consideradas sexistas, para que novos corpos, liberados, fossem performatizados. O desmunhecar do homossexual, visto como efeminado, viola as regras e os códigos de gênero que devem ser encarnados pelos corpos masculinos. Seu gesto de mão, sua postura corporal, os rostos que faz, rompem com os padrões, com os modelos de mãos, corpos e rostos nomeados de masculinos. O gesto transgressivo, assim como o gesto de revolta, causa uma ruptura com os códigos encarnados nos corpos, que seguem os modelos hegemônicos de corporeidade. Na revolta e na transgressão o sujeito sai de si, sai da ordem, se desordena, se reelabora, se subjetiva de um outro modo, se recusa a estar sujeito e a ser sujeito conforme a ordem hegemônica. Para se fazer uma história política não é preciso estar atento apenas aos grandes gestos, aos grandes acontecimentos, aos grandes personagens da história. Há uma história política que pode ser feita a partir dos pequenos gestos de reprodução e atualização ou de contestação e resistência aos poderes, uma micro-história de uma micropolítica que se passa ao rés dos corpos, que mobiliza as carnes, que surge dos movimentos dos desejos, das paixões, das emoções, das forças e potências que atuam nas carnes e que constituem corpos resistentes ou corpos conformados e conformistas.

O gesto de revolta, o gesto de transgressão fratura o tempo, ele abre a possibilidade da vivência de novas temporalidades. Assim como ele corta o ar, ele corta o tempo, o bifurca para novas possibilidades. O tempo da revolta abre um hiato no tempo da rotina, no tempo repetitivo do cotidiano. Mesmo uma manifestação fugaz de rebelião, de descontentamento, de desconformidade com o que se passa, num dado momento, abre um intervalo de questionamento, um tempo crítico, uma crise que fratura minimamente o tempo da mesmice. O gesto inconformado questiona a temporalidade de dada forma, põe essa forma de ser, de agir, de se colocar, de se posicionar, em questão. Um gesto de impaciência, de desgosto, pode ser o suficiente para inaugurar um tempo de reflexão, de problematização sobre uma ordem de coisas. Uma crise pode ser inaugurada por um gesto. Uma cisão, um rompimento, uma separação, um fim, pode ser iniciado por um simples gesto de rebeldia. A transgressão e a revolta trazem a potência da criação de tempos outros, da inauguração de uma abertura para o devir. Um gesto que seja um corte, uma ruptura, um deslocamento, um deslizamento, pode abrir margem para a manifestação da potência de criação, de invenção, que definem o próprio ser da vida humana. O humano é um ser totalmente reprogramado pela cultura, que pode afrontar, inclusive, os limites impostos por certas programações da natureza. Os humanos são seres, por definição, abertos, inacabados, expostos ao devir, a temporalidade, ao vir a ser (Agamben, 2017). Cada gesto humano pode significar essa exposição, a abertura aos possíveis de si mesmo, cada gesto humano pode ser essa busca de ir além de si mesmo, que caracteriza a condição humana. Saber-se mortal, saber-se finito, no entanto, não impede os humanos de buscar o ilimitado, de se atirar em busca de um para além de si mesmo, em cada gesto que atira ao mundo e ao outro. O gesto humano tem a potência do infinito, do ilimitado, ele afronta os limites, inclusive, materiais da existência e de suas próprias carnes. Nas diversas invenções de corpos, de que os humanos já se mostraram capazes, atualizam-se e patenteiam-se as possibilidades inumeráveis das carnes humanas, as virtualidades de que elas, em contato com a cultura, passam a estar dotadas.

A política e o desejo dão origem e se manifestam através de formas, inclusive das formas corporais, das formações gestuais. A história humana é a história das morfogêneses, das produções de formas, de artefatos, de coisas, de objetos, de corpos e de rostos. Um historiador é alguém que deve estar atento para as formas, não apenas em seu estado de repouso, de completude estática, mas para os próprios movimentos de configuração e conformação das formas. Um historiador deve estar atento para os processos de formação e deformação, de reforma e revolução das formas, como elas são trabalhadas pelo tempo e como elas são materializações de sua própria duração. Como apontava Bergson (2010), a duração deve ser pensada como um processo ininterrupto e movente de temporalização dos entes e dos seres. As nossas carnes são trabalhadas permanentemente pelo tempo, que as arruína, que as deforma, que dá a elas novas formas. O mesmo ocorre com os gestos, eles permanecem e mudam no e com o tempo, eles também envelhecem, tornam-se fora do tempo, obsoletos, eles podem e são esquecidos. Faz parte do ofício do historiador escavar as camadas de gestos soterrados e esquecidos. Como propôs Walter Benjamin, o historiador materialista é aquele que remonta a gestos abandonados pelos derrotados e vencidos, é aquele que monta a gestualidade de revoltas e rebeliões abortadas e vencidas (Benjamin, 2020). Ele faz uma arqueologia dos gestos de revolta e de transgressão que quedaram esquecidos, propositadamente obliterados pela e na memória do vencedor. O historiador, como um trapista, cata os fragmentos de gesticulações, de esperneios, de sublevações que se acham ainda dormentes sob as cinzas dos arquivos. Se alguém se levantou, se um levante aconteceu, uma marca ou uma mácula pode ter sido deixada sobre o tecido da história. Se uma insurgência aconteceu, ela, como a ponta de um iceberg, pode ter rompido a tranquilidade gelada do mar da história e pode ter feito uma abertura para possíveis, uma fratura que é preciso cartografar.

Como o atirar de uma pedra, gesto clássico de revolta, gera deslocamento de ar ou de água, gera ondas que comunicam o seu impacto a outras partes do tecido aéreo ou líquido, um gesto de rebelião ou de transgressão, um gesto de resistência ou de inconformidade, espraia suas ondas de impacto por outros lugares do social e do tempo em que aconteceram. Se os reacionários costumam temer o poder de contágio da revolta, a sua potência de se espalhar e se espraiar, devemos atentar, ao estudar o gesto, para o acontecimento que mobilizou carnes e corpos, que moveu desejos e paixões, para sua potência de disseminação, seu poder de comunicação, de atravessamento e de transversalidade, às vezes de difícil percepção à primeira vista. Como fogo de monturo, a revolta pode estar crepitando sem que esteja perceptível na superfície dos corpos e das sociedades. A revolta pode queimar em fogo baixo, pode ter um longo processo de gestação, de incubação, ela pode se quedar latente, durante um bom intervalo de tempo, sem que esse tempo deixe de fazer parte de seu acontecer. Os historiadores devem aprender que as formas antes de se configurarem, de se conformarem, são fluxos, são devires, são processos que é preciso, se possível, acompanhar e relatar.

A biológica ocidental, assim como sua metafísica, parte da separação entre corpo e mente, entre carne e espírito. Essa ficção dualista, binária, nos fez acreditar que podemos realizar ações com a mente sem que envolvamos os corpos, que podemos tratar de coisas do espírito sem que elas passem pelas carnes. Construímos a imagem de uma cabeça sem corpo ou de uma alma sem carnalidade. Supomos que somos sujeitos racionais e que a razão não tem amparo na carnalidade, não é uma função corporal. Temos uma imagem etérea e descarnada do pensamento. É como se as ideias não nascessem nas carnes, é como se os sentimentos e as emoções nascessem em outro lugar e depois tomassem conta de nosso corpo. Ainda usamos expressões como "ser tomado pelas emoções", "o sentimento me assaltou", como se eles não se enraizassem em nossa carnalidade, fossem apenas dela invasores. Da mesma forma, as chamadas ciências da saúde e da vida reduzem o corpo humano à sua carnalidade, retirando dele, sem se dar conta, aquilo que lhe confere humanidade. Somos reduzidos a órgãos, vísceras, membranas, humores, neurônios, neurotransmissores, genes, sintomas e lesões. A dimensão subjetiva, emocional, sensível, cultural, simbólica de nossos corpos são desconhecidas, para fazer de nós quase uma prévia do cadáver, que um dia seremos. Talvez tenhamos tanto pavor do poder médico e de suas instituições porque cair em suas malhas é iniciar o processo de mortificação. A historiografia não escapou desse olhar maniqueísta ao reduzir seus personagens a ações e pensamentos, a projetos e atos, recusando pensá-los em sua carnalidade, em suas dores e sofrimentos. Ao tomar o sujeito político como um sujeito de ações e discursos, esquecendo que a política implica gestos, que as ações implicam a configuração de uma *performance* corporal, assim como o discurso implica uma gestualidade, implica uma voz, implica uma presença corpórea, mesmo quando esse discurso é escrito, a historiografia silenciou as carnes e os corpos.

Como nos diz Georges Didi-Huberman (2020), muitas vezes realizamos um gesto de revolta, um gesto político, para atirar a dor borda afora. Muitas vezes, na raiz do gesto de protesto, de contestação, nos começos do gesto de sublevação está o sofrimento, o padecimento físico e subjetivo. O ato político pode ser uma forma de trabalhar, de dar passagem, de tentar elaborar uma dor. A educadora e escritora bell hooks fala de como a atividade política, o engajamento de seu corpo na luta feminista, foi uma forma de lidar com as dores produzidas pelo racismo e pelo sexismo, pela dominação branca e patriarcal (hooks, 2020). Sair da impotência, se empoderar, é um ato do desejo de sair da melancolia, da tristeza, da depressão, do atolamento produzidos pelo sofrimento. A dor pode nos aniquilar, mas a dor pode nos mobilizar, nos mover na direção de um enfrentamento, de um encarar de frente as dores. Esconder as feridas, tentar apagar os traumas, pode não ser a melhor maneira de lidar com o sofrimento, pois elas podem supurar, podem gangrenar o seu ser-sujeito. Cabe ao historiador reabrir as feridas, fazê-las sangrar novamente, para que possamos aprender a lidar com elas, aprender a fazer a cura. Não é tarefa do historiador tamponar as feridas, produzir o esquecimento delas, em nome da abertura para um dado futuro, pois feridas não tratadas, traumas não trabalhados, retornam como sintomas, retornam como partes apodrecidas da vida social. O historiador não pode ter pudor diante do sofrimento, não pode retirar prazer dele, mas deve buscar a forma de torná-lo outra vez sensível para os homens do presente.

O historiador sente as dores do passado para fazê-las sensíveis aos homens do presente. Não podemos deixar essa tarefa à literatura, ao cinema, devemos aprender a figurar o corpo em sofrimento, as carnes movidas e demovidas pela dor. A narrativa historiográfica precisa ser capaz de nos fazer chegar aos desejos e aos sonhos, às dores e aos horrores de antanho. É preciso que os historiadores lancem mão da potência do desejo e da imagem, da potência dos gestos, da potência da escrita contra os poderes que tentam nos dominar e impedir de saber. É preciso dar passagem à dimensão sensível e erótica do próprio texto, assim como de todo gesto político. Não há gesticulação, não há pose, tomada de posição, não há *performance* que não tenha uma erótica. Há uma erótica no fascismo, capaz de seduzir e capturar os desejos e as paixões de muitos corpos, há uma erótica na própria negação das carnes, nos discursos que veiculam censuras de toda ordem. É visível como dados personagens substituem os desejos das carnes pela verbalização em termos proibitivos daquilo que desejam e fantasiam. O desejo faz sintoma mesmo no gesto de negação e denegação, como mostrou Freud (2007, p. 145-157). Há uma erótica da política. Todo corpo político é uma tela para projeções de desejos e fantasias, para a projeção de fantasmas e demônios. Todo gesto se dirige a outras carnes e exercem sobre elas uma afecção, exercem sobre elas um afeto, fazem efeito. O gesto nos captura, nos incita, nos excita, nos anima, nos mobiliza. Um gesto nos toca e nos faz vibrar, nos move numa direção. Há uma enorme potência no gesto de recusa, de rejeição, de resistência, de diversão, de transgressão. Há uma potência política no dizer não, no divergir, no dissentir, no mudar de rumo e direção. Fazer de outro modo é um gesto político, encaminhar seu desejo por trilhas não previamente traçadas. Fazer história significa produzir o acontecimento e, como dirá Michel Foucault, o acontecimento é da ordem da diferença e da singularidade, da descontinuidade e da ruptura (Foucault, 2018, p. 57).

O acontecimento, matéria-prima do historiador, é político por trazer essa potência do diferir, do vir a ser, do devir, do tornar-se outro. O acontecimento realiza o desejo porque este é da ordem da diferenciação, da criação, da invenção de possíveis.

Qualquer gesto de escrita é um acontecimento que implica o desejo de criação e de invenção. Os historiadores se esquecem de que a escrita da história exige uma série de operações em que engajam, completamente, as suas carnes e os seus corpos. Costumeiramente tão preocupados com questões metodológicas, os historiadores se esquecem de que, em qualquer método de pesquisa, está implícito um conjunto de atividades corporais, uma sucessão de gestos coordenados, sem os quais a pesquisa não se realiza, o texto não é escrito. Podemos definir um método, uma metodologia de pesquisa, como um conjunto articulado e ordenado de gestos, uma dada ordem de atividades e operações, realizadas por nossos corpos, com o auxílio de aparatos técnicos e tecnológicos. Esquecemos de arrolar entre as técnicas de pesquisa aquilo que Marcel Mauss (2003, p. 399-420) nomeou de técnicas corporais. Da mesma forma que fazemos um aprendizado de técnicas corporais ao nos propormos a saber nadar, da mesma forma que se tornar um hábil jogador de futebol exige uma educação corporal e a encarnação de dadas técnicas, realizar a pesquisa histórica, frequentar um arquivo, fazer um levantamento bibliográfico ou documental, exige o aprendizado de dadas habilidades técnicas que passarão a fazer parte, a compor o próprio corpo do historiador. Há um corpo de historiador, como há um corpo de tenista, de pugilista ou de ciclista. Numa reunião de historiadores, se prestarmos atenção, notaremos dados cacoetes, dados gestos, dados comportamentos, dadas poses, dadas *performances*, que são repetidos e partilhados. A metodização do saber é acompanhada da metodização das carnes, da produção de um corpo metódico.

Ser metódico é uma qualidade que será apontada quando se quer elogiar um historiador. Ser metódico é ter, antes de tudo, capacidade de realizar tarefas de forma ordenada e sistemática. Entre os historiadores, o ser metódico também implica a capacidade de concentrar sua atenção nas tarefas, muitas vezes longas e estafantes, que precisa realizar, em se mostrar observador, em não deixar escapar o detalhe significativo na consulta ao arquivo. Ser metódico é, ainda, ser dotado de uma metodologia de pesquisa que ordene e regule a prática, que estabeleça regras e códigos, que defina modos de procedimentos. Quando em nossos projetos de pesquisa usamos a noção de procedimentos, nem sempre atentamos para a dimensão corporal que carrega essa palavra, é como se pudéssemos realizar procedimentos apenas com a nossa mente, com a nossa racionalidade. Proceder deriva do latim *procedere*, significando mostrar-se, aparecer diante de, tendo, portanto, um sentido que remete a apresentar-se, a produzir uma presença. Como sabemos, nós humanos produzimos presença, nos apresentamos, aparecemos, antes de mais nada, através de nossa corporeidade, que é o suporte material de nosso existir, de nossa presença no mundo.

Se a primeira escola de historiadores profissionais, que militaram no sentido de transformarem a escrita da história numa ciência, foi nomeada de escola metódica, isso não implicou apenas a metodização da mente ou do espírito, uma educação metódica do raciocínio e da imaginação, mas uma educação dos gestos, das atitudes e das *performances* corporais. Produzir um *corpus* documental exige dadas habilidades, dados traquejos, mas também dados sofrimentos, dados sacrifícios corporais: o curvar-se durante horas sobre os documentos, a atenção e o desgaste da visão voltada para a difícil leitura de velhos manuscritos, a habilidade em manipular a documentação sem danificá-la, os frios e calores que o ambiente do arquivo possa trazer, as horas sentadas, dificultando a circulação nos membros inferiores, causando lesões na coluna vertebral, a poeira, os micro-organismos em suspensão, podendo ocasionar alergias, doenças respiratórias e doenças de pele. A pesquisa histórica e a escrita da história exigem uma espécie de ascese, uma espécie de austeridade e autocontrole que implicam a configuração de dadas corporeidades. Inspirado muito mais, talvez, nas práticas da erudição monacal do que nas *performances* de um cientista em um laboratório moderno, os historiadores tendem a se assemelhar corporalmente a monges, a eruditos clássicos, aos antiquários, com seu gosto pela solidão e pelo isolamento social no arquivo. Nesse sentido, é interessante observar as imagens relacionadas àqueles que se dedicam ao estudo da história presentes nas obras literárias do início do século XX, notadamente as imagens corporais: o historiador é alguém, quase sempre, debilitado fisicamente, quando não acometido de uma doença como a tuberculose; é um homem que não é, propriamente, um exemplo em portar os atributos concedidos ao masculino, é um homem delicado, imagem que é também a do homem de letras em geral; um homem porque nunca são personagens femininas, parece que ser historiador não é lugar para mulheres (talvez por julgarem que a sua sensibilidade não aguentaria lidar com os fatos do passado, talvez por julgarem que não eram dotadas da racionalidade necessária); envelhecido (dificilmente, também, o historiador é um jovem), com apego ao e apreço pelo passado; homem, quase sempre, de vida modesta e humilde, que busca, na vivência entre os grandes do passado, a própria grandeza; homem com dificuldade de aceitar a vida presente, homem exilado em seu tempo, romanticamente buscando viver em sua época de eleição através da frequentação do arquivo.

O semiólogo francês Roland Barthes foi um pioneiro ao estabelecer a relação entre a corporeidade do historiador e sua forma de pensar e escrever a história. No livro que dedicou ao historiador romântico Jules Michelet, Barthes inicia a análise de sua concepção de história e da forma de escrita que privilegiou em seu fazer historiográfico pelos males que afligiam as suas carnes. Padecendo de tuberculose, desde o final de sua infância, e sendo aficionado pela escrita e pela análise do fazer literário, Barthes (1991) está atento à relação entre o adoecimento e o ato de escrever. Assim como fizera o filósofo Friedrich Nietzsche (2015), ainda no final do século XIX, Barthes vê uma clara relação entre a saúde física e psíquica, e o pensamento, não só em sua formulação, mas na maneira de sua expressão. No capítulo inicial do livro sobre o famoso historiador francês, intitulado "Michelet comedor de História", Roland Barthes, que nesse momento (1954) está sob nítida influência do materialismo histórico, inicia a análise sobre a maneira como Michelet pensa a história, como a visualiza, como a materializa através do texto escrito, tomando como ponto de partida a materialidade de seu corpo. Ao contrário de inúmeros materialistas, Barthes não transforma o sujeito historiador, nem o sujeito da história, em uma abstração conceitual. Ele sempre desconfiou da atribuição de ações e pensamentos a sujeitos descarnados, como a aristocracia, a burguesia, o proletariado. Sempre atento aos detalhes, àquilo que, em famoso texto sobre a escrita da história, publicado posteriormente, chamará de anedótico, Barthes

(2004, p. 165) parte do corpo doente de Michelet, de suas enxaquecas, para analisar seu fazer historiográfico:

> A doença de Michelet é a enxaqueca, esse misto de ofuscamento e de náusea. Tudo para ele é enxaqueca: o frio, a tempestade, a primavera, o vento, a história que ele narra. Esse homem que deixou uma obra enciclopédica feita de um discurso ininterrupto de sessenta volumes, declara-se a todo momento 'ofuscado, sofredor, fraco vazio'. Ele escreve sem parar (durante 56 anos de sua vida adulta) e, no entanto, sempre num sobressalto total. Grandes acontecimentos nessa vida: uma tempestade que oprime, uma chuva que liberta, o outono que retorna. E esse corpo extenuado por um sopro intruso, Michelet não cessa de deslocá-lo: assim que pode, viaja, troca de país, mantém-se à espreita das condições de vento e sol, instala-se cem vezes, muda-se outras tantas (Barthes, 1991, p. 15).

Além de não se olvidar do corpo, Barthes não deixa de dar importância, como fazia o próprio Michelet, às condições meteorológicas, ao clima, ao ambiente, ao entorno natural em que a escrita da história se dá. Com ele aprendemos que, antes de mais nada, a escrita da história começa por um corpo, situado em dadas condições naturais, sociais e culturais. A escrita é o gesto de um corpo, parte do movimento de uma carne, com seus sofrimentos, com suas dores, com seus males, mas também com seus prazeres, com suas alegrias, com seus desejos, com suas emoções e comoções. O autor de *O prazer do texto* (Barthes, 1988) nos recorda que nossa relação com a escrita e com a leitura é passional, é erótica, nelas empenhamos todo o nosso ser, não apenas a nossa racionalidade e nossa consciência. A escrita é um trabalho e, como tal, empenha e coage o corpo, impõe a ele uma disciplina, o coloca e o convoca a assumir dadas posições, o gasta e o desgasta, mas faz ele ganhar uma vida para além de si mesmo, ganhando uma extensão, um suplemento, uma sobrevida naquilo que escreve. Para Michelet, a escrita da história era essa garantia de sobrevivência para aqueles que morreram, era uma forma de trazer novamente à vida, de dar voz àqueles que pereceram. O compromisso do historiador era, sobretudo, o de não permitir que a morte fosse vencedora (a laicização de um pressuposto cristão). O historiador se alimentava do sangue negro dos mortos, fazia do culto aos que morreram o próprio sentido de sua vida.

No fragmento intitulado "Michelet doente da História", Barthes traz várias declarações do próprio historiador em que ele associa a fraqueza de seu corpo e a necessidade de se alimentar do passado, da história. A história sendo para ele um hábitat nutritivo, o alimento que o mantinha. A sua fraqueza e debilidade física encontrando reparo na força e na saúde dos grandes personagens do passado. A sensibilidade excessiva de seu corpo se punha a serviço de, empaticamente, entrar em contato com as vidas de antanho, dando a elas uma transfusão de sangue e vida. Se ele bebeu, em excesso, o sangue negro dos mortos, se dele fez um alimento que, ao mesmo tempo, o depauperou, foi capaz, por sua vez, de infundir calor e vida aos cadáveres, aquelas carnes sem movimento, sem gesto e sem paixão, tudo o que significava o ser vivo. Se escreve a história por paixão, se a ela dedica seu amor, seu entusiasmo, sua excitação, sua dor e sua náusea, ele consegue, assim, infundir vida ao reino da morte, fazer os cadáveres se erguerem de suas tumbas (Barthes, 1991, p. 17). Se Michel de Certeau nomeia o saber histórico de um saber tumular (Certeau, 2002, p. 106), aquele que erige um lugar para a habitação do morto, Michelet o pensa como o saber do desenterramento, da abertura dos jazigos, da ressurreição dos mortos. Mas ambos, assim como faz Barthes, nos lembram que os historiadores lidam com pessoas que um dia foram de carne e osso, pessoas feitas de suores e humores, de secreções e escarificações, que um dia tiveram prazeres e desprazeres.

Mas não podemos confundir o corpo escrito, que é o corpo do historiador, com as carnes que recebem o seu nome e o habitam fora do texto. O corpo do historiador é também fabricado no interior daquilo que ele escreve. Barthes tem consciência de que o corpo de Michelet a que ele teve acesso foi o seu corpo escrito, o seu corpo tal como apareceu em seus escritos e ele delineou naquilo que sobre ele escreveu. À medida que escreve, o historiador delineia um corpo para si, quase sempre um corpo ausente, um corpo que se mascara e se dispersa sob um "nós" majestático. Muitas vezes o historiador se disfarça por trás do corpo de um de seus personagens, fazendo dele o seu alter ego: Carlo Ginzburg (1987) falando através da máscara de Menocchio; Emmanuel Le Roy Ladurie (1997) atribuindo a totalidade de seu livro ao bispo inquisidor de Palmier. Embora guarde traços do corpo de carne e osso que bordeja aquele escrito, que sofre dele dadas coerções, que é a projeção de pulsões, desejos, paixões, fantasias, sentimentos, memórias, raciocínios, questões, que tiveram dadas carnes e dado corpo como suporte, o corpo do historiador, o corpo do autor é um artefato linguístico, um fato de retórica. O sujeito do texto e o sujeito da escrita se relacionam, mas não se recobrem completamente, não coincidem em sua inteireza. O trecho que transcrevo a seguir, da obra de Barthes sobre Michelet, é quanto a isso muito esclarecedor:

> O corpo inteiro de Michelet torna-se o produto de sua própria criação, e se estabelece uma espécie de simbiose surpreendente entre o historiador e a história. As náuseas, as vertigens, as opressões não

> vêm mais apenas das estações e dos climas; é o horror mesmo da história narrada que as provoca: Michelet tem enxaquecas 'históricas'. Não se veja aqui qualquer metáfora, trata-se precisamente de enxaquecas reais: setembro de 1792, os começos da Convenção, o Terror, outras tantas moléstias imediatas, concretas como as dores de dentes. Costuma-se dizer de Michelet: sensibilidade excessiva; sim, mas sobretudo sensibilidade dirigida, concertada, infletida por uma significação. Estar doente de história é não apenas constituir a história como um alimento, como um veneno sagrado, mas também como um objeto possuído; as enxaquecas 'históricas' não têm outra finalidade além de fundar Michelet como manducador, sacerdote e proprietário da história (Barthes, 1991, p. 17).

Qual o historiador ou a historiadora que não já sofreu com a história? Qual o historiador ou a historiadora que já não se sentiu nauseado diante de uma narrativa ou de uma imagem que encontrou no arquivo? Qual o historiador ou a historiadora que já não se arrepiou, ou que já não foi às lágrimas em suas atividades de pesquisa? Qual o profissional ou a profissional da história que já não retornou para casa com dor de cabeça depois de um dia de pesquisa, dadas as tensões musculares que aquilo que pesquisa lhe acarreta? Há quem desista de realizar uma pesquisa em história pelo impacto emocional que ela provoca. Há quem não consiga lidar com dados temas e questões porque tocam muito fundo, abalam e desestabilizam emocionalmente. Não se escreve história sem investimento emocional, pulsional, afetivo. Michelet sofria algumas enxaquecas por causa das emoções que os eventos históricos, com que estava lidando, lhe provocavam. Quem pode efetivamente ficar indiferente diante daquilo que pesquisa? E será uma boa história aquela escrita sem envolvimento e sem paixão? A fria e racional narrativa do passado é, efetivamente, aquela capaz de cumprir sua principal tarefa, que é a de mobilizar, mover os homens do presente? Se a escrita é um gesto, como todo gesto, ela é movimentação das carnes, constituição de um corpo, mobilização de um fora, de um outro. A escrita da história só faz sentido se ela for dotada dessa capacidade de mobilizar, de movimentar, de comover, de fazer o leitor sair de seu lugar de conforto, se ela produzir, nele ou nela, alguma forma de deslocamento no pensamento, no comportamento, no modo de ser e atuar socialmente.

Qual a escrita da história é capaz de afetar as pessoas: aquela que produz prazer, inclusive estético, ou aquela desagradável e desenxabida? Nem sempre a agressividade, a amargura, o ressentimento, a inveja, a raiva, a indignação dão origem aos textos mais convincentes e sedutores. Como em qualquer escrita, na historiografia há investimento de emoções, de paixões e de afetos. A historiografia é política não apenas porque sempre está tildada de ideologia, mas porque sempre veicula paixões. Se a política, como já vimos, tem como base o gesto que mobiliza; a escrita da história pode ser um gesto mobilizador ou paralisante, e isso não depende propriamente da quantidade de revolta ou de ódio que o historiador veicula no texto. Nem sempre são os textos gritados e iracundos que tocam e movimentam as pessoas. Nem sempre são os textos ressentidos e amargos que são capazes de afetar os seus leitores. Os textos irônicos e sarcásticos, os textos bem-humorados (se tomarmos a velha teoria dos humores, há textos biliosos, como há textos fleumáticos), muitas vezes, são mais eficientes e efetivos como gestos de apelo ao levante político.

É curioso achar que algo que é material como um texto escrito possa ser avaliado sem levar em conta a sua forma, que é propriamente o que lhe dá materialidade e realidade.

É curioso ver tantos realistas ignorarem a realidade do texto, a realidade de que a historiografia é, antes de tudo, uma forma, um gênero de escrita, uma escrita disciplinar e normatizada, um artefato linguístico e literário (no sentido de ser um texto escrito em prosa e que dota de significado aquilo sobre o qual escreve). Da mesma forma que é curioso ver realistas e materialistas tomarem o sujeito como uma abstração, como uma mente descarnada, como um espírito, como uma razão que paira para além de seu suporte carnal (o idealismo chutado com espalhafato pela porta e entrando novamente pela janela). Como se pode fazer tábula rasa das distinções que cultural e socialmente, quando não economicamente, há entre as carnes sexuadas pela presença de um pênis e as carnes que ganham uma identidade sexual pela presença de uma vagina? Lamento informar que não escrevemos a história somente com as mãos, mas também com o escroto e com o clitóris. Essas diferenças anatômicas terão repercussão na formação do sujeito que se fará historiador, implicarão a ocupação de lugares diferentes na sociedade, modos de olhar para o mundo e para a história distintos, permitirá distintas problematizações das próprias memórias, quase sempre marcadas pela dominação patriarcal e heterocisnormativa. Existem distintos gêneros de historiografia porque existem distintas histórias dos gêneros, de suas fabricações, implantações nas carnes, de suas performatizações, de suas valorações, de suas relações e hierarquias. Como podemos ainda aceitar que a cor da pele não tem enorme repercussão sobre a produção das subjetividades em sociedades marcadas e estruturadas pelo racismo? Se o historiador é alguém que se formou subjetivamente no interior de sociedades que utilizam a raça como categoria para distinguir e hierarquizar as pessoas, como podemos aceitar que o olhar para o passado e para a escrita da história não esteja marcado pelas hierarquias de raça possa ser o mesmo para quem ocupa lugares sociais e culturais vistos como distintos? Existem peles da história e da historiografia porque existe uma história das peles, de suas nomeações, significações, valorações e hierarquizações, das relações entre elas. Se toda a vida e a obra do artista plástico norte-americano Andy Warhol (2012) foi marcada pela imagem que fazia de si mesmo como um homem feio, não terá a fealdade ou a beleza carnal e corporal implicações para a elaboração da autoimagem do historiador, com consequências para aquilo que escreve? A recusa, muitas vezes ressentida, da beleza, do estético, da arte como um atributo necessário para o texto do historiador, não seria um sintoma de um trauma inconsciente que alguns profissionais do ramo carregam em relação à sua imagem no espelho?

O trabalho no campo historiográfico e a escrita da história nascem de e mobilizam desejos. No começo do texto de história está o desejo de escrever que, como qualquer desejo, é a canalização, o direcionamento das energias pulsionais, dos impulsos energéticos, dos movimentos que percorrem e tensionam nossas carnes, mobilizadas pelo afeto da página em branco a convocar a escritura, pelos mandamentos que vêm do lugar social de historiador. Está fadada ao fracasso a escrita sem desejo, a escrita por obrigação e como sacrifício. A escrita é um dispêndio de energia pulsional, é o direcionamento e a focalização das forças que percorrem nossas carnes em contato, afetadas pelo mundo. Embora pareça que só as mãos, os olhos e o cérebro estão engajados no gesto da escrita, ela agencia toda a extensão do corpo. A dor na coluna vertebral, o cansaço muscular nas pernas, a acidez estomacal, o suor abundante, a secura na boca, a dor no tornozelo provocada pelo pressionar do pé no chão, o dolorido nas nádegas por causa de horas sentado na mesma posição, o cansaço, o palpitar forte do coração, os arrepios e lágrimas que teimam em surgir vez por outra testemunham que investimos toda a carne e o corpo inteiro, inclusive as dimensões fantasmáticas e imaginárias dos corpos, naquilo que escrevemos. O historiador ou historiadora transexual investirá o seu corpo imaginário, o seu corpo que, como o de todos nós, não se reduz às carnes, vai para muito além delas, naquilo que escrever. A escrita da história é desejo, é gesto, é movimento das carnes e dos corpos, a escrita da história é uma das muitas maneiras de inventarmos corpos, inclusive o corpo do historiador. O *corpus* historiográfico é inseparável dos corpos que o possibilitou existir, e que ele permitiu ser formulados e ter existência.

Referências

AGAMBEN, G. *Homo Sacer*: o poder soberano e a vida nua. Belo Horizonte: Editora da UFMG, 2002.

AGAMBEN, G. *O aberto*: o homem e o animal. 3. ed. Rio de Janeiro: Civilização Brasileira, 2017.

BARTHES, R. *O prazer do texto*. Lisboa: Edições 70, 1988.

BARTHES, R. *Michelet*. São Paulo: Companhia das Letras, 1991.

BARTHES, R. O discurso da história. *In*: BARTHES, R. *O rumor da língua*. 2. ed. São Paulo: Martins Fontes, 2004. p. 163-180.

BENJAMIN, W. *Sobre o conceito de história*. São Paulo: Alameda, 2020.

BERGSON, H. *Matéria e memória*: ensaio sobre a relação do corpo com o espírito. 4. ed. São Paulo: Martins Fontes, 2010.

CERTEAU, M. *A escrita da história*. 2. ed. Rio de Janeiro: Forense Universitária, 2002.

DIDI-HUBERMAN, G. (org.). *Levantes*. São Paulo: Edições Sesc, 2017a.

DIDI-HUBERMAN, G. (org.). *Pueblos en lágrimas, pueblos en armas*: el ojo de la historia. 6. ed. Santander: Shangrila, 2017b.

DIDI-HUBERMAN, G. *Gestos de aire y de piedra*: sobre la materia de las imágenes. Cidade do México: Canta Mares, 2020.

EVARISTO, C. *Becos da memória*. Rio de Janeiro: Pallas, 2017.

FOUCAULT, M. *Vigiar e punir*: nascimento da prisão. Petrópolis: Vozes, 1984.

FOUCAULT, M. Nietzsche, a genealogia e a história. *In*: FOUCAULT, M. *Microfísica do poder*. 7. ed. São Paulo: Paz e Terra, 2018. p. 55-86.

FREUD, S. A Negativa. *In*: FREUD, S. *Escritos sobre a psicologia do inconsciente*. Rio de Janeiro: Imago, 2007. v. 3 (1923-1940). p. 145-157.

FREUD, S. *Além do princípio do prazer*. Porto Alegre: L&PM Editores, 2016.

GINZBURG, C. *O queijo e os vermes*: o cotidiano e as ideias de um moleiro perseguido pela Inquisição. São Paulo: Companhia das Letras, 1987.

HOOKS, B. *Ensinando pensamento crítico*: sabedoria política. São Paulo: Elefante, 2020.

LADURIE, E. L. R. *Montaillou*: povoado occitânico, 1294-1324. São Paulo: Companhia das Letras, 1997.

MAUSS, M. As técnicas do corpo. *In*: MAUSS, M. *Sociologia e antropologia*. São Paulo: Cosac Naify, 2003. p. 399-422.

NIETZSCHE, F. *Humano, demasiadamente humano*. São Paulo: Companhia de Bolso, 2005.

SENNETT, R. *Carne e pedra*: o corpo e a cidade na civilização ocidental. São Paulo: Best Bolso, 2010.

WARHOL, A. *Diários de Andy Warhol*. Porto Alegre: L&PM, 2012.

A voz da terra

Acentos, pronúncias, cantos e espaços

Um sopro e a melodia saída do interior de uma flauta se espalha pela sala. Em ondas ela vai ocupando todo o espaço, driblando obstáculos, se esgueirando por entre frestas e fímbrias. Um tumulto, gritos se fazem ouvir por toda a rua, choros se erguem e atingem os andares superiores de um edifício. Da boca e do peito da consagrada diva do *bel canto* nasce a canção que vem se enovelar em cada ouvido, que vem se espraiar como uma vaga de prazer e beleza pelo recinto da casa de espetáculos. As sonoridades se espalham pelos espaços, elas os preenchem, os tornam singulares, dão a eles conteúdos que podem ser agradáveis ou desagradáveis. As sonoridades constituem um elemento das paisagens, elas se espacializam, conferindo aos lugares uma atmosfera singular. Os sons atribuem identidade a dados espaços, os tornam lugares, com traços definidores. O espaço do bordel é inseparável das músicas que ali tocam, dos sons que ali se ouvem. Os hinos e cânticos, o sussurro das orações, o vozear das homilias, o ressoar dos passos no piso, o estalar dos bancos ao serem ocupados pelos fiéis, dão uma atmosfera particular ao espaço dos templos e das igrejas.

Mas os sons também particularizam o espaço de nossos próprios corpos. Nossas sonoridades nos conferem identidades. A sonoridade de nossa voz é um traço diacrítico fundamental na construção social de nossa identidade. Não há dois seres humanos que tenham exatamente a mesma voz. Há vozes muito semelhantes, muito parecidas, mas a identidade absoluta é impossível. A voz é uma marca que nos diferencia dos demais. Ela é, em nosso corpo, uma das suas sonoridades mais destacadas, aquela que serve de traço de definição de uma personalidade, de uma forma de aparecer, de ser visto e ser ouvido. A nossa voz, para nosso bem ou nosso mal, sendo agradável ou desagradável, sendo fina ou grossa, sendo rouca ou límpida, sendo de difícil ou de fácil compreensão e audição, constitui um traço definidor de nossa imagem como sujeito, como pessoa. A voz é um atributo que é objeto de valoração e avaliação por parte dos outros. Ela pode ser sedutora ou repulsiva, ela pode facilitar ou dificultar a comunicação com os outros. A voz é um dos nossos principais cartões de visita, ela é um elemento fundamental na constituição de nossa presença, de nossa apresentação no mundo.

Ela é um elemento de constituição da espacialidade de nosso corpo. Ela é um elemento da carne, já que é fruto das cordas vocais, da língua, da boca, da faringe; mas é também fruto de nosso contato com o fora, com o mundo, já que sem ar, sem alento, sem oxigênio, não existiria a voz. Na ausência de ar, sufocamos, e uma das nossas primeiras perdas é a da voz. A voz nasce dessa troca com o mundo, desse comércio gasoso com o entorno. A qualidade da voz depende da qualidade da atmosfera que temos à nossa volta. Teremos uma voz entrecortada e embargada numa atmosfera cheia de fumaça, tomada por gases tóxicos. Não conseguiremos fazer soar a voz debaixo da água, no momento do afogamento. A voz nos projeta para fora de nós mesmos, a voz nos comunica não apenas com os outros humanos, mas com os espaços à nossa volta. Nossas vozes, projetadas para fora de nós, tornam-se elementos constituintes da própria paisagem, da espacialidade da qual somos um elemento. A ambiência de um pátio escolar é inseparável da gritaria das crianças, do vozerio de muitos decibéis dos adolescentes. O corredor de uma escola, na ausência da algaravia de vozes dos estudantes e professores, torna-se outro espaço, muitas vezes triste, com aspecto de abandono. Isso porque as vozes humanas atribuem qualidades aos espaços, dão a eles relevos e configurações particulares. A trama das vozes humanas tece as texturas dos lugares, dá a eles, inclusive, certa atmosfera afetiva e emocional. A presença ou ausência do vozear humano pode tornar os lugares mais cálidos, mais acolhedores ou mais frios e devastados, mais inóspitos para nossa habitação.

Quando nascemos, começamos a nos tornar humanos no contato com a voz de nossa mãe, com as vozes das pessoas que nos rodeiam. Se, como afirmam Maurice Merleau-Ponty (2018) e Judith Butler (2015), nos tornamos sujeitos humanos, nos tornamos seres humanos, eus, através do toque do outro, do afeto, da paixão, do ser afetado pelo outro humano ou inumano, as vozes humanas e não humanas são as primeiras entidades a nos tocarem. Ser envolvida e acolhida pela voz materna constitui a primeira experiência, o primeiro toque, o primeiro afeto recebido pela criança. Antes de ser tomado nos braços, antes que seja tocado pelo calor do corpo materno, sua voz emocionada chega até ele ou ela e lhe dá as boas-vindas ao mundo. É a reminiscência dessa cena primária, pelo menos para um bom número de crianças, que dá à voz um valor emocional e afetivo, capaz de trazer significados diversos aos lugares. Tendemos a associar subjetivamente os espaços à escuta de dadas vozes que ali se deram. Nossa memória tende a associar os espaços a dadas sonoridades que recorrentemente ali se fizeram presentes. Um curral é inseparável do mugir das vacas, do berrar dos bezerros ou da voz paterna a cantar ou assobiar enquanto fazia a ordenha. A falta dessas sonoridades transforma aquele espaço numa espécie de deserto. O vazio que se constata pela ausência dos corpos é potencializado e aguçado pelo silenciar das vozes animais e humanas, que normalmente compõem a tessitura da trama daquele espaço.

Uma espacialidade é um tecido de sonoridades, é uma trama de vozes, é fruto da urdidura de sons os mais distintos. Uma confusão de sonoridades contribui para que tenhamos a impressão de balbúrdia e até de desorientação em relação a dada espacialidade. Os sons fazem parte da atribuição de qualidade, da atribuição de valor a dados espaços. Um espaço pode se tornar agradável, receptivo, acolhedor, caloroso, aprazível, romântico, alegre, festivo, dependendo das sonoridades que aí se pode ouvir, inclusive dependendo da altura e da tonalidade com que as pessoas estão falando, conversando, interagindo. Como nossa projeção para o exterior, toda vez que falamos, dependendo da forma como falamos, da altura, tonalidade, da forma como emitimos a voz, estamos participando da constituição da espacialidade em que estamos engajados. Nossa voz nos espacializa, nos espraia para além do encapsulado de nosso corpo, dá a ele abertura e projeção, o atira para além de si mesmo, o desloca na direção de um outro, de um além de si. A voz nos comunica com o exterior e traz o exterior para dentro de nós. À medida que dizemos ao mundo, que falamos dele, que fazemos dele assunto nosso, ele passa a nos habitar, ele nos atravessa.

A voz é um dos principais traços de nossa presença no mundo e também se constitui em elemento de localização. A língua que falamos é um elemento de territorialização de nossa identidade, de atribuição de uma identidade espacial. A língua sempre foi tomada como elemento de definição de fronteiras entre os humanos, inclusive entre aqueles que poderiam ser considerados humanos e aqueles que estariam desprovidos de humanidade. Desde os agrupamentos humanos mais primitivos, desde que a espécie desenvolveu a habilidade de falar, que as sonoridades divergentes daquilo que dizem separou os humanos em grupos, inclusive em agrupamentos rivais. A língua é utilizada, até hoje, como um critério de classificação e de divisão dos grupos humanos. Falar dada língua é um traço de pertencimento a dadas etnias, a dadas regiões e nações. As fronteiras linguísticas dividiram e dividem os homens, os fazem amigos e inimigos, aliados e adversários. Falar uma língua estranha se constituiu em motivo de desqualificação e suspeita em relação a outros humanos. Os gregos nomearam de bárbaros todos os povos que não falavam como eles, todos os povos que eles tinham dificuldade de compreender o que diziam, todos aqueles que, ao falarem, pareciam apenas emitir um indecifrável *barbarbar*.

Por isso, desde os tempos mais remotos, há uma relação entre língua, fala e território. Nômades e sedentários se diferenciavam por seus falares, o estranho, o estrangeiro, era aquele que falava de uma outra maneira. A língua, como elemento de constituição dos laços sociais que configuram e mantêm os grupos humanos, é tanto fator de aglutinação como de separação entre os seres humanos. A simples forma de falar, de pronunciar as palavras, de emitir a voz serve como traço que separa aqueles que fazem parte do grupo daqueles que dele estão excluídos. A língua aglutina e atrai, mas também separa e antagoniza grupos humanos. Os seres humanos são, ao mesmo tempo, seres linguísticos e seres territoriais, não causando espécie que haja uma relação entre territorialidade e identidade linguística. Os humanos habitam, ao mesmo tempo, uma terra e uma língua. Não é surpresa que esses dois elementos nucleares na vida humana venham a ser pensados como coextensivos, como conectados. A língua dos humanos tornou-se a língua da terra, de uma terra, de determinado território. A língua é utilizada como um elemento de demarcação territorial. Uma territorialidade do ponto de vista antropológico tem como um de seus traços constituintes e definidores a linguagem aí falada. Até mesmo para fins de reconhecimento jurídico do pertencimento, da propriedade sobre uma terra, depende-se, cada vez mais, da linguagem, seja oral, seja escrita.

Mas podemos dizer que os falares demarcam fronteiras, que as vozes diferenciadas traçam divisões entre os humanos que se projetam no tracejado de limites territoriais. Os romanos identificavam a Gália ou a Germânia como regiões distintas a serem conquistadas porque ali viviam povos que falavam muito diferente deles e diferente uns dos outros. Mesmo sendo todos vistos como bárbaros, pelos romanos, estes não confundiam um gaulês com um germano, entre outros traços distintivos, por causa de seus diferentes modos de falar, por suas línguas diferenciadas. O falar é um elemento de comunicação e aproximação entre os humanos, mas também motivo de separação e de conflito, estabelecendo divisões e segmentações não apenas linguísticas, mas territoriais. Essa associação entre língua e território fez com que paulatinamente houvesse uma espécie de deslocamento do pertencimento da linguagem do humano para o inumano. Quando dizemos língua francesa estamos associando a linguagem ao recorte territorial, ao recorte nacional francês. Comumente nos pegamos dizendo que na Inglaterra ou nos Estados Unidos se fala o inglês, dando prioridade a divisões territoriais na atribuição de uma identidade para o linguístico, em detrimento dos humanos que ali vivem e que são os verdadeiros falantes da língua inglesa. É comum ouvirmos dizer que o espanhol é a língua do México, como se esse recorte espacial, como se essa unidade nacional, fosse quem fizesse uso da língua espanhola. Espacializamos as línguas de tal forma que acabamos por atribuir a entidades não falantes a proeminência no ato de falar.

O mesmo fenômeno ocorre quando se trata de falares que são nomeados de falares regionais. Muitas vezes a impressão é que o recorte espacial regional é o sujeito, é o agente do ato de fala. Muito se discute se existe um modo de falar nordestino, se existe um acento, um sotaque, uma espécie de dialeto nomeado de típico dessa região, o que seria um nordestinês, uma língua específica desse território. Dada a diversidade dos falares que são encontrados no espaço nomeado como Nordeste, dado que os habitantes dessa região possuem falares diferenciados, a territorialidade, a identidade espacial, a identidade regional é a única capaz de homogeneizar, de conferir unidade a essa diversidade nos modos de falar, impossíveis de serem abarcados por qualquer pretensão identitária. Ao invés de se fazer o percurso cognitivo dos falares para as territorialidades, se faz o percurso inverso da identidade territorial consolidada para os falares, que são, assim, reduzidos a uma unidade, a uma identidade que não existe na realidade concreta e cotidiana.

As palavras são aladas, como diz Irene Vallejo, elas são projetadas e soltas ao vento, são nômades, muito mais difíceis de serem aprisionadas em dadas fronteiras (Vallejo, 2022).

As palavras voam, se evolam e se dispersam, elas são de difícil aprisionamento em dada territorialidade. As palavras atravessam todas as fronteiras, não obedecem a limites, elas viajam nas bocas, nas cabeças, nas folhas de papel, nas redes sociais. Elas, escondidas no silêncio das memórias, impressas em nossas lembranças e recordações, anônimas em páginas não assinadas, viajam o mundo, resistem às mais cruéis censuras, sobrevivem aos regimes políticos mais mortíferos. As palavras, as sonoridades das línguas, são de difícil contenção, por isso os poderes preferem privilegiar as espacialidades, muito menos móveis, muito mais fáceis de dominar, muito mais à mercê das conquistas e das colonizações. Embora não possamos esquecer que as línguas também são poderosos veículos de dominação e de exploração. As conquistas coloniais implicaram não apenas o domínio dos espaços, mas a imposição de dada língua, a imposição de dadas formas de falar. As vozes dos conquistadores buscaram se fazer prevalecentes, embora a conquista também tenha implicado, muitas vezes, até para favorecer o controle, o aprendizado da língua do outro, a adoção de muitas de suas palavras. As palavras, além de aladas, são pegajosas, são contaminantes; elas, de modo insidioso, sobrevivem, muitas vezes, penetrando sub-repticiamente na língua que a pretende derrotar. Mas as conquistas coloniais não supuseram apenas o genocídio das populações nativas, como também a morte de muitas línguas, de muitos falares, de muitas vozes, que eram portadas pelas carnes trucidadas.

O assassinato da língua era fundamental para fazer desabar o universo mental, o universo cultural que dava sustentação ao modo de vida que se queria ver transformado, que se queria ver erradicado da face da terra, para ser substituído pela forma de viver, dita civilizada, do povo conquistador.

116

Desde a antiguidade, a submissão de um povo se dava pela perda de sua língua, pela obrigatoriedade de se comunicar com o invasor, com o dominador em sua língua, falar e viver em seus termos, pensar através de seus conceitos, reger suas vidas por seus valores, por suas leis e normas, cultuar as suas crenças, os seus mitos. A forma mais efetiva de se matar uma cultura, de se destruir uma forma divergente de ser humano é assassinar a sua língua, é despojá-la de suas vozes características. As línguas, assim como os territórios, foram objetos de conquista e de disputas. Quando o império português passou a integrar o império espanhol, entre 1580 e 1640, a única forma que as elites palacianas portuguesas encontraram de procurar preservar a identidade de sua terra, na esperança e na espera de uma futura independência, foi investindo na manutenção da diferença linguística. Diferenciar, cada vez mais, a língua portuguesa da língua espanhola, com mudanças gramaticais que levassem as duas línguas irmãs a se distanciarem cada vez mais, era a única forma de manter, pelo menos no campo simbólico, a existência da territorialidade portuguesa ameaçada.

Se os habitantes de uma terra a ser conquistada falavam determinada língua, se a língua dessa terra era outra, dominá-la implicava modificar como ali se falava. Se a identidade de um território era dada pelos grupos linguísticos que ali residiam – esse era o critério utilizado pelos europeus para demarcar territórios em África, por exemplo –, para efetivar-se a conquista dessas terras, para efetivamente se ter domínio sobre o território, era preciso modificar como ali se falava, era preciso impor aos colonizados a língua do colonizador. A submissão de dados povos a outros, costumeiramente, foi simbolizada pela conquista linguística, pela substituição da língua da terra pela língua do conquistador. Funcionários especializados como os chamados "línguas", aqueles que atuavam, inicialmente, como tradutores; agentes da conquista, como os missionários, soldados, viajantes, comerciantes, se empenhavam em, progressivamente, irem substituindo a língua nativa pela língua do colonizador. As escolas e universidades também atuaram no sentido de alienarem esses povos de seus idiomas, depreciativamente alojados em conceitos como dialetos ou línguas tribais. Em muitos lugares, a luta pela descolonização implicou a tentativa de se recuperar as línguas locais, de se produzir artefatos culturais nas línguas nativas, em, pelo menos, modificar a toponímia, a nomeação dos lugares, das cidades e dos próprios territórios nacionais, substituindo os nomes em línguas europeias por nomes nas línguas dos nativos. A luta pela reconquista da terra implicando uma mudança na língua que a denominava, que a nomeava.

Muitas vezes, o único traço que distingue alguém, no interior do grupo em que se encontra, é sua língua, é seu acento, é seu sotaque. Quando os demais traços físicos, carnais, corporais não servem como marcas de singularização, de individuação, de identidade, poderá ser a fala, poderá ser a voz, o elemento diacrítico, o elemento diferenciador, que permitirá que ela seja alojada no interior de uma classificação nacional, regional, étnico-racial etc. Em inúmeras ocasiões, dadas pessoas só poderão ser vinculadas a um pertencimento espacial, só poderão ser alojadas numa segmentação territorial, só poderão ser vinculadas a uma terra, quando abrirem a boca, quando emitirem a fala, quando utilizarem de determinadas palavras e expressões, quando o ritmo, a sonoridade, a melodia, a pronúncia das palavras as remeterem a essa dada identidade espacial. Quando num país estranho, quando no estrangeiro, quando uma pessoa se vê numa situação de forâneo, pode evitar falar, pode tentar permanecer calado, pode emudecer para não ser identificado, para não ser vítima, inclusive, de rejeição e de preconceito. O som da voz, a maneira de emitir as palavras, o ritmo e a tonalidade da pronúncia, o conteúdo da fala, os trejeitos e tiques vocais, a forma como articula os enunciados, são marcas pessoais que podem se tornar estigmas e traços desqualificadores.

Assim como ocorre com os pássaros, nos humanos o som da voz, da fala, pode ser vetor de territorialização e desterritorialização. Alguém pode se sentir imediatamente deslocado de lugar ao abrir a boca, ao ouvir as vozes que lhe rodeiam, ao ver e sentir a reação dos outros diante de sua língua, de sua fala, de sua pronúncia, de seu sotaque. A voz humana pode dar um lugar de existência, pode ser um traço de particularização de um espaço para a existência, como pode ser aquilo que desmancha e desfaz esse lugar, que atira o ser num espaço amplo e indiferenciado, num espaço que não se pode chamar de seu. Podemos dizer que levamos o nosso lugar, a nossa terra na voz, que a fazemos nomadizar, se deslocar, se mover conosco. Podemos dizer que levamos aquela terra que dizemos e sentimos como nossa na garganta, que a transportamos em nossa língua, em nossas bocas, em nossas cordas vocais. Nos hábitos de fala, nos costumes de falar, portamos uma territorialidade, damos a ela a materialidade etérea do alento, do sopro, do vento, a fazemos voar pelos ares ao encontro da audição do outro. Nossa terra é comunicada ao outro através da matéria alada das palavras, ela se delineia nos volteios gráficos da matéria sonora de nossa fala. Levamos a terra ao pé da voz, a espalhamos e a espelhamos pelo mundo com nosso sotaque, com o acento particular que damos à pronúncia das palavras. Emitir a voz é, em muitas ocasiões, o equivalente ao se desnudar, ao se despir, ao revelar algo de íntimo e próprio. Ao mesmo tempo que, por mais que se tente, não há uma voz desnudada de qualquer marca, de qualquer singularidade, de um timbre que, como indicia o uso dessa palavra, é uma marca que causa impressão, que imprime no ouvido do outro um sinal, um signo de singularização.

Uma voz minoritária, uma voz dissidente, uma fala que transgride com os hábitos e costumes linguísticos de um espaço, não pelo conteúdo do que diz, não pelas ideias que veicula, mas por sua própria tessitura sonora, é vetor de identificação, de estigmatização e de rejeição. É o preconceito regional que explica o porquê dos diversos falares dos habitantes dos estados da região Nordeste serem ouvidos como idênticos, como compondo um pretenso sotaque nordestino ou quem sabe um nordestinês, uma forma própria de falar. É no plano do estereótipo e da caricatura que os variados sotaques encontrados na região, às vezes no interior de um mesmo estado (os habitantes do sertão pernambucano falam um sotaque bastante distinto dos habitantes da cidade do Recife, a capital do estado) são homogeneizados e reduzidos a uma língua arcaizante e apinhada de expressões locais, marcada pelo uso inculto e pretensamente errôneo das palavras. A incultura, o atraso, a ignorância, o exotismo, o anacronismo, o barroquismo, que seriam traços que definiriam a regionalidade nordestina, se fariam presentes e se expressariam no próprio falar dito regional. Quando um nordestino abre a boca, fica patente não só a que terra ele pertence, mas sua fala confirmaria e reforçaria a imagem regional de precariedade, pobreza, atraso, subdesenvolvimento, que estaria materializada na própria forma como essa gente falaria. Um nordestino bastaria abrir a boca para dar testemunho da miséria material, cultural e intelectual em que viveria.

Essa relação entre voz e terra pode dar margem a toda sorte de redução, de homogeneização, de simplificação. Na ânsia por fazer da fala, da pronúncia, da prosódia, do sotaque um marcador de identidade, de fazer da voz um traço de classificação, ordenação e hierarquização das pessoas, pode-se facilmente cair na caricatura e na estereotipia. Facilmente perde-se a complexidade e a diversidade dos falares em nome da simplificação e da unificação daquilo que é heterogêneo. Para fazer da voz um marcador de territorialidade, muitas vezes irá se ignorar os desvios e as dissidências, as particularidades nos modos de expressão, de enunciação, de verbalização das palavras e sonoridades. Como nós humanos temos dificuldades de lidar com a multiplicidade, como não estamos muito atentos às nuances, nos interessando mais pela fácil identificação do outro, tendemos a ouvir o uníssono em lugar da dissonância. Como as identidades territoriais foram um dos principais vetores de atuação dos Estados modernos, como esses Estados se tornaram, preferencialmente, Estados territoriais e, portanto, territorializantes das populações, o apelo identitário territorial passou a ser mais efetivo e eficiente do que a territorialização linguística.

Foram os Estados que moldaram as línguas para seus territórios, que as tornaram línguas territoriais, línguas atreladas a um dado território nacional, do qual passaram a ser símbolo e emblema. As demarcações territoriais ganharam prevalência e proeminência diante das demarcações linguísticas. As políticas de perseguição aos e de destruição dos falares regionais e locais, de imposição de uma língua nacional, são testemunhas da prevalência da territorialidade em relação à etnicidade linguística, quando se trata das identidades surgidas nas sociedades modernas ocidentais. Daí a tendência de se associar a cada território uma única língua, a uma dada região um único dialeto ou sotaque, a uma dada localidade uma única maneira de falar. Esse projeto unificador no campo das falas, das vozes, que parte do Estado, moldou uma certa forma de encararmos os fenômenos linguísticos, que vai na contramão do caráter criativo, inventivo, deslizante, diferenciador, nomádico dos falares. Entre o Estado e as vozes sempre houve tensões, lutas, com o poder estatal tentando e desejando aprisionar e estabilizar as vozes, e elas escapando, escapulindo pelas brechas, pelas frestas, divergindo e transgredindo no grão mesmo da voz. Assim como Deus teria e queria uma única Palavra, o Estado e os poderes buscaram e buscam detê-la, estar com a palavra, serem donos da voz. Mas as palavras sempre escapam, sibilinas, de todas as censuras e de todas as capturas, inclusive territoriais.

Para controlar melhor a população, o Estado, com o passar do tempo, aperfeiçoou os mecanismos de captura do que seriam as marcas singularizadoras de cada cidadão e cidadã. Ao longo do século XIX, investiu-se numa política de gestão dos povos que tomava as carnes e os corpos como as principais superfícies de exame, de disciplina e de controle, política que Michel Foucault (2022) nomeou de biopolítica. Ao contrário de períodos históricos anteriores, nos quais a obsessão de examinar e controlar as almas prevaleceu, agora tratava-se de tomar as carnes como uma espécie de mapa em que se poderia ler, inclusive, as tendências psicológicas, subjetivas dos indivíduos. Saberes como a fisiognomonia buscavam ler os corpos, os perfis, os rostos de cada indivíduo e neles encontrar as marcas reveladoras das tendências morais e psicológicas inatas de cada pessoa. A fotografia e a datiloscopia se constituíram em aparatos técnicos capazes de perscrutar nos corpos, no formato do rosto e dos olhos, no formato das sobrancelhas, do nariz, da bacia, da pélvis, dos pelos pubianos, dos quadris, dos órgãos genitais, na cor da pele, na textura do cabelo, no formato do crânio e mesmo nas impressões digitais as marcas diferenciadoras de cada sujeito e fazer delas registro para fins de controle de comportamentos, inclusive políticos, e no combate à criminalidade e ao vício. O desenvolvimento dos aparelhos de registro sonoro, ao longo do século XX, farão da gravação da voz uma das formas privilegiadas de inscrição dos corpos dos cidadãos na maquinaria legal e jurídico-policial dos Estados. A voz torna-se uma marca não apenas de identificação, mas um veículo de produção de prova, um meio de acesso ao que seria a verdade do acontecimento e do crime. Os historiadores e cientistas sociais, assim como os jornalistas, farão da entrevista, do registro das falas, da técnica da história oral, uma das maneiras privilegiadas de produzir suas fontes.

É curioso, no entanto, que os historiadores e cientistas sociais não tenham atentado para o sotaque, para o acento, para a melodia da voz como um elemento significativo e merecedor de destaque e de análise quando da utilização dos registros orais em seus textos. Os sotaques, que são elementos tão relevantes de identificação de cada pessoa, que são uma marca de singularização, notadamente na atribuição de uma identidade espacial para o falante, têm sido sistematicamente negligenciados na hora da exploração dos testemunhos gravados. Se uma pessoa proveniente do Nordeste, se um migrante nordestino, pode passar despercebido numa cidade como São Paulo, por não ter um corpo, por não ter características físicas que correspondam ao corpo estereotipado que dele é esperado, no entanto, ele não pode abrir a boca porque é imediatamente associado a essa identidade, a esse recorte regional. Como pode essa marca tão importante para sua identificação, que determina, inclusive, o tipo de recepção, de tratamento que recebe, ser ignorada na hora de abordar a sua vida, a sua experiência? Muitas vezes, é a sua fala, o seu sotaque, o primeiro elemento que será levado em conta para dar a ele uma localização e uma classificação numa dada ordem social. O sotaque será o traço diacrítico que o fará ser identificado como "baiano", como "paraíba", como "pau de arara", como "cabeça-chata", como "nortista", como "nordestino". A sua imagem, o seu perfil, o seu corpo começará a ser delineado, suas carnes começarão a ganhar sentido a partir desse elemento de identificação, de classificação e de hierarquização.

O sotaque é sempre uma marca do outro, do estranho, do estrangeiro, do diferente, daquele que está fora de seu lugar, de seu espaço. Aquele ou aquela que estão em casa nunca se dão conta de que também sua fala é marcada por uma forma diferente, por uma melodia distinta, que a sua pronúncia das palavras se dá de forma particular. Quem está em seu território julga que a sua maneira de falar é a norma, é o normal e, como tal, não possuiria marcas diferenciadoras. O falar hegemônico, o falar dito normal ou correto tende a ser visto como não marcado, como universal, como geral. Será diante do outro que um dado sujeito pode se dar conta de que sua maneira de falar é também marcada por uma sonoridade, por uma musicalidade, inclusive por um palavreado, pelo uso de expressões e sonoridades particulares. Embora tenham um sotaque bastante específico, os moradores do interior de São Paulo julgam que quem possui sotaque são os migrantes ou imigrantes que chegam a seus municípios. Os nordestinos são, quase sempre, identificados como possuidores de um sotaque carregado, de uma fala arrastada, de uma prosódia marcada pelo uso tido como incorreto de dadas palavras ou pelo uso de expressões ditas exóticas, quando estão fora de seus ditos lugares de nascimento, embora quando estão em suas terras nunca sejam lembrados e, muitas vezes, nem se deem conta de que possuem um sotaque. O sotaque é, contraditoriamente, uma marca de pertencimento territorial que se torna audível em situações de desterritorialização. O sotaque atribui um lugar para aqueles que estão fora do lugar, atribui um pertencimento a uma terra que deixaram para trás. A descoberta do sotaque se dá em situações de desterro, de encontro com o outro, com o estranho, com o estrangeiro. Toma-se consciência do sotaque através da escuta do outro, o sotaque nos retorna a partir de sua reverberação na escuta do outro. Ao se encontrar em terra alheia, descobre-se o acento da terra própria, a voz da sua terra, o sotaque que a faz viva em seu próprio corpo.

Com o sotaque, carregamos a terra em nossas carnes. O lugar que nos situa no vasto mundo, que simbolicamente nos aterrissa e nos dá pertencimento, que imaginariamente nos dá chão e morada, que por ser local de nascimento ou de crescimento se tornou a referência espacial primeira de nossa existência, pode ser transportado conosco à medida que sua maneira de soar, que sua forma de falar vai conosco para onde nos desloquemos. Ao associarmos espaços e sonoridades, facilitamos que eles sejam memorizados, que eles possam ser mais facilmente recordados. As civilizações antigas, como a grega, descobriram que a musicalidade dos sons e das palavras favoreciam a sua memorização. Se os gêneros poéticos antecederam os gêneros narrativos em prosa, isso se deve ao fato de que era mais fácil lembrar de uma estrofe, de um verso, marcados pela reverberação interna da sonoridade das rimas, pela recorrência periódica, rítmica de dados sons, do que das sonoridades em processo na prosa. A musicalidade das vozes, assim como as sonoridades da natureza ou dos artifícios e artefatos construídos pelos humanos, constitui as paisagens e as torna mais fáceis de lembrança. Uma pessoa desarraigada de sua terra pode ter saudade, pode experimentar um sentimento de nostalgia ao escutar as vozes de seus conterrâneos. O desencontro de formas de falar pode propiciar e exaltar o sentimento de solidão. Não ouvir ninguém que fale com a mesma música na voz pode ser um elemento para a percepção de uma situação de isolamento e de não pertencimento, de estranhamento e estrangeiridade.

Estar cercado por um mar de vozes distintas pode gerar incômodo e sofrimento, assim como estar mergulhado num oceano de vozes familiares causa conforto e segurança. A fala que soa distinta pode gerar sentimentos de medo e sensação de ameaça, pode soar como uma invasão de um estranho que pode representar perigo. A xenofobia, tão generalizada no mundo globalizado de nossos tempos, tem como um dos seus elementos disparadores a fala estranha, a voz estrangeira, os falares que não se entende. Não entender o que o outro fala, não saber de que se fala, gera desconfiança e hostilidade. Aquele que fala distinto, que fala o que não se entende, pode ser tomado como suspeito de complô e conspiração. O falar diferente pode desencadear hostilidade, pode ser tomado como agressão ou desrespeito por dados grupos mais radicais. A fala distinta pode ser tomada como signo da recusa a se integrar na nova realidade social e cultural por parte do estranho. Esse fato pode ser tomado como indício de menosprezo ou menoscabo pelo espaço em que se está vivendo e, por consequência, em relação a seus habitantes. Quando muitos migrantes nordestinos tratam de, muito rapidamente, buscarem mimetizar as maneiras de falar que são atribuídas aos cariocas e aos paulistas, o fazem para fugir da marca e do estigma atrelados a seu modo de falar, que o sotaque dito regional significa. Quanto mais rápido eles deixem de ser pessoas marcadas, singularizadas pelos modos de falar, por suas vozes; mais rapidamente vão se sentir integrados, mais cedo poderão ser aceitos, poderão deixar de passar por situações de preconceito e rejeição. Cedo eles aprendem que o melhor a fazer é desaparecer na multidão de vozes, é perder as marcas territoriais que trazem, inclusive na fala. Quanto mais rápido se perde as marcas da terra da qual se saiu, mais rápido se poderá ser aceito e integrado à nova terra. Para fazer corpo com a nova terra, é preciso retirar de seu corpo a terra deixada para trás, retirar de sua boca e de sua garganta a sonoridade associada à terra de onde se veio.

Para muitos, a terra de onde se saiu, a terra que ainda se traz na voz e no corpo se torna um estorvo, torna-se um peso a carregar. Libertar-se do peso da territorialidade a que se está associado implica uma reconstrução de si, uma reconstrução que passa pelas próprias carnes, que leva à configuração de uma nova corporeidade, de um outro corpo, adequado à nova realidade espacial, ao contexto cultural, social e linguístico em que se vive agora. Arrancar a terra da voz pode ser um processo doloroso porque implica, em grande medida, retirá-la da alma. Sem palavras, sem sons, sem linguagem não há subjetividade. Ao abrir mão de certas palavras, de certas expressões, ao se perder a sonoridade particular da voz, ao se ir perdendo o sotaque que o remetia para a sua terra, vai se perdendo o seu ser mesmo, a persona, o sujeito que era antes, vai se perdendo do si mesmo que performava anteriormente. Perder a voz é perder a alma, perder o acento é perder um dos traços que dava singularidade a um dado sujeito. Para os humanos, perder o sotaque é o mesmo que é para a cobra perder a pele, entra-se num processo de metamorfose, de transição, de transitoriedade, num vir a ser que implica o desgarrar da voz e o desgrudar da terra. A terra vai desmoronando a cada sonoridade que se perde, a cada falar que se altera, até ela ser cuspida fora, ser atirada para fora da língua.

Referências

BUTLER, J. *Relatar a si mesmo*: crítica da violência ética. Belo Horizonte: Autêntica, 2015.

FOUCAULT, M. *Nascimento da biopolítica*. 2. ed. São Paulo: Martins Fontes, 2022.

MERLEAU-PONTY, M. *Fenomenologia da percepção*. 5. ed. São Paulo: Martins Fontes, 2018.

VALLEJO, I. *O infinito em um junco*: a invenção do livro no mundo antigo. Rio de Janeiro: Intrínseca, 2022.

As regiões do existir

A espacialização do sujeito entre o mundo e a linguagem

O existir dos humanos se dá no tempo, no espaço e na linguagem, ou seja, o ser dos humanos se passa e se projeta nessas três dimensões que os desapossam de um si mesmo, que os impedem de ser fechados e autocentrados, que os lançam para um fora de si. Existir é habitar o fora, é habitar um mundo constituído de temporalidades, espacialidades e linguagens. A própria percepção da existência, o próprio sentido do existir se dá nesse encontro com o mundo, se dá à medida que, através do ser no mundo, nos temporalizamos, nos espacializamos e nos narramos, nos dizemos, nos falamos. A existência implica esse sair de si e ir ao encontro do outro, implica se descobrir e se conhecer nas relações temporais, espaciais e linguísticas com o outro, com o diferente de si mesmo. Eu me vejo naquilo que vejo e que me vê, eu me descubro no outro, no mundo, eu me encontro em meus encontros. Existir é, portanto, para todo homem e para toda mulher, projetar-se sobre o mundo, fazer de si uma extensão do mundo e do mundo uma extensão de si. Existir é se situar no mundo, se espacializar, recortar uma região do mundo para se territorializar. Existir é elaborar mundos, é construir espacialidades, marcadas pelo tempo, no campo das linguagens.

O sujeito nasce, antes de tudo, de uma sujeição ao mundo e à linguagem. É na interpelação das coisas do mundo, é no chamamento feito por outros humanos, é na convocação feita pela linguagem que eu aprendo a dizer e ser Eu. O processo de subjetivação pelo qual um ser se faz sujeito nasce das afecções que o mundo natural e social, que os afetos de um entorno cultural e histórico exercem sobre suas carnes. A fabricação do corpo, primeira forma de espacialização do ser, do sujeito no mundo, forma primeira de ser e fazer presença, nasce do encontro das carnes com o mundo e com a linguagem, nasce dos afetos do mundo e dos efeitos dos códigos e signos, que circulam em uma dada região do mundo, sobre as carnes com que nascemos. Fazer corpo é a forma primeira de existir, de sair de si, de construir um fora para habitar, uma corporeidade com a qual nos apresentaremos ao mundo e com a qual ocuparemos e nos situaremos em dados lugares. É na percepção da materialidade do mundo, é no encontro com a carnalidade do mundo, que tomamos consciência de nossas próprias carnes, que vamos fabricando corpos. As matérias do mundo nos afetam, nos movem, nos comovem, nos emocionam, produzem sentimentos e ressentimentos. É através desses movimentos subjetivos que o mundo nos toca, que ele chega até nós, que nos invade e passa a ser parte de nosso próprio ser. O que chamamos de nosso espaço interior, de nossa subjetividade, de nossa espiritualidade, é fruto desse ressoar do espaço exterior em nós, é fruto dessa mistura entre matéria e emoção. Uma região do mundo se torna significativa à medida que passa a habitar a nossa subjetividade, que passa a mover o nosso espaço interior.

Para que isso ocorra, é preciso que essa afecção, essa emoção, que foi gerada no encontro com o espaço exterior, retorne à exterioridade através da linguagem, dos conceitos, dos signos, dos significados, das imagens poéticas. O mundo nos toca e nos abre ao exterior, nesse toque algo se mobiliza em nós e algo se expressa, retorna ao mundo modificado por sua passagem por essa abertura que o próprio mundo escavou em nós. O mundo das palavras e das imagens, o mundo dos signos, dos símbolos, o mundo das figuras e das representações, humanizam o mundo e, por seu turno, como corolário humanizam os próprios seres humanos. Os lugares habitados pelos homens, os recortes e identidades espaciais que fronteirizam e segmentam as vidas humanas, são construções feitas pelos próprios humanos em seus encontros com o mundo e com as linguagens. Toda vida humana se passa no interior de horizontes, de paisagens, de fronteiras, que são ao mesmo tempo recortes feitos e possibilitados pelo olhar humano, com todas as suas limitações, pelas memórias e pelos conhecimentos humanos, pela capacidade de imaginação, que permitem projetar esse limite espacial presente e atual para o passado, ter dele uma visão mais complexa e multifacetada, ir além dele, abrir-se para o além do visível, do perceptível, projetar-se para um além da linha do horizonte. Os lugares humanos são experimentados, vividos, compreendidos a partir de um arquivo de memórias desses e de outros lugares, os territórios humanos são palimpsestos de memórias de outros tempos e lugares, que habitam as narrativas das memórias, as linguagens das lembranças e das reminiscências. Os lugares dos humanos são colagens de outros lugares havidos e sonhados, de outros lugares perdidos e desejados, de lugares sabidos e imaginados.

São inseparáveis os lugares, as regiões do existir, das emoções, dos sentimentos que lhes dão cores e sabores, que lhes dão consistência e textura. Toda região é um texto e um contexto, uma situação e uma narração, um conceito, significação, sentido, sensação, emoção. Uma região tem um ser quando é parte de um ser que sente, pensa e fala. Uma região do mundo tem existência quando faz sentido para os seres do sentido. Uma região é sentida tanto quanto é demarcada, delimitada, definida, lembrada, imaginada. Uma região é um conceito espacial e um concreto material que repercute sobre os sujeitos que a constituem, que nela se constituem e que a portam na linguagem, na memória, no desejo e no sonho. Todo recorte espacial, todo território existencial humano é fruto de uma poética do existir. O nosso espaço é um espaço para nós, é um espaço subjetivado pelo sujeito e, ao mesmo tempo, o espaço onde esse sujeito se espacializa, se projeta no espaço. A minha região é a região para mim, a região em mim e, ao mesmo tempo, a região na qual me conheço e me reconheço, a região na qual eu passo a ter uma existência regional. A nossa relação com a materialidade do mundo é poética, pois atravessada pela emoção, pelo sentimento, pela memória, pela imaginação, tanto quanto pelo conceito, e materializada através da imagem e da linguagem. A região habita o mundo enquanto materialidade, enquanto empiria, mas antes ela habita o sujeito enquanto conceito e enquanto imagem, enquanto sensação, percepção, sentimento, afeto, emoção, e esse sujeito a faz habitar o mundo, enquanto imagem, enquanto enunciado, enquanto linguagem, que recortam e dão sentido à materialidade e à empiria que são por ela designadas.

Trabalhar com espacialidades é levar em conta dimensões como a materialidade do mundo e de um sujeito, que pode ser individual ou coletivo, situado num dado tempo, e a materialidade da linguagem em suas relações múltiplas. É preciso situar o olhar no entrelugar, na mediação, nas bordas, no encontro entre mundo, sujeito e linguagem. Toda figuração espacial, todo recorte espacial, seja ele local, regional ou nacional, surge dessa triangulação entre um sujeito que experimenta e se constitui no mundo, num dado tempo e espaço; e que a partir dessas experimentações figura na linguagem conceitos, imagens, memórias espaciais. É preciso partir do que Edouard Glissant nomeou de poética da relação, tomando o relacional como aquilo que é genético do mundo, tal como os humanos o veem e o conceituam; que é genético do próprio sujeito que nasce da interpelação do mundo e da linguagem, das relações sociais e culturais e que é genético dos conceitos, dos enunciados, das imagens que dizem o que é o mundo e o sujeito; que é genético, portanto, das próprias linguagens (Glissant, 2021). Privilegiar a relação é abrir mão de partir de identidades preestabelecidas, pré-formadas, é privilegiar a fenomenologia dos encontros, é privilegiar os acontecimentos que, numa temporalidade, põem em contato, em relação, uma dada região do mundo, da existência e suas particulares formas de expressão. Privilegiar a relação é dar prioridade aos acontecimentos, aos encontros incertos, sem teleologias e racionalidades, aos desencontros, conflitos, encruzilhadas, bifurcações, devires que não prometem, nem garantem de antemão qualquer fim ou resultado previsível.

Saber do mundo, sabor do mundo. O conhecer se inicia pelo experimentar, é preciso que rompamos com a imagem positivista do saber científico como um saber distanciado do mundo, um saber apartado do sentir o mundo, do deixar-se mover e comover por ele. Conhecemos melhor o mundo quando com ele nos misturamos, quando nos abrimos para ele, quando nos deixamos atravessar por seus afetos e choques reveladores. Conhecer uma região do mundo requer afastamento, mas requer, antes de tudo, aproximação, deixar-se tocar por ela, para só então objetivá-la. Antes de estranhá-la, é preciso entranhá-la, fazê-la passar por esse abismo que nomeamos de Eu. Esse abismo que procuramos materializar em tudo quanto dizemos, imaginamos, escrevemos, fazemos. O Eu é essa procura que se espacializa em cada gesto e em cada fala em que tentamos estabilizá-lo, perenizá-lo, dizê-lo, mostrá-lo, expressá-lo. O Eu só existe no fora de si, no transbordamento de si, em sua relação com um outro que o vê, o diz, o interpela, nomeando-o, atribuindo-lhe um lugar de sujeito. Eu sou o nome que me arranca do anonimato, que me dá um ser, um lugar no mundo, que me faz aparecer e pertencer, que me lança no mundo, que me torna mundano, que me faz existir nessa exterioridade da linguagem. O mesmo ocorre com o ser da região, do lugar, da paisagem que habito, eles existem para além de sua materialidade tangível no nome que os recorta, os dão a ver e os dão a ler, que os torna legíveis. Sim, as espacialidades são da ordem das leituras, pois são da ordem dos nomes, dos enunciados, das imagens, dos sentidos e dos significados. Uma região, como um Eu, só fica se significa, só perdura na escritura e na leitura, nos gestos que as circunscrevem e as definem.

Como poderíamos saber do tempo se ele não se espacializasse? Assim como só podemos saber do sujeito porque ele se exterioriza na ação, no gesto, no discurso, na imagem, só podemos dizer do tempo porque ele deixa marcas na superfície das coisas, porque ele deixa estrias na pele do mundo. O arquivo, devemos lembrar a todos os historiadores, é da ordem da espacialização. O arquivo espacializa o tempo, ele se materializa no corpo dos documentos, nas carnes dos monumentos, nos rostos das imagens, nas silhuetas dos objetos, dos traços e dos restos. No arquivo tocamos o corpo do tempo, seu perfil fugidio e opaco. Nos vincos das coisas e das peles encontramos os mapas e pergaminhos que nos ajudam a percorrer as trilhas dos tempos e suas pegadas passageiras e indeléveis. Um historiador dos espaços é um historiador dos tempos que neles fazem morada, que neles desenham sua cartografia de sinais e signos. Uma região do espaço é inseparável de regiões do tempo que nela vieram e vêm habitar, já que a legibilidade dos espaços se dá na confluência entre as temporalidades que neles habitam e a temporalidade presente em que a leitura se faz. Toda leitura espacial é relacional e anacrônica, pois põe em relação distintas regiões das temporalidades e se faz a partir do presente, de um tempo presente que interpela e significa esses passados. O tempo é, assim como o sujeito, espaço e linguagem, paisagem e memória, imagem e texto. O tempo tem o saber e o sabor das coisas, tem o cheiro da atmosfera que o concretiza e lhe dá materialidade.

Os românticos alemães cunharam o termo *Stimmung* para falar dessa atmosfera de um lugar, de uma paisagem, de um tempo, de uma região. Uma atmosfera que envolve não apenas a realidade do mundo exterior, mas o modo como ela é recebida e traduzida pelas emoções e sentimentos humanos. A atmosfera de um tempo, de uma época, de um espaço, seria essa mistura entre o exterior do mundo e o interior de um sujeito, que o recepciona, o ressente e o traduz em linguagem. A poética dos espaços, tal como tratada por Gaston Bachelard (2008); ou a poética da paisagem, tal como trabalhada por Michel Collot (2013), implicam levar em conta que não mantemos uma relação de pura exterioridade com os espaços. Nossos horizontes são uma mistura inextricável entre o que nossos sentidos são capazes de captar do mundo e as repercussões que eles produzem em nossa sensibilidade, nosso pensamento, nossa memória, nossa imaginação, nosso consciente e nosso inconsciente. Os recursos de que dispomos para fazer ver e dizer as nossas experiências espaciais as condicionam e as limitam, as configuram e permitem sua expressão. Uma região é aquilo que dela sabemos, que dela conhecemos, que dela lembramos, que dela imaginamos. Uma região é também aquilo que percebemos, aquilo que sentimos, aquilo que desejamos, aquilo que sonhamos. Ela é uma projeção espacial de nosso existir individual e coletivo. Ela é conflitiva e agônica como é a vida social, ela é desigual e diversa tal como são as próprias vidas humanas. Ela pode ser simplificadora, estigmatizante, preconcebida, como são muitas das identidades elaboradas pelos sujeitos humanos.

Recortar uma região no mundo, no espaço, é um gesto de poder, é um gesto de apropriação, quase sempre realizado através do poder ilocucionário da linguagem, ou seja, o poder que a linguagem tem de instaurar a própria realidade da qual fala e a qual nomeia. O sujeito regional ou regionalista é esse sujeito que instaura uma segmentação no mundo com a arma da linguagem, com o poder da imagem. É no mesmo gesto de nomear e invocar uma região que o sujeito regionalista se constitui e se institui. Nesse gesto de fala ou de escrita, o sujeito funda um território para habitar e se funda nesse próprio território que enuncia. O anúncio da região cria a ilusão de uma ancoragem para esse sujeito, seu Eu parece se fundar e se afundar nesse território que o materializa e o estabiliza. A ânsia por cristalizar uma identidade regional se ancora nessa busca de cristalizar a própria identidade do sujeito que fala em nome da região. Ter uma região é ter um espaço, um mundo para habitar, é ter uma territorialidade para pertencer, é não estar sozinho no mundo, é fazer corpo com uma terra, com uma paisagem, com signos e ícones, com objetos que também encarnam e materializam essa regionalidade. Recortar uma região para si é projetar seu rosto e seu corpo no espaço, é rostificar e incorporar um espaço que, ao mesmo tempo, é garantia de que seu rosto e seu corpo não venham a se perder, não venham a morrer. Espacializar-se para não perecer, espacializar-se para não morrer, operação fundamental e fundante dos discursos das identidades espaciais. Fundar uma geografia para conter o caráter dilacerante e mortal da história, uma geografia dos fixos contra uma história dos fluxos.

Como nos lembra Maurice Blanchot (2011), escreve-se para não morrer, fundam-se regiões na linguagem para exorcizar a morte. Fundar um perene para evitar o derrame do tempo e o devir do presente. Os formuladores de regiões costumam ancorá-las em tempos ancestrais e remotos, elas se fundam sob o signo do retorno e do resgate. Construções do presente se travestem com as roupas da tradição, da nostalgia e da melancolia. Mesmo quando se criam para o presente e para o moderno, para o futuro, são ancoradas numa memória e numa história, são atribuídas a uma dada ancestralidade. As regiões tendem a ser ancoradas na saudade de um tempo primeiro, nas perfeições de uma origem, nas mitologias de fundação e de começos. No início, o Verbo que instaura a separação entre um dentro e um fora dizendo o que pertence e o que não pertence àquele espaço regional, dizendo quem está no interior e quem está no exterior dessa espacialidade. Numa narrativa traçam-se fronteiras, definem-se as bordas que enquadram e delimitam o que tem pertencimento e o que é estranho, estrangeiro, intruso. No presente usa-se o passado para dar passadidade a esse artefato recém-criado. Para lhe conferir estabilidade e perenidade, uma memória lhe é atribuída, uma história lhe é outorgada. Uma história que devém mitologia de origem, uma memória que se faz lenda, emblema, simbologia.

É na busca de dizer o mundo que acabamos por nos dizer, é na ânsia por dar sentido ao nosso ser que damos sentido a todas as coisas que constituem nosso existir, o mundo que nos cerca e nos rodeia, os mundos que nem mesmo conhecemos ou enxergamos, apenas podendo imaginá-los, desejá-los e sonhá-los. Quantas identidades espaciais não nasceram da imaginação e das fantasias humanas, de seus sonhos e devaneios. O Ocidente imaginou mais do que conheceu o Oriente. A África, como unidade continental, só pode ser fruto da imaginação, assim como sua imagem de África-Mãe, país ancestral de todos os seres diaspóricos e escravizados. Regiões dos espaços, regiões dos seres, fruto da ação e emoção humanas, espaços poéticos, mas também espaços políticos e econômicos, espaços éticos e estéticos. As regiões existem porque são regiões do existir.

Se existir é projetar-se para fora de si, existir é também situar-se, é encontrar um espaço no mundo, é encontrar um sítio para habitar. O sujeito é um ser situado, para saber de si, para compreender a si mesmo é preciso ter em conta a sua situação. Quem não se situa ou não consegue se situar não consegue saber quem é. O ser do sujeito é inseparável de sua situação espaçotemporal. O sujeito é um ser posicionado, assentado em um dado sítio. Sua posição e situação temporal, espacial, existencial é fundamental para a própria definição de seu ser próprio, de seu Eu. Os lugares, as regiões recortadas no vasto mundo, situam e suturam o próprio ser, que se diz e se vê a partir das coordenadas, dos mapas, das cartografias, dos meridianos e limites que essa situação espacial proporciona. Por isso, em muitas línguas, os verbos ser e estar são indistintos, são intercambiáveis.

Não se pode admitir que algo ou alguém possa ser sem estar localizado, sem que esteja situado. Ser é estar, é ocupar uma dada posição no espaço, é se localizar em um dado lugar, é se fazer presente e presença. A própria existência seria inseparável de uma presença, de uma espacialização, da ocupação de uma região no mundo.

O ser do sujeito se espacializa, antes de mais nada, através das suas carnes. Por ser encarnado, o sujeito se coloca no mundo, ocupa um lugar, se apresenta. A carnalidade é a nossa *topia* intransponível. Como diz Michel Foucault (2021), é a nossa superfície de contato com o mundo, é onde as marcas da história vêm se alojar. Existir significa, ao mesmo tempo, ser um ser extenso, ter uma extensão e se estender, se projetar para uma extensão além da sua, a extensão do mundo. Mas, para termos consciência dessa carnalidade, para que façamos dela um corpo, é preciso que através do movimento – aquilo mesmo que define o ser vivo –, dos deslocamentos, dos contatos, entremos em relação com os outros entes que compõem o mundo social e cultural em que vivemos. É preciso o espelho do mundo, o espelho do outro, para que nos enxerguemos como seres próprios, que possuem uma corporeidade singular e individual. Nos descobrimos no olhar e no toque do outro, no contato com as superfícies do mundo, à medida que o tempo passa. O ser é temporal porque é fruto de um aprendizado, de uma formação, de uma formatação que se dá com o tempo e no tempo. O ser é duração, como diz Henri Bergson (2010), só sabe que é porque perdura, porque sobrevive, porque continua no tempo.

Para durar, o ser, o sujeito, recorre à memória, aos poderes da lembrança e da recordação. E não existe memória sem imagens, sem narrativa, sem apelo à linguagem. É no poder de fixação do relato, do testemunho, da narrativa que a memória se materializa e, por seu turno, dá materialidade e duração a um ser, a um sujeito. Por outro lado, quando os humanos inventaram os monumentos, os palácios da memória, os lugares de memória, tal como tratado por Pierre Nora (1986), o fizeram por perceberem que os espaços eram superfícies de inscrição das lembranças, que eles tinham o poder de evocação, de disparar o trabalho da recordação. Os lugares de memória são também regiões do existir, são recortes no indiferenciado espaço do mundo, que remetem a dadas vivências, dadas experiências, a uma dada forma de existência. As regiões se constituem através das memórias, fundamentais para dar a elas conteúdo histórico e existencial, para nelas infundir vida e experiências. As regiões servem de critérios para o recorte das lembranças e para a localização das recordações. Ao mesmo tempo em que são constituídas e atualizadas, reafirmadas e reforçadas por dado conjunto de memórias. As regiões localizam as nossas experiências de vida e a elas atribuem sentido. O ser das lembranças, das saudades, se torna o ser da região, desse recorte no vasto espaço do mundo que permite ao sujeito se ver e se dizer através daquelas memórias.

Se, como disse mais acima, o sujeito precisa se situar para poder existir, esse situar-se, que se inicia em suas próprias carnes, se prolonga para um situar-se no mundo simbólico e imaginário que é o mundo dos humanos. Antes mesmo de aprender a situar-se em qualquer espaço concreto, empírico, os humanos têm que aprender a se situarem no interior da linguagem, dos códigos linguísticos e culturais que já estão à sua espera quando eles nascem. A linguagem é também um espaço de habitação, uma região para o existir. O ser do sujeito se escava no interior da própria linguagem. O sujeito é uma categoria gramatical tanto quanto uma categoria social e política. O sujeito é um lugar no interior do enunciado, assim como no interior da vida social. Um dado ente humano ocupa distintos lugares de sujeito tanto nas relações sociais quanto nas relações linguísticas, de comunicação. Todo ente humano é interpelado a ser sujeito tanto no interior da fala quanto nas relações com o mundo que o rodeia. Como defende Louis Althusser (1980, p. 97-101), nos tornamos sujeitos através da interpelação, do chamado que os discursos e as relações com o mundo nos impõem. Cada um é convocado, cotidianamente, a ocupar lugares de sujeito tanto no mundo dos discursos quanto no mundo das práticas não discursivas.

Ser sujeito é, por definição, portanto, ser interpelado a existir localizado, a agir situado em dada região da linguagem e em dada região da empiria do mundo. Quando alguém passa da situação de Eu para a situação de Tu, um deslocamento no espaço da linguagem e do sentido se deu, houve uma mudança de lugar de sujeito, de lócus de existência. A linguagem exige que o ser se aloje em algum lugar no interior do enunciado, que ele assuma um pronome, um quase nome próprio, um nome genérico que, no entanto, o situa claramente numa dada posição no gesto ilocucionário e no gesto de comunicação. Uma das primeiras regiões do existir se performatiza através da linguagem. Quando dizemos Eu significa que estamos afirmando uma distância espacial em relação a um Tu ou a um Eles, uma distância espacial que também é existencial: Eu não existo como Tu, Tu não existe como Eles. O existir, portanto, exige sempre uma localização, o recorte de uma região de existência, inclusive no interior da linguagem. As categorias linguísticas são também espaço-temporais, pois, ao mesmo tempo que se constituem lugares de alojamento de um ser, de uma existência, são intercambiáveis e mutáveis com o passar do tempo: quem se diz Eu hoje ocupará o lugar de Tu em um outro momento, será Ele ou Ela em um tempo distinto.

A linguagem não garante a estabilidade que promete, pois ela é acontecimento, é fluxo, é discurso, ou seja, ela discorre, ela escorre, ela segue um curso no tempo. A linguagem em sua função denotativa aponta para as coisas do mundo, as nomeia, as localiza numa rede de conceitos e significados, as classifica, separa e ordena, dando a elas essa pretensa estabilidade de coisas, de entes empíricos e materiais. Mas, ao mesmo tempo, a linguagem tem uma função conotativa, a sua função propriamente poética, retórica, na qual as coisas denotadas podem adquirir novos sentidos e significados, podem deslizar do sentido literal para o sentido figurado. Os lugares de sujeito, as regiões do existir também são passíveis de mudança de sentido e de significação. O sujeito também pode deslizar nos códigos que o definem, pode transgredir a gramática, os conceitos, as imagens que o estabilizam, que lhe dão um ser fixo. A linguagem é situação, mas é também discurso, curso, deslocamento, viagem. A linguagem sedentariza notadamente a linguagem escrita, que surgiu da pretensão de dar durabilidade e permanência no tempo àquilo que era dito, falado, verbalizado, mas a linguagem também permite nomadismos, deambulações, permite viagens e visagens, inclusive em relação ao ser dos sujeitos.

O sujeito que se espacializa através da linguagem é, portanto, um sujeito precário, um sujeito em vias de mutação, de ressignificação. Como um instrumento de comunicação, a linguagem pressupõe a existência de um outro ao qual se dirige. A mensagem linguística pressupõe, portanto, um outro que a decodifica, que a recepciona, que a entende, que a compreende. A linguagem pressupõe a escuta e a leitura, e elas são passíveis do equívoco, do engano, da escuta e leituras diferentes e divergentes. A fala e a escrita como lugares de existência implicam que o sujeito faça parte dos jogos de linguagem, das relações e conflitos em torno dos sentidos e das verdades. Tendo uma relação com o mundo que é mediada pela linguagem, os humanos elaboram desse mundo verdades e realidades que estão sempre em disputa, que são motivos de conflitos, pois essas realidades e verdades são afetadas pelos jogos de poder e pelos distintos interesses de diferentes modalidades que segmentam as sociedades humanas.

Mesmo as chamadas regiões, no sentido territorial, no sentido de ser uma parte de um dado território empírico, quase sempre uma parcela de uma nação, estão sujeitas a mutações de sentido e significados com o passar do tempo. Mesmo a terra, o território, por mais empíricos e materiais que pareçam, não são suficientes para definir uma região para o existir, pois a existência humana não se esgota no mundo das empiricidades, mas é, fundamentalmente, uma existência que se passa no mundo dos símbolos, no mundo dos conceitos e das imagens, no mundo das palavras e seus sentidos cambiantes e combinantes. As regiões, como locais de existência, não se reduzem à sua dimensão empírica; para existirem, elas precisam ter significado, fazer sentido, ter sentido para quem nelas habita e para quem as considera como local de pertencimento. Uma região fica porque significa, permanece existindo enquanto fizer sentido para aqueles que dizem representá-la ou pertencê-la. O recorte no amplo espaço do mundo, as fronteiras e os limites que o constituem como lugar de identidade e de identificação, mais do que um pontilhado ou linha imaginária, mais do que o suporte empírico de um acidente ou uma característica dita natural, se dá na memória e na imaginação, na subjetividade daqueles que a portam como local de existência e de pertença.

As regiões do existir habitam o sujeito porque habitam a linguagem, os conceitos e as imagens, porque se traduzem em relatos e imaginações, porque se transmutam em emoções e sentimentos. A nossa terra, a minha região, podem ser levadas para onde formos, para onde eu me deslocar. As regiões da existência, embora precisem e possam ter uma existência empírica, podem sobreviver a todo e qualquer processo de desterritorialização. A perda do território pode, inclusive, vir a reforçar, a exacerbar, o sentimento de arraigo e pertencimento a uma dada região, a uma dada terra, mesmo que agora ela passe a existir apenas nas lembranças, nos relatos de memória, nas elaborações narrativas e imagéticas, inclusive no campo da literatura e das artes. Quantas narrativas, quantas imagens não foram produzidas a partir de um sentimento de exílio, de saudosa ausência e perda do lugar próprio, da terra natal, da região da existência. Podemos levar a areia da terra natal debaixo dos pés da alma, como dizia Luís da Câmara Cascudo, construindo uma região para o existir muito distinta da realidade material, do espaço concreto em que habitamos. A região do existir pode não coincidir com o espaço concreto em que se vive, pode ser uma realidade no campo da linguagem e uma ausência no mundo em que se habita. Uma região que existirá como desejo, como sonho, como fantasia e/ou como memória, como lembrança, como saudade.

O escritor potiguar Oswaldo Lamartine tinha o sertão como a região de seu existir, embora tenha vivido muito pouco nesse espaço. Embora tenha nascido, crescido e vivido em cidades, do litoral do Nordeste ou de outras regiões do país, Oswaldo Lamartine criou para si, através da linguagem, da narrativa oral e escrita, uma região sertaneja para habitar, um sertão para viver. Articulando narrativamente memórias familiares, relatos de homens do povo, que teriam vivido e sido personagens do que teria sido a vida no "verdadeiro sertão", que a modernidade e a modernização estavam fazendo desaparecer, Lamartine construiu discursivamente um espaço sertanejo, ancorado em um tempo de outrora, um tempo de glórias e felicidades daqueles que, como ele, pertenceriam a uma aristocracia da terra, do criatório, da pecuária (Lamartine, 1980). Para onde foi, levou consigo esse sertão, elaborado com imagens e memórias que conheceu através da escuta, da leitura, da convivência com aqueles que teriam efetivamente vivido nesse espaço. O sertão que levava em sua subjetividade podia ser simulado, materializado através da linguagem dos objetos, dos símbolos e signos no espaço de seu apartamento, numa movimentada avenida da cidade do Rio de Janeiro ou na fazenda Acauã, localizada a alguns quilômetros da cidade do Natal, no agreste do estado do Rio Grande do Norte.

A região do existir é existencial; não é, necessariamente, material. Ela é feita de lembranças, de afetos, de emoções, de sentimentos, de conceitos, de imagens, de signos e símbolos, de ícones e índices que compõem um território existencial. Os humanos são seres territoriais, eles necessitam de territórios para habitar, mas, ao contrário dos animais, essa territorialidade não necessita ser empírica, material. O território humano pode existir no plano da memória: um território que não mais existe, que foi tragado pelo tempo e que teima em viver, em persistir nas lembranças e recordações de sujeitos que o tomam por habitação. O território humano pode existir no plano da imaginação, pode existir como fantasia, como sonho, como um vir a ser a projetar-se em um futuro, ao invés de ser o retorno a um passado. Na verdade, o território humano sempre articula memória e imaginação, pois, sem a capacidade de criarmos imagens, as próprias lembranças seriam impossíveis. O sertão de Oswaldo Lamartine, assim como os de Câmara Cascudo e Ariano Suassuna, eram regiões do existir configuradas no plano da linguagem, com os recursos da memória e da imaginação, eram mundos configurados no plano do discurso, da narrativa, da figuração (Cascudo, 2009; Suassuna, 1976). Era um punhado de areia imaginária da terra natal debaixo dos pés da alma, dando a ela a sensação de ter um lugar para habitar, um território para nele se agarrar, se fixar, único consolo diante dos traumas do desenraizamento, do desarraigo, do exílio, que, afinal, é a condição de todos os humanos, sujeitos que estão às mudanças e transformações trazidas pelo tempo. Se o mundo muda, somente um mundo criado para não mudar, para ser perene e imutável, pode oferecer a segurança existencial, o consolo para o existir desses seres perecíveis, desses seres mortais que somos nós humanos.

Pode-se habitar um espaço que não se sinta como seu. Pode haver um estranhamento em relação ao espaço empírico, material em que se vive. Pode-se viver em uma região que não se considera como seu lugar de existência. A região do existir, portanto, pode ser distinta daquela parte do território nacional, daqueles limites no vasto mundo em que o sujeito reside. Nem sempre o espaço vivido se transforma em lugar, como parece acreditar o geógrafo Yi-Fu Tuan (2013). Pode-se viver o tempo todo num espaço visto como estranho, como do outro. Muitos migrantes e imigrantes vivenciam essa experiência de parecer estar sempre fora de lugar, fora de seu espaço de existência. A região do existir exige mais do que laços econômicos e sociais, ela exige laços culturais, afetivos, emocionais com um dado espaço. Territorializar--se é mais do que encontrar um lugar concreto, material para habitar. A construção de uma territorialidade exige a emergência do sentimento de pertença, o estabelecimento de vínculos subjetivos com o espaço em que se habita. A região do existir deve habitar o ser, fazer parte do que ele considera ser uma parte dele, fazer morada em sua subjetividade. Daí porque ela pode ser levada para qualquer parte, porque ela pode se deslocar com o próprio sujeito que a transporta. Oswaldo Lamartine levou o sertão, o seu sertão, para todos os lugares por onde andou e viveu. O fez existir como narrativa, como memória, como imaginação, como a inscrição de signos em seus locais de moradia, que remetiam a essa espacialidade sonhada e desejada.

Como consequência, podemos dizer que o sujeito regional, o sujeito que vive e age em nome de uma região, não precisa, necessariamente, nela residir. Para um sujeito tomar posição, situar-se em nome de uma dada região, não precisa empiricamente a ela pertencer. O sujeito regionalista pode, e isso é muito comum, ser justamente aquele que se sente apartado, que se sente desterritorializado, que se sente exilado, seja por uma distância espacial, seja por uma distância temporal, de sua região de pertencimento. Suas ações e discursos regionalistas podem ser uma forma de se sentir próximo, de se sentir fazendo parte desse território afetivo, desse território de eleição. O sujeito regionalista pode ser, justamente, aquele que perdeu a sua região concreta e a reelabora e a reinventa no campo dos discursos e das práticas. É bastante comum que, mesmo vivendo no espaço em que nasceu, que seria a sua região, o sujeito regionalista fale de uma região que não é aquela, pois ela teria passado por transformações históricas, o tempo teria levado a sua verdadeira região do existir. Mesmo vivendo a vida toda no Nordeste, Gilberto Freyre falava desse espaço como se ele tivesse ficado no passado, como se o Nordeste em que vivia não fosse mais seu lugar de existência: o Nordeste dos engenhos banguês, da aristocracia escravista ligada à produção do açúcar (Freyre, 2004). Toda sua trajetória foi dedicada a recriar essa região, revivê-la, através de seus escritos.

Assim como fazem muitos historiadores, Freyre foi buscar no arquivo a sua região do existir, muito diferente da região em que morava, em que residia. Toda sua vida foi dedicada, exatamente, a mapear a fissura, a descrever as descontinuidades, as mudanças, inclusive ambientais, que separavam a região de sua predileção daquela em que levava seus dias de vida. Ele foi fundamental na elaboração discursiva e conceitual do Nordeste, exatamente, à medida que procurava narrar as distâncias entre a sua região e aquela em que passava os seus dias. O Nordeste nasce dessa saudade de uma paisagem, de uma geografia, de uma espacialidade que teria existido no passado e que contrastava profundamente com aquela que se via no presente. Para muitos desses sujeitos, a sua região do existir residia na linguagem, nas narrativas, nos testemunhos, nos documentos, nos monumentos, nos arquivos, nos restos e rastros de um tempo ido. Muitas regiões do existir existem na dobradiça entre um mundo que está deixando de ser ou que não existe mais e a linguagem, com sua capacidade de reapresentar esse mundo em ruínas, esse mundo que está deixando de ser. Para muitos sujeitos regionalistas, a região de sua existência está abandonada nos arquivos, jaz por entre as memórias, os relatos, os testemunhos, os documentos, as imagens de um espaço e de um tempo que se foram, que se fizeram ausência. A nostalgia e a melancolia podem dar origem a essas regiões da existência que são vistas e ditas como perdidas, arruinadas, distanciadas no tempo.

Mas há outros sujeitos cujas regiões do existir ainda estão presentes, residindo na espera e na esperança. São sujeitos que consideram que o futuro é o tempo em que finalmente encontrarão um território para habitar, um lugar em que se sentirão confortáveis. Há sujeitos que fazem da imaginação a faculdade capaz de lhes ofertar um lugar de existência. Desterritorializados, sentindo-se fora de lugar, esperam que o tempo vindouro lhes traga o território que tanto almejam e pelo qual estão à espera. O sujeito que faz do encontro da região para sua existência uma utopia, a busca por um lugar outro, diferente daquele em que habita no presente, é esse sujeito que faz da projeção, do sonho, do desejo de encontrar uma territorialidade para existir, tal como visualiza, a motivação de seu próprio viver. A região do existir pode se constituir em projeto, em procura, em busca, em investimento num porvir, num devir. Ela pode ser uma espécie de miragem, de antevisão, ela pode ser um território que se vive hoje como possibilidade e como imaginação. A linguagem pode ser também o lugar onde essa região de uma existência futura pode ganhar materialização, pode se presentificar, se apresentar. A linguagem, a narrativa podem simular mundos, podem produzir imagens de uma região da existência que ainda virá, que messianicamente está prometida. Quantos sujeitos revolucionários, rebeldes, transgressores não suportaram a existência por instalarem suas vidas nessas regiões utópicas do existir. Quantos sujeitos não aguentaram a vida presente, a existência do hoje, por acreditar que suas vidas estariam instaladas em outros territórios no amanhã.

A região do existir é, pois, como se fosse a própria pele que involucra, que envolve o ser, as carnes e as subjetividades dos sujeitos. Ela instaura uma ambiência, uma atmosfera marcada pelo conforto e segurança do pertencimento, da proximidade, da familiaridade, do domínio. A região do existir é como se fosse uma segunda epiderme, feita de memórias, de marcos e marcas, de vivências e experiências, de eventos e pessoas. Ela delimita um fora, uma fronteira para além da qual habitam a estranheza, a incerteza, a indefinição, a vaguidade, o não dominável. Quando nos vemos engolfados por um espaço estranho, estrangeiro, diverso, diferente, quando nosso espaço de habitação se reduz a nosso corpo, à nossa pele; a sensação de ser ameaçado, de estar em perigo, de estar vulnerável, de estar desprotegido se torna a própria condição da existência. É como o caramujo sem a sua carapaça, o pássaro sem o seu ninho, o coelho sem a sua toca, um peixe fora da água. A região do existir humano, seu espaço de habitação, sua segunda pele, sua carapaça, seu ninho, sua toca, é da ordem do cultural, do simbólico, do construído com matérias, imagens e linguagens, com conceitos e desejos, com projetos e afetos, com meios e com medos. A região do existir humano é produto da vivência e das ações humanas no tempo e no espaço, é uma segunda pele, a pele da história.

Referências

ALTHUSSER, L. *Ideologia e aparelhos ideológicos de Estado*. 3. ed. Lisboa: Editorial Presença, 1980.

BACHELARD, G. *A poética do espaço*. 5. ed. São Paulo: Martins Fontes, 2008.

BERGSON, H. *Matéria e memória*: ensaio sobre a relação do corpo com o espírito. 4. ed. São Paulo: Martins Fontes, 2010.

BLANCHOT, M. *O espaço literário*. Rio de Janeiro: Rocco, 2011.

CASCUDO, L. C. *Viajando o sertão*. 4. ed. São Paulo: Global, 2009.

COLLOT, M. *Poética e filosofia da paisagem*. Rio de Janeiro: Oficina Raquel, 2013.

FOUCAULT, M. *O corpo utópico, as heterotopias*. 2. ed. São Paulo: n-1, 2021.

FREYRE, G. *Nordeste*. 7. ed. São Paulo: Global, 2004.

GLISSANT, É. *Poética da relação*. Rio de Janeiro: Bazar do Tempo, 2021.

LAMARTINE, O. *Sertões do Seridó*. Brasília, DF: Senado Federal, 1980.

NORA, P. *Les lieux de mémoire*. Paris: Gallimard, 1986. v. 1.

SUASSUNA, A. *Romance da Pedra do Reino e o príncipe do sangue do vai-e-volta*. Rio de Janeiro: José Olympio, 1976.

TUAN, Y.-F. *Espaço e lugar*: a perspectiva da experiência. Londrina: Eduel, 2013.

Entre a terra e o corpo

Os passos para pôr de pé uma historiografia dos espaços

No nascimento eles são os últimos a vir ao mundo. Desde o princípio, eles parecem ser essa nossa extremidade vocacionada a ficar em último lugar. Distantes do que a ordem social convenciona ser o centro do nosso corpo, os pés desfrutarão culturalmente de um certo desprezo, de um certo menoscabo. Afastados de nosso rosto, ocupando a posição oposta à nossa cabeça, no entanto, eles serão uma das primeiras descobertas do bebê, que começa a conhecer, fascinado, suas próprias carnes, com as quais construirá um corpo. Tendo a capacidade de se moverem e serem movidos, os pés atraem a atenção da criança, que os eleva à frente de seus olhos. Ela, então, observa, com curiosidade, aquele órgão ainda sem corpo. Deslumbramento estético que será, paulatinamente, substituído por um certo esquecimento, quando não de um certo desprezo, por esses dois órgãos que, à medida que a criança se põe de pé, aprende a andar, ficará ainda mais distante do rosto e tocará a impureza da terra. Aqueles pezinhos que desenhavam arabescos aéreos, que eram observados com curiosidade, por um bebê que sequer sabia que eles eram parte de suas carnes, aqueles pezinhos delicados e flexíveis, vão se territorializar, vão pisar o pó da terra, perdendo em dignidade, o que ganharão em rigidez, em capacidade de sustentação de um animal bípede e ereto. Como aborda o antropólogo Tim Ingold, protegidos por e torturados, desde muito cedo, pelo uso de calçados, esses substitutos dos cascos, de que somos desprovidos, os pés humanos perderão a flexibilidade que caracteriza as patas traseiras de seus parentes primatas, que delas necessitam para fazer seus deslocamentos através das árvores (Ingold, 2015, p. 70-94). Tendo descido do alto da floresta, tendo se tornado um animal terreno, das planícies, litorais e pradarias, os humanos, até por adotarem a posição ereta e tornarem-se animais bípedes – fundamental para a sobrevivência da espécie, que pode, assim, enxergar mais longe e ver antecipadamente as possíveis ameaças à própria vida –, contarão com pés cada vez mais rígidos e desprovidos de capacidade de preensão.

Não encontramos, na longa trajetória do pensamento ocidental, nenhum elogio aos pés. Eles ficam entregues, no máximo, ao elogio de poetas e literatos, uma minoria aficionada, que será acusada de partilharem uma forma de fetichismo ou perversão. Enquanto encontramos nos escritos de Karl Marx e Friedrich Engels um longo elogio às mãos e à sua capacidade de trabalho, de modificação da natureza, nos deparamos com um total silêncio sobre os pés. Se os pés são chamados de membros inferiores e as mãos de membros superiores, a posição que ocupam no corpo parece se tornar também um qualificativo. Enquanto no texto clássico de Engels, *Sobre o papel do trabalho na transformação do macaco em homem* (1986), a rotação do dedo polegar, que teria ocorrido durante o processo de evolução, antepondo-o à palma da mão, permitindo a preensão de objetos, de ferramentas, é considerada decisiva para o próprio desenvolvimento do cérebro humano e sua transformação como hominídeo; o enrijecimento do hálux, o chamado dedão do pé, fundamental para que a espécie tivesse adotado a posição ereta, não merece qualquer citação. O desprezo cultural pelos pés se evidencia no próprio fato de que, enquanto todos os dedos das mãos recebem um nome particular, os dedos dos pés não mereceram sequer ser nomeados, com exceção do hálux, exceção que confirma a regra, já que poucos o conhecem por esse nome. O fato de a espécie ter se posto de pé, ou seja, ter se colocado na posição ereta se apoiando nos pés, como a própria expressão pôr de pé deixa explícito, parece não ter a menor importância para os teóricos da centralidade do trabalho como atividade ontológica da própria humanidade. Faz-se o elogio da liberação das patas dianteiras, transformadas em mãos hábeis e flexíveis, sem se dar o devido crédito às outras duas patas, as traseiras, que, transformadas em pés, dando sustentação a esse corpo e o colocando na posição ereta, permitiram que as mãos pudessem adquirir e gozar de sua excepcionalidade. Os pés, que parecem ocupar a mesma posição de um escravizado ou de um trabalhador, em relação ao senhorio ou patronato das mãos, já que literalmente fazem o trabalho pesado e sujo para que as mãos desfrutem de sua liberdade em relação aos aprisionamentos naturais, não merecem qualquer reconhecimento ou menção por parte dos filósofos da emancipação do trabalho.

No entanto, em várias línguas, a expressão "dar passos" é utilizada para se referir a um avanço, a um deslocamento, a uma mudança no sentido desejado. Quando dizemos que os humanos deram enormes passos em direção à civilização, ao progresso, ao desenvolvimento, à liberdade, é a uma função destinada aos nossos pés que estamos, figurativamente, remetendo. O passo remete à capacidade de nos movimentar, de nos deslocar, de nos levar adiante, que têm os nossos pés. São a eles que devemos, desde os primórdios da vida humana na terra, a nossa capacidade e a possibilidade de nomadizarmos, de palmilharmos todos os espaços do planeta. Às palmas ou plantas de nossos pés (nomes curiosamente provenientes do mundo vegetal), depreciativamente chamadas de solas (lembrando um couro endurecido, rústico, curtido pelo contato e fricção com o solo, com a terra, com as pedras), devemos a possibilidade do palmilhar, de percorrer os mais diferentes recantos do mundo. Com os pés prendemos e aprendemos o mundo. O ato de caminhar é, ao mesmo tempo, uma ação física e uma aventura perceptiva, imaginativa, intelectual. Os humanos foram aprendendo sobre o mundo, foram conhecendo as coisas da terra caminhando, deslocando-se sobre ela. Os pés são os mediadores da relação entre o solo, a terra e o corpo humano. Se os humanos são seres territoriais, que necessitam da demarcação de territórios para habitarem, os passos, a distância entre as pernas no momento do deslocamento, foram, por muito tempo, uma das formas de estabelecer medidas, fronteiras, limites, demarcações territoriais. Tim Ingold e Michel de Certeau fazem do caminhar uma operação de apropriação do mundo, de construção do mundo pelos humanos, uma operação de leitura, conhecimento e produção dos espaços (Ingold, 2015, p. 70-95). O caminhante, para Michel de Certeau, tem uma visão e um conhecimento diferenciado da cidade, diferente daquele que, parado, do alto de um edifício, a observa. Para o antropólogo francês, caminhar é ler o espaço urbano, é atualizar ou contestar o projeto e a racionalidade do espaço urbano, concebido pelo urbanista, pelo arquiteto, pelo poder público. Caminhar é também se expressar, há uma retórica dos passos, há uma gramática social que se encarna no jeito de se deslocar, nas poses, nos gestos, nas posturas, nos gingados que compõem o corpo em deslocamento (Certeau, 1994, p. 176-182).

Contraditoriamente, é por ser a parte de nosso corpo que mantém o contato mais íntimo com o chão, com o solo, com a terra, que os pés são vítimas de vários preconceitos e visões negativas. Ele é associado à sujeira e à poluição, por seu contato com o pó, com a poeira, com a lama, com os desejos que constituem a realidade terrena. Ele é associado à rusticidade, à grosseria, por estar sujeito aos sofrimentos, aos maus tratos, às intempéries, provocados pelo contato com o terreno e seus diferentes acidentes e texturas. Até por isso os pés deveriam interessar de perto aos historiadores. Do mesmo modo que Jean-Jacques Courtine e Claudine Haroche escreveram uma *História do rosto* (2016), seria fundamental escrever uma história dos pés, justamente por eles serem essa parte de nosso corpo que documenta mais de perto nosso contato com o mundo e como ele se dá atravessado por diferenças de toda ordem. Os pés são um testemunho, um documento, um monumento da vida de um dado corpo e de suas relações com o mundo. Em sua superfície, como num palimpsesto, estão inscritas muitas das marcas que a passagem pela vida deixou ao rés da pele. As calosidades, as deformações, as cicatrizes, as escarificações, os inchaços, as feridas, as rachaduras, as nódoas dizem muito da trajetória de vida de quem esteve se servindo daqueles pés. As diferenças de classe, de gênero, de etnia, de faixa etária, aparecem destacadas quando se olha para os pés. Os pés das mulheres chinesas que, durante muito tempo, foram enrolados em faixas para permanecerem diminutos, fazem deles uma expressão das relações de gênero. Os pés descalços, deformados e embrutecidos pelo contato frequente com a terra escaldante e pelo peso que suportavam na realização das tarefas eram uma marca definidora de um escravizado no Brasil. Por serem considerados uma parte secundária do nosso corpo, eles estão menos expostos às regras do pudor, do bom gosto e das aparências. Eles são considerados menos importantes, quando se trata do modo como nos apresentamos em público, do que nosso rosto e outras partes do corpo. Menos vigiado e punido, os pés podem testemunhar, falar de coisas que outras partes do corpo tentam esconder. O calçado que se porta ou a falta dele pode ser mais revelador da condição social da pessoa do que sua vestimenta.

A própria aparência do pé pode dizer mais sobre alguém do que seu rosto e suas mãos, que, normalmente, são mais bem cuidados e muito mais vigiados. Seu contato direto com o chão, seu contato mais direto com a vida, pode fazer dos pés a superfície privilegiada de inscrição das marcas deixadas pelo exercício de profissões que exigem trabalhos mais pesados e subalternos. São os pés que sofrem e testemunham a subalternidade de todas as profissões que exigem o estar de pé ou o caminhar por muitas horas: vigias, porteiros, garçons, *office boys*, mensageiros, carteiros, policiais, guardas de trânsito etc. Apenas nos esportes, notadamente no futebol, uma arte centrada nas habilidades dos pés, eles se tornam motivo de comemoração e, inclusive, de imortalização em *halls* da fama. No entanto, mesmo o ídolo do futebol ou do atletismo, esportes pedestres, padecem de uma certa desconfiança social, pois normalmente advêm das camadas populares e são negros ou mestiços, além de terem optado por praticar esportes que usam os pés e, portanto, vistos como menos sofisticados do que aqueles que utilizam as mãos (como o tênis, a esgrima, o vôlei), ou aqueles que são praticados sem que se toque o chão (como os esportes equestres). Os esportes pedestres são esportes que surgiram no interior das camadas populares ou são aqueles de sua preferência.

Se os pés garantem o nosso contato mais íntimo com a terra, eles deveriam ser tomados pelos historiadores, notadamente pelos historiadores dos espaços, como um elemento decisivo na hora de se pensar como dadas espacialidades foram configuradas pelos homens. Numa fenomenologia dos espaços, ou seja, numa abordagem que toma os espaços como acontecimentos, como produções humanas, que se dão em dado momento preciso, através de dadas operações, dadas práticas e elaborações discursivas, não deveríamos desconhecer a centralidade do corpo e, nele, a participação dos pés na constituição de uma leitura e numa cartografia dos espaços. Se os espaços são produtos das vivências, das experiências humanas, devemos pensar que são os pés os primeiros a fruir os espaços, a tocá-los, a experimentá-los, a ter deles uma experimentação concreta. A geografia humanista, que deu tantas contribuições no sentido de pensar historicamente os espaços, de vê-los como produções humanas, que tem na fenomenologia seu principal apoio filosófico, tende a enfatizar em demasia a noção de paisagem e, com ela, dar uma enorme primazia ao olhar. Essa noção, até por sua origem ligada à arte da pintura, à técnica da perspectiva, dá uma ênfase demasiada à visualidade na produção das paisagens. No entanto, Michel Collot (2013) e Jean-Marc Besse (2014) nos remetem para a dimensão sinestésica das paisagens, nos falam de como todos os nossos sentidos participam da construção da imagem paisagística. Como dissociar a paisagem das sensações sonoras, olfativas, inclusive de dadas vivências em que esteve envolvido o paladar? Uma paisagem é feita de sonoridades, de cheiros e, por vezes, inclusive de gostos, além de imagens. Mas como desconhecer que a sensação fundante de qualquer paisagem é a sensação tátil, e como ela toca todo o nosso corpo? Ao mesmo tempo que construo com o olhar e com os demais sentidos uma paisagem, eu a sinto a partir do lugar onde estou instalado, ela afeta diretamente meu corpo através do vento ou da brisa que me toca, do calor do sol ou do frio que chega até a minha pele, mas sobretudo através da textura que sinto sob os meus pés. Se a paisagem é uma textura, é um tecido de relações que estabelecemos entre as diversas e dispersas entidades do mundo, essa textura se materializa sob os nossos pés. É inseparável da paisagem marinha, a sensação da areia sob os pés, a sensação do toque da onda, da água, do sargaço, o frescor líquido a tocar as palmas dos nossos pés. A sensação de frescor, de calor, de movimento, principia em nossos pés, percorre todo o nosso corpo e se espraia tornando-se paisagem, dando a ela materialidade e qualidade.

É fundamental que a historiografia dos espaços dê passos no sentido de pensar não somente a terra e o corpo como espacialidades gestadas social e culturalmente, como fabricações históricas, mas de instaurar, talvez, uma podologia, uma metodologia atenta para o papel desempenhado pelos pés no âmbito dos eventos humanos, atenta ao órgão que, preferencialmente, territorializa nossos corpos e corporifica nossas terras. Com os pés criamos mundos para habitar e lemos os mundos já habitados. Como nos diz Martin Heidegger, somos seres que habitamos mundos, que construímos mundos para habitar, que precisamos nos situar, criar territórios, lugares de morada, lugares em que nos sintamos em casa, retirando a estranheza do nosso entorno, criando o recorrente, o seguro, a ordem que se reitera na cotidianidade (Heidegger, 1993, p. 152-164). Por isso, como nos ensina Yi-Fu Tuan, transformamos espaços anônimos, desconhecidos, lisos, mera geometria, em lugares, espaços de intimidade, de conforto, pelos quais nos afeiçoamos, pelos quais desenvolvemos uma topofilia, a identificação com uma terra (Tuan, 2012). Qual a parte de nossas carnes que é a primeira a tocar um solo, a estabelecer com ele uma intimidade, a ter dele um conhecimento mais próximo, senão os pés? Costumamos fazer elegias às mãos, à sua capacidade de toque, de carícia, de estabelecer intimidade com os corpos e os entes à nossa volta, no entanto esquecemos que, na maioria dos casos, para que as mãos possam fazer o seu trabalho, foram os pés que fizeram a primeira aproximação, que deram o passo à frente, que se projetaram na direção do outro. Como nos ensina Pierre Bourdieu, por sermos seres da habitação, somos seres do *habitus*, pois habitar não é simplesmente passar, percorrer, é se estabelecer, é constituir rotinas, rituais, é definir estruturas, uma dada ordem, uma codificação que vai dar recorrência a práticas que vão, por seu turno, dar consistência e sentido a essa espacialidade (Bourdieu, 2021). Se os pés estão associados à passagem, ao deslocamento, eles não deixam de também estar ligados aos gestos fundantes de um dado território, de um dado lugar, como o gesto de pôr os pés em, de fincar os pés em, de pôr de pé algo. Os pés estão associados a gestos de poder e de conquista territorial, inclusive ao gesto de calcar sob os pés o inimigo, àquele de quem se espoliou o território.

Talvez essa associação só amplie o imaginário negativo em torno dos pés. Não se associam aos pés, como se faz em relação às mãos, gestos amistosos, diplomáticos, de amizade, de carinho, de ternura, de amor. Aos pés estão associados gestos de violência, humilhação, subordinação, rebaixamento. Não se considera a possibilidade de se dar os pés como um gesto nobre ou de respeito. Como discute Mikhail Bakhtin, o baixo corporal é desqualificado socialmente, ele é visto como o oposto e o reverso da parte superior do corpo (Bakhtin, 2010). Nossos corpos são produzidos e organizados culturalmente através de um meridiano que, passando pela cintura, divide nosso corpo em duas metades, com valores diferenciados. Solicitamos os pés do louro, do papagaio, da águia, que recebemos com alegria em nossas mãos, mas não nos ocorre pedir o pé de alguém, de colocá-los em nossas mãos ou tocá-los como um gesto de recepção. Colocar alguém sob os pés, calcar o rosto de alguém com os pés, é um gesto de humilhação e violência. Colocar-se aos pés de alguém é visto como o gesto máximo de entrega, de reverência, de devoção e, ao mesmo tempo, como um gesto humilhante e de rebaixamento. Pôr-se aos pés de alguém ou de algo é se colocar completamente sob suas ordens, sob o seu poder, a seu serviço. No campo das fantasias e fetiches sexuais, a podolatria está ligada ao gozo provocado pela encenação e pelo jogo com a dialética submissão *versus* dominação. O colocar-se aos pés de alguém remete, também, ao gesto de adoração, de sacralização do outro, máxima demonstração de respeito, entrega e submissão. Jesus Cristo, para demonstrar sua humildade e sua completa entrega ao serviço dos outros, lavou os pés de seus apóstolos.

A escrita da história tende a veicular os valores dominantes socialmente e, como um discurso hegemônico, um discurso de Estado, está atravessada por impensados, por gestos inconscientes, por um olhar cego para várias dimensões daquilo mesmo que faz. Obcecados pelas temporalidades, os historiadores fizeram do espaço um impensado, um mero cenário, um dado sem qualquer participação naquilo que se narra. O espaço costuma ser apenas uma localização, sem qualquer consequência na trama que se conta. Produzindo os espaços, nos mesmos eventos com que produziam o tempo da história humana, os personagens históricos, no entanto, pareciam não ser afetados, nem afetarem essas espacialidades que suas ações terminavam por engendrar.

O mesmo ocorre com os corpos. Escrevendo com um corpo e escrevendo sobre corpos humanos, os historiadores, no entanto, não colocam os corpos como uma variável central na história que escrevem. Historiadores materialistas ignoram a materialidade concreta dos homens e das mulheres que fazem a história, suas carnes, transformadas em corpos na própria vivência do tempo e do espaço. Se ignoravam os espaços de habitação dos personagens históricos, ignoravam, ainda mais, se ainda não ignoram, as suas corporeidades, o espaço mesmo de existência dos humanos, o espaço incontornável, o único disponível para os humanos se fazerem presentes e fazerem presença na vida social. Se ignoravam os corpos, imaginem se iriam dar qualquer atenção a um órgão, a um membro, a uma parte considerada menor, inferior, periférica no corpo humano: aos pés humanos.

Mas creio que, se um historiador dos espaços deve partir da relação entre os corpos humanos e a terra, como relação nuclear na constituição de qualquer espacialidade, ele não pode ignorar aquela parte de nossa carnalidade que serve de elo de ligação entre nossa condição carnal e nossa condição terrena. Os seres humanos são ao mesmo tempo ontologicamente seres carnais e seres terrenos, territoriais. Toda a história humana se passa na ligação entre os seres humanos e a terra, através de espaços, lugares, territórios, paisagens, locais, regiões, nações etc. A história é feita das relações humanas (econômicas, políticas, sociais, culturais, jurídicas etc.) e das relações dos humanos com as espacialidades e temporalidades que eles mesmos constroem. Poucos são os intelectuais que, como Tim Ingold, tomam os pés não apenas como a base de nossa existência física, carnal, corporal, no mundo, mas como a base de nosso conhecimento de mundo, como a base das operações através das quais nos apropriamos e nos inteiramos das coisas da terra (Ingold, 2015, p. 215-230). Podemos dizer que são eles que são os alicerces, a base sobre a qual se ergueu o edifício do nosso domínio e conhecimento sobre a natureza, sobre a terra. Foi palmilhando as diversas realidades terrenas que os humanos cartografaram e mapearam a terra, que construíram, pensaram e projetaram a geografia das paisagens que habitam. Michel Collot lembra que nós humanos somos seres fascinados pelos horizontes, somos seres que precisam de horizontes, são eles que servem de impulso para que sigamos em frente, que busquemos novos dias, novas terras, novos futuros para a própria espécie (Collot, 2013, p. 99-112). O horizonte é aquilo a que buscamos, linha que se desloca sempre para adiante de onde estamos. Nunca alcançamos o horizonte, pois, ao fazê-lo, ele se coloca ainda mais à frente. O horizonte é sempre essa presença-ausente, esse limite, essa fronteira que nos chama e nos deixa sempre à espera. Se o olhar é fundamental para que divisemos horizontes, o que seria da busca por eles se não fossem nossos pés? São eles que os perseguem, que os procuram, que dão passos em sua direção. Reinhart Koselleck vai fazer do horizonte de expectativa uma das dimensões da escrita da história, assim como da própria vida humana enquanto vida temporal (Koselleck, 2006, p. 305-327). Ao escrevermos história, o fazemos a partir de uma expectativa em relação ao que será ou deveria ser o futuro da própria humanidade, escrevemos história pensando em favorecer que um futuro se faça, que uma expectativa se materialize, que uma espera e uma esperança se tornem realidades. Na escrita, como na vida, seríamos presididos por um princípio esperança, tal como o nomeou Ernest Bloch, movidos por elaborações imaginárias, utópicas, que presidiriam nossas ações no presente (Bloch, 2005, p. 30-36).

Mas de que valeria um horizonte se não pudéssemos caminhar em sua direção, se não tivéssemos os nossos pés, físicos, imaginários ou mentais, para buscarmos chegar até ele? Por que falamos em visões historiográficas, em olhares e pontos de vista sobre a história, e não tratamos dos passos, do caminhar, do palmilhar, do pedalar historiográficos? A escrita da história, sem que muitos se deem conta, simula, sempre, um deslocamento espacial. Quando Capistrano de Abreu resolve escrever a história nacional a partir dos caminhos antigos, sua narrativa faz uma trajetória que começa nas terras a leste do Brasil e caminha na direção das terras a oeste, na direção das terras interiores ou dos sertões (Abreu, 1989). Sabemos que a marcha para o oeste, esse deslocamento que é, ao mesmo tempo, espacial e narrativo, histórico e historiográfico, está presente em outras obras da historiografia nacional, como as de Cassiano Ricardo (1942) e Sérgio Buarque de Holanda (2014), assim como em muitas obras da historiografia norte-americana. A escrita da história surge, na Grécia Antiga, sob o signo da viagem, do deslocamento espacial, da caminhada. Heródoto empreende uma viagem por todo o mundo conhecido para registrar as memórias dos grandes feitos dos gregos e dos bárbaros, e é na viagem que ele investiga, testemunha, observa e descobre, muitas vezes assombrado, as diferenças entre os costumes de seu povo e de outros povos com que se encontra (Heródoto, 2019). Sua narrativa acompanha o percurso que fez, seguindo o modelo da epopeia de Homero, da *Odisseia*, em que um viajante vai travando conhecimentos e relações com distintos povos, com deuses e monstros, seres fantásticos e seres mitológicos, à medida que percorre toda uma geografia feita de terras e mares (Homero, 2011). A narrativa, o discurso, exige que prefiguremos em nossa imaginação não apenas uma trajetória temporal, mas também uma trajetória espacial. É inerente a toda narrativa a construção de espacialidades, de percursos, de trajetórias, de cartografias. Ao narrarmos a chegada dos portugueses às terras brasílicas, dificilmente fazemos esse relato a partir do ponto de vista dos indígenas, dificilmente narramos os portugueses sendo avistados pelos indígenas, vistos do interior da terra, nunca divisamos o espanto, o receio e a curiosidade com que enxergaram aqueles intrusos. Ao contarmos esse evento, assumimos o ponto de vista do branco, do europeu e, por consequência, o percurso narrativo e espacial que nos leva a acompanhar a aproximação da terra, o interesse e receio diante dos indígenas que se jogam ao mar e nadam ao encontro das caravelas, o desembarque etc. Apoiados na narrativa de Pero Vaz de Caminha, que descreve um dado percurso espacial, que faz um relato de percurso dos olhares e dos corpos dos portugueses, os historiadores, desprovidos de relatos do contato elaborados pelos indígenas, escrevem uma história espacialmente eurocentrada (Caminha, 1999).

A palavra "discurso" remete, etimologicamente, ao gesto de correr ao redor, de percorrer ou realizar um trajeto. Discursar é discorrer, é realizar um percurso narrativo, é produzir um trajeto em que a argumentação se realiza e se faz. A palavra "discurso" remete a ações que dependem sobretudo de nossos pés: o correr, o percorrer, o discorrer. Quando os versos da poesia popular nordestina utilizam o pé como unidade rítmica do poema é porque recordam a ligação entre o verso e o ato de marcar com os pés o ritmo que deveria ser executado pela lira ou pelo alaúde. O pé é constituído por um certo número de sílabas que constituem uma linha do verso, ele descreve o número de sílabas e caracteres que as linhas contêm. Ao mudar o pé, muda-se o ritmo, da mesma forma que ao caminhar, ao usarmos os pés para nos deslocar, podemos adotar diferentes ritmos. A relação entre a música e a dança, arte em que os pés desempenham um papel central, faz com que passo e compasso sejam unidades de divisão dos grupos sonoros. O ato de dar passos regulares, de ordenar a passada, conforme dadas unidades de tempo, institui uma certa rítmica. Marcar o passo ou fazer o passo são movimentos fundamentais na dança e na música, deixando claro a relação dessas artes com nossa corporeidade e, nela, com os nossos pés. Da mesma forma que, ao escrever em prosa, ao ser um escritor prosaico, o historiador tem a sua escrita referida ao ato de mover-se em linha reta (a etimologia da palavra "prosa" remete ao latim *provorsus*), de voltar-se, de virar-se para o comezinho, o cotidiano, o terra a terra, as coisas menos elevadas, para as coisas do chão (Cunha, 2010, p. 526). Enquanto a poesia e o poeta percorrem as alturas, tratam das coisas elevadas, habitam as nuvens e o céu, enquanto a escrita poética se enche de adereços, de volteios, de desvios (que são as próprias figuras de linguagem, os tropos, portanto, lugares de figuração); o historiador caminha em linha reta, faz o percurso mais direto possível na direção do fato, da verdade, do concreto. A prosa historiográfica remete ao gesto de mover-se, de deslocar-se e, ao mesmo tempo, ao caráter terreno daquilo que é assunto e tema do discurso histórico. Ela coloca em relação o corpo e a terra, os pés e as coisas do chão, mas também, de forma privilegiada, o olhar e a escuta, já que se apoia em e fornece testemunhos. O historiador dá passos na direção do conhecimento, executa passos no interior da narrativa, sempre atento ao que vê e a partir do que viu, sempre atento ao que testemunhou e ao que lhe é narrado por testemunhas que estiveram presentes em dado tempo e evento, que viram o que ocorreu.

A historiografia dos espaços daria passos importantes no sentido de seu aperfeiçoamento e complexificação se os historiadores procurassem se assenhorar dos conhecimentos proporcionados pela hodologia. A hodologia, tal como a define John Brinckerhoff Jackson, é a ciência dos caminhos, das estradas e das viagens. Ela estuda o impacto das estradas e das viagens sobre a paisagem e sobre os espaços, assim como sobre as formas de percebê-los, vivê-los e pensá-los. A hodologia parte do pressuposto de que o gesto de caminhar, de que o gesto de viajar, têm repercussão na forma como percebemos, lembramos, imaginamos e pensamos os espaços. Podemos dizer que a hodologia estuda os conhecimentos proporcionados e condicionados pelas ações de caminhar, de se deslocar por estradas e caminhos, pela prática da viagem. Para Jackson, os caminhos são estruturantes para a percepção e organização das paisagens, eles servem para organizar o território. Por serem vias de penetração dos humanos no território, eles desempenham o papel de demarcação de limites e de local privilegiado de observação (Besse, 2014, Deleuze, 1997; Jackson, 2010). Não terá sido por mera coincidência que historiadores como Capistrano de Abreu (1989) e Sérgio Buarque de Holanda (2017) fizeram dos caminhos, das estradas coloniais, por onde os homens brancos adentraram o território do que seria a nação, elementos formadores e conformadores da própria territorialidade nacional. O caminho segue e, de certa forma, impõe uma direção, um sentido tanto espacial quanto narrativo. Achar o caminho é um gesto espacializante, mas também narrativo. O historiador sempre tem que achar os caminhos por onde vai iniciar a narrativa e percorrer a trama de eventos que irá narrar, que, por seu turno, configurarão uma trama espacial, uma malha territorial. A construção de estradas e caminhos obedecem a racionalidades, a desejos, a expectativas, ela implica gestos de apossamento, de domínio, o desejo de controlar a circulação e o próprio território pelo qual eles avançam.

Um historiador dos espaços sempre vai estar às voltas com questões como: de que modo as pessoas ocupam e avançam sobre o terreno? Como elas se deslocam e como reagem a esses deslocamentos? Que mudanças se processam em suas formas de perceber, ler, interpretar, pensar e organizar a paisagem motivadas pelos deslocamentos? Como os seres humanos, percorrendo e palmilhando a terra, escolhem lugares para habitar, organizam espaços habitáveis, se inscrevem na própria paisagem? Um historiador dos espaços deve ser capaz de refletir sobre a potência do gesto de caminhar e sobre a potência dos caminhos e das viagens em estruturar e promover modos de vida e habitação humanas do território. Ele deve pensar sobre como os caminhos ajudam a demarcar, organizar e estruturar concretamente uma territorialidade, uma paisagem, como eles são vetores de organização e deslocamento espacial. Os caminhos são portas de entrada, mas também portas de saída de uma dada espacialidade: vetor de constituição, mas também vetor de dissolução e fuga de uma territorialidade. É fundamental que o historiador dos espaços se pergunte como o gesto de se deslocar é constitutivo da própria espacialidade, como ele promove uma experiência espacial, configura uma dada percepção e permite a elaboração de imagens e conceitos, significados e sensibilidades acerca de uma geografia, de uma terra. A hodologia defende que existe uma forma deambulatória de pensamento, o vagar pelos espaços permite determinada forma de refletir e determinada forma de narrar a experiência, que adquirem a forma do percurso e do trajeto, forma de narrar que Michel de Certeau (1994) identifica no relato. A filosofia nietzschiana seria resultado de seu costume de caminhar, de percorrer grandes distâncias, de pensar em movimento, de pensar ao escalar montanhas e vales, daí porque as imagens do alto e do baixo, do subir e do descer estão tão presentes em sua obra (Nietzsche, 1999). O viajante, o conquistador, o colonizador, o homem do mar, o caminhante, o vagabundo, o peregrino, o transumante, o migrante, o fugitivo, o missionário, o ambulante, o trovador, o comerciante, todos os homens dos caminhos e das viagens configuraram suas experiências na forma de relato, que guardaria similitude com o próprio gesto do caminhar.

A hodologia parte do pressuposto de que o humano é, antes de tudo, um ser ligado à terra, um ser chamado a experimentar e realizar a sua condição terrestre. Ao mesmo tempo, o humano é um ser pedestre, um ser que realiza a sua história e a história ao se mover, ao se deslocar, ao traçar percursos e trajetos, ao traçar trajetórias sobre e em contato com a terra, através de seus pés. O humano é um ser que precisa tomar pé do mundo, das coisas e da realidade da terra. A terra é onde os humanos vivenciam a vida em todas as suas dimensões e, por isso, sua terra, sua geografia, seus espaços são muito mais do que a mera superfície da terra e seus acidentes naturais. A terra, os espaços dos humanos, é um conjunto de conhecimentos, discursos, técnicas, vivências, tingidas por sensações, emoções, sentimentos, desejos, sonhos, fantasias, imaginações, memórias. Os espaços concretos dos humanos não se constituem apenas de materialidade, mas também de conceitos, de imagens, de símbolos. Os espaços são texturas, são tramas, são redes, são tecidos de elementos, que conectamos à medida que os vivenciamos e experimentamos, à medida que neles entramos, que os percorremos. Foi o psicólogo alemão Kurt Lewin que forjou a expressão hodologia, no início do século XX, para dar conta da dimensão psíquica, emocional, subjetiva do ambiente humano. Os espaços não são meras localizações materiais, físicas, os espaços são ambiências emocionais, eles precisam fazer sentido para quem os habita. Para Lewin, os espaços são campos psicológicos, eles constituem o espaço vital, o espaço da vida, uma atmosfera resultando das vivências e experiências que ali se deram (Lewin, 1973). Para Jean-Marc Besse, os homens se orientam espacialmente a partir de códigos de valores, da valência que certos recortes espaciais recebem socialmente: os humanos se deslocam entre, rejeitam ou se afastam de áreas ou lugares considerados atrativos ou repulsivos para a satisfação de suas necessidades (Besse, 2014, p. 189-194). Os espaços dos humanos não são espaços meramente geométricos, cartesianos, quantitativos, métricos, homogêneos, uniformes; são espaços qualitativos, espaços topológicos, orientados por valores e significações. Os indivíduos de uma ordem social, cultural e histórica tendem a seguir os caminhos privilegiados, os caminhos mais valorizados, os que parecem ou são indicados como os mais corretos, os mais fáceis, os mais simples de percorrer. Em dada situação, dependendo dos desejos e das expectativas, os sujeitos optam por e se constituem através de certos caminhos, de certas trajetórias. A hodologia, como teoria das caminhadas, nos ensina que noções como distância, afastamento, proximidade e direção adquirem, nos espaços em que se desenrolam nossa vida, sentidos que não são meramente métricos e matemáticos. São noções que se formulam a partir da posição de nosso corpo no espaço e conforme os afetos que recebemos do mundo, são noções que envolvem um grau de envolvimento emocional, afetivo, desejante, passional. Seguimos caminhos e fazemos desvios em nossas vidas, com consequências espacializantes e narrativas, dependendo desses investimentos psíquicos no mundo.

Assim como a narrativa histórica, o espaço hodológico, o espaço dos caminhos, é movente, é aberto a horizontes imprevistos, se configura no encontro com paisagens, com configurações espaciais não esperadas. A espacialidade hodológica corresponde a um espaço em movimento, que não é preexistente ao caminhar. O caminho se faz ao andar, como nos fala o poeta espanhol António Machado, o caminho não antecede o gesto do caminhar, da mesma forma que o narrado não antecede a narrativa (Machado, 2020, p. 206). Tanto quando escrevemos, quanto quando caminhamos, construímos realidades no percurso. Essa abordagem dos espaços e de sua configuração através das experiências corporais, das experiências pedestres, nos permite romper com três formas de compreender as paisagens e os espaços: o espaço visto como objetivo, como mera empiria; o espaço visto como espetáculo, mera contemplação externa de um olhar humano; o espaço como elaboração intelectual, o espaço como abstração conceitual, como coordenadas geométricas. Ela enfatiza o espaço tal como o corpo o organiza, o interpreta, o lê, o enxerga, o sente, como ele o apreende através de seus movimentos e posições, através de sua situação e de suas ações. Nem apenas objetivo, nem somente subjetivo, o espaço é um meio ambiente comportamental, para usar uma expressão de Kurt Koffka (1953). Maurice Merleau-Ponty, grande nome da fenomenologia francesa, coloca o que ele chama de "as pegadas dos humanos" sobre o mundo, na origem dos espaços. É novamente os esquecidos pés que aparecem como elemento ontológico da relação entre corpos humanos e a terra, como elementos fundantes dos espaços humanos. As espacialidades seriam a resultante das marcas que os humanos deixam na superfície do mundo, na pele da terra, ao se deslocarem, ao caminharem, ao se moverem sobre ela e, ao fazerem isso, tomarem dela conhecimento, fazerem dela imagens, reterem dela memórias e sensações ao vivenciarem emoções e sentimentos, ao se deixarem tomar por desejos, paixões e fantasias (Merleau-Ponty, 2018).

No entanto, o pensamento ocidental é marcado por um longo desprezo pelas coisas da terra, pelo mundo material. Antes mesmo do cristianismo, gregos e romanos já valorizavam a poesia, a filosofia, a vida do espírito, já consideravam menores os saberes que tratavam das coisas prosaicas, terrenas. Se o pensamento ocidental tendeu a valorizar mais o tempo do que o espaço, talvez se deva ao seu caráter mais abstrato, podendo se ter dele uma visão metafísica, teleológica, providencialista, o que não poderia ocorrer com as espacialidades. Quando a geógrafa Doreen Massey faz uma crítica à oposição bergsoniana entre tempo e espaço, entre duração e extensão, ela constata esse menoscabo pela dimensão espacial de nossa existência (Massey, 2008). Para Henri Bergson, o tempo é valorizado por ser visto como movimento, devir, criação, como abertura para possíveis, enquanto o espaço é visto como estático, imutável, aprisionamento, limite. Os espaços seriam, no máximo, suportes para as experiências temporais, aquelas que definiriam efetivamente o ser do homem (Bergson, 2011, p. 27). Também no início do século XX, o filósofo alemão Martin Heidegger tratou de relacionar o ser do homem ao tempo. Seria na temporalidade que o ser do homem se dá e se faz. No entanto, ele não deixa de admitir que nós humanos habitamos mundos, somos seres da habitação, seres que precisam elaborar mundos em que se sintam em casa. Mas, na fabricação desses mundos para nós, mais uma vez serão as mãos a parte do corpo utilizada como imagem, como conceito. Para Heidegger, os humanos querem ter o mundo à mão, forjam conceitos, técnicas, práticas, rituais, para ter o domínio sobre o mundo, para ter o controle sobre a realidade que os cerca. Mais uma vez, os pés são objetos de esquecimento. Como se pode habitar mundos sem se pôr de pé em seu interior, sem pôr esses mundos de pé? Para ter o mundo à mão, os humanos mobilizam todo o seu corpo, e não apenas esses órgãos privilegiados (Heidegger, 1993).

Essa recusa do mundo material, da vida terrena, essa busca por um mundo metafísico, um mundo transcendente, que encontramos no pensamento ocidental; essa busca pelas alturas, pelos céus, levou a que pouco apreço fosse dado à vida terrena, a vida ao rés do chão, às coisas, à materialidade. Buscando espaços imaginários e etéreos, buscando Olimpos e paraísos, o pensamento ocidental construiu um desprezo pela própria condição terrestre e pedestre dos humanos. Os sábios, os eruditos, os homens de letras, as elites intelectuais e políticas sonhavam e sonham com a elevação, com o posto mais elevado, sonham com os píncaros da glória. Friedrich Nietzsche vai ridicularizar a imagem do filósofo como o homem que se separa da cidade, do populacho, que se retira para as montanhas, para os picos gelados, para as alturas, de onde falará. Zaratustra desce da montanha e descobre a sabedoria em meio aos discípulos que o recepcionam na planície, ele descobre que seu saber das alturas era um saber alienado, um saber incapaz de dar conta das coisas do mundo. Ele desce para se tornar mais sábio ao caminhar entre os humanos comuns, ao se deslocar para ouvir e ver aqueles que o seguiam (Nietzsche, 1999). Mesmo na relação com a terra, com os espaços, os humanos quiseram, desde pelo menos os escritos de Estrabão, ter deles uma visão de cima, uma espécie de olhar de Deus, que foi se fortalecendo à medida que o humanismo foi retirando o divino da explicação das coisas do mundo (Estrabão, 2022). Ter uma visão sinóptica dos espaços, traçar esquemas, diagramas, mapas, exigiu a construção desse olhar de cima, um olhar mental, já que ele ainda era impossível numa época em que não existiam os aviões ou os drones. Conhecer passou a ser, cada vez mais, se distanciar, ver de fora, ver de cima, exigindo a separação do ser que conhece das coisas do mundo, daquilo que quer conhecer. A relação sujeito e objeto, que passa a ser teorizada como fundamental no processo de conhecimento, toma o afastamento como uma atitude central nessa relação. Desde o Renascimento, a arquitetura e a engenharia, assim como a pintura e a cartografia, se beneficiaram do que seria o olhar a voo de pássaro. Não podendo voar – sonho antigo dos humanos –, não podendo, ainda, descolar os pés da terra, os humanos se imaginam pássaros, se colocam no lugar das aves, imaginam paisagens e construções a partir desse olhar esvoaçante. O arqueólogo ou o geólogo, que nos dão um conhecimento mais íntimo da terra, do solo, das camadas de tempo e de história, de que os estratos geológicos são documento e testemunha, não gozam do mesmo prestígio daqueles cientistas que, como os astrônomos, perscrutam as estrelas e as galáxias.

No pensamento kantiano, o conhecimento, o raciocínio, a cognição, se dão por abstração, pela construção mental de esquemas e diagramas que exigem esse ponto de vista elevado, de cima. Ponto de vista que ainda é prevalecente no discurso historiográfico. O historiador, para narrar um dado evento, para falar de uma época, para abordar uma cena ou um personagem, constrói na narrativa, através de recursos retóricos, esse lugar privilegiado de observação. O historiador pode construir um olhar retrospectivo ou um olhar prospectivo em relação ao evento, mas, dificilmente, deixa de se colocar como se estivesse mirando para o passado de uma posição espacial que lhe permite visualizar, numa só mirada, a totalidade do processo, do evento, da cena que quer narrar. Não foi de modo aleatório que o diretor Zack Snyder, no filme norte-americano *300*, lançado em 2006, ao filmar a Batalha das Termópilas, um dos episódios das chamadas Guerras Médicas, em que se enfrentaram gregos e persas, para legitimar a tomada aérea da batalha, uma visão de cima, que permitia visualizar toda a cena, tendo uma visão sintética das forças em disputa, apelou para o voo de uma águia. A narrativa cinematográfica de um evento histórico exigiu que se retomasse a técnica do olhar a voo de pássaro. Portanto, o espaço se faz presente na narrativa do historiador desde o modo como visualiza, como constrói o seu olhar, como opta por uma maneira de focalização dos eventos.

Quando Edward Palmer Thompson propôs uma história vista de baixo, ele parece não ter tirado todas as consequências de sua formulação, à medida que sua referência ao baixo – embora implicasse o uso de uma categoria com conotações espaciais – era reduzida à significação social e de classe que carregava (Thompson, 2012, p. 185-202). Ver a história de baixo, para o historiador inglês, era vê-la a partir do ponto de vista e da perspectiva dos de baixo na escala social. No entanto, para ser coerente, essa proposta deveria implicar uma mudança do olhar do historiador no que tange à maneira como constrói seu lugar de mirada no interior da narrativa. Na atualidade, utiliza-se muito a "expressão lugar de fala" e, muitas vezes, não se tira as consequências em termos espaciais do uso dessa expressão. Um lugar de fala não se refere apenas a um lugar a partir do qual se emite a fala de um dado sujeito, mas implica uma fala que é emitida de um outro lugar, ou seja, aquele que discursa, aquele que narra o faz a partir de uma localização espacial distinta. A proposta thompsiana de uma história vista a partir dos de baixo, no entanto, não teve como consequência o questionamento do olhar de conjunto, de síntese, o olhar sinóptico, portanto, um olhar de cima, que é o do historiador. Os historiadores sociais apenas não olhariam de cima para os de cima, mas continuariam olhando de cima para os de baixo.

O mesmo se pode dizer em relação à micro-história. A redução da escala com que se recortam os objetos, as temporalidades, os personagens, não garante que esse olhar micro-histórico, esse olhar atento ao detalhe, ao indiciário, se poste ao rés do chão, na mesma altura dos personagens e processos que abordam (Ginzburg, 1991). Faz muita diferença uma história escrita a partir de um olhar pedestre, um olhar que, ao rés do chão, vai se encontrando com os eventos e personagens à medida que caminha, que se desloca. Como propõe Michel de Certeau (1994), uma retórica dos passos se articularia com a retórica do relato. Uma narrativa muito mais atenta aos encontros, ao aleatório, ao acaso, ao inusitado, uma narrativa acontecimental e fenomenológica. Ao contrário do que defende Ivan Jablonka, o raciocínio, a crítica histórica, que é o cerne do saber historiográfico, não precisa necessariamente implicar a negação do acontecimento, do anedótico, do detalhe, do acaso, do real em seu aparecimento fragmentário, contingente, indiciário (Jablonka, 2021, p. 36). Podemos fazer uma outra imagem do raciocínio, da intelecção, do trabalho crítico: em vez de pensá-los como abstração, distanciamento, visão soberana, majestática, pensá-los como aquisição parcial e sequencial de iluminações, intuições, raciocínios. Pensar o ato de conhecer não como a captura num sobrevoo de uma dada totalidade, de um todo, de uma unidade, mas pensar o ato de conhecer como uma trajetória, como um trajeto feito de encontros e desencontros, de projetos e acasos, de percurso metódico e do encontro com o inesperado e o incontrolável. Não conhecemos de uma só vez, não construímos a verdade de algo, não elaboramos um argumento, não visualizamos uma empiricidade de uma só vez, como muitas vezes as narrativas historiográficas fazem crer. Aprendemos, conhecemos, através de uma sequência de observações, de verificações, de operações, de práticas, em que vamos visualizando paulatina e parceladamente a imagem daquilo que vamos entender e apresentar como um todo coerente. Creio que a caminhada é uma imagem muito mais feliz do processo de conhecimento do que o voo. Ao descer à terra, o historiador abre mão de ocupar o lugar de Deus, abre mão de seu olhar de pássaro, de avião ou de drone, olhar coerente com o panoptismo, almejado pela sociedade moderna, burguesa, que sonha com esse olhar que tudo vê, que tudo controla, buscando a visibilidade total. O esclarecimento, o Iluminismo, trouxeram para o pensamento ocidental esse desejo de iluminação total, buscou esse foco de luz, essa luminosidade de cima, que permite ter uma visão geral e abstrata da realidade.

Ao descer à terra, ao tomar pé da realidade, o historiador se coloca em meio aos homens e mulheres, se reconhece como humano, como terrestre e pedestre. Se, para Carlo Ginzburg, os historiadores atualizam o método indiciário de nossos ancestrais caçadores, que seguiam e liam pegadas, o estar atento ao que se passa ao rés da terra, às marcas que os pés humanos deixaram no solo, é um método adequado para a pesquisa e a escrita da história (Ginzburg, 1989, p. 143-146). Tomar o método como um conjunto de passos ordenados, como um percurso, como um caminho na direção do conhecimento, faz do historiador um caminhante, um viajante no interior dos tempos, um narrador dos encontros com as coisas do passado. Na escrita de seu texto, o que se pede é o relato desse percurso e desses encontros, das aventuras e desventuras pelas sendas dos arquivos, das descobertas e das dúvidas que trouxe de seu deambular pelos tempos passados. Escrever sobre os tropeços que ocorreram, sobre os obstáculos que encontrou, sobre os desvios que teve que fazer em relação ao caminho traçado para a pesquisa. Escrever sobre as descobertas, sobre os achados que foi capaz de fazer, sobre os aparecimentos, sobre os encontros e desencontros que ocorreram, sobre o aprendizado que fez e sobre as questões que foram levantadas no percurso. Ao se colocar ao lado daqueles de quem vai fazer a história, ao se colocar ombro a ombro com eles, o historiador poderá e deverá escolher quais serão seus companheiros de caminhada. Quais os historiadores, quais os pensadores, quais os personagens participarão de sua aventura, sua procura, sua busca pelo saber sobre dado passado? O historiador é alguém que, com a ajuda de todas as suas faculdades, notadamente da imaginação e da inteligência, passeia pelos terrenos do passado, caminha entre os mortos, procurando redimi-los de seu esquecimento e fazendo deles pretextos, pré-textos, para a problematização do tempo presente.

Se a tarefa do historiador é figurar o passado, é dar a ele contornos e perfis, ele lida fundamentalmente com linhas, linhas temporais e espaciais, com as linhas de fuga do devir. Como propõe Tim Ingold, as ações humanas traçam cartografias, pois implicam deslocamentos, trajetos, percursos, cursos, discursos (Ingold, 2022). A dicotomia entre sedentariedade e nomadismo, que atravessa as interpretações clássicas sobre a formação histórica brasileira, que contrapõe indígenas e brancos, colonizadores e colonizados, senhores de engenho e bandeirantes, traça, cada uma a seu modo, uma cartografia da ocupação territorial e da conquista do colonizador europeu. Os historiadores devem escolher sempre que caminho seguir, que linhas temporais e espaciais irão privilegiar, que personagens irão colocar no centro do percurso histórico que irão descrever, se "aquele que se veste de sonhos" ou aquele que "se veste com as bermas das estradas"; se aquele "que cantou em palácios" ou aquele "que canta nas ruas"; se aquele que tem para onde voltar ou aquele que volta para o nada; se aqueles que trilharam a trajetória da glória e da fama ou aqueles de destinos inglórios, que trilharam a senda da infâmia; se aqueles que caminharam triunfantes pela estrada principal da história ou aqueles que a percorreram pelas margens, pelas bordas, pelas frestas, pelas fímbrias, pelos desvãos, aqueles que, na resistência e na resiliência, abriram desvios, veredas e outras rotas para seguir. Os historiadores estão chamados a escolher entre aqueles para quem os pés mal servem para caminhar, pois estão sempre acoplados a dispositivos e artefatos tecnológicos que lhes permitem se deslocar, aqueles que mal põem os pés na terra e, quando o fazem, estão sempre bem calçados e protegidos, e aqueles para quem os pés são fundamentais na vida e na arte, aqueles que se deslocam a pé e fazem dos pés arte (no futebol, na capoeira, no samba, no funk, no atletismo, no frevo etc.), que "sambam na avenida", que "no escuro foram porta-estandarte", que educam, desde muito cedo, os seus pés em contato com a terra do campo de várzea, da quadra da escola e da roda de samba, que, descalços, formatam seus pés no contato com o solo, com as rugosidades dos terrenos. Aos pés enrijecidos e planos daqueles que têm o privilégio do calçado desde a infância, se contrapõem esses pés malemolentes, gigantes, sinuosos, flexíveis, às vezes torcidos e distorcidos, quase improváveis para dar sustentação a alguém (como as pernas e os pés do genial Mané Garrincha), que permitem outras artes de andar, de dançar, de fazer com os pés[1].

Referências

ABREU, C. *Caminhos antigos e povoamento do Brasil*. Belo Horizonte: Itatiaia, 1989.

BAKHTIN, M. *A cultura popular na Idade Média e no Renascimento*: o contexto de François Rabelais. 7. ed. São Paulo: Hucitec, 2010.

BALADA de Gisberta. Composição: Pedro Abrunhosa. Interpretação: Maria Bethânia. *In*: Amor Festa Devoção. Interpretação: Maria Bethânia. Rio de Janeiro: Biscoito Fino, 2010. CD duplo. v. 1.

BERGSON, H. *Ensaio sobre os dados imediatos da consciência*. Lisboa: Edições 70, 2011.

BESSE, J. *O gosto do mundo*: exercícios de paisagem. Rio de Janeiro: EdUERJ, 2014.

BLOCH, E. *O princípio esperança*. Rio de Janeiro: Contraponto: EdUERJ, 2005. v. 1.

BOURDIEU, P. *Sociologia geral* – habitus e campo: Curso no Collège de France (1982-1983). Petrópolis: Vozes, 2021. v. 2.

CAMINHA, P. V. *A carta de Pero Vaz de Caminha*. São Paulo: Moderna, 1999.

CERTEAU, M. *A invenção do cotidiano 1*: artes de fazer. Petrópolis: Vozes, 1994.

---

1. Referências à canção *Balada de Gisberta*, composta a partir do poema de Pedro Abrunhosa, interpretada por Maria Bethânia, álbum *Amor, Festa e Devoção* – Ao vivo, Biscoito Fino, 2010.

COLLOT, M. *Poética e filosofia da paisagem*. Rio de Janeiro: Oficina Raquel, 2013.

COURTINE, J.; HAROCHE, C. *História do rosto*: exprimir e calar as emoções. Petrópolis: Vozes, 2016.

CUNHA, A. G. *Dicionário etimológico da língua portuguesa*. 4. ed. Rio de Janeiro: Lexikon, 2010.

DELEUZE, G. O que as crianças dizem. *In*: DELEUZE, G. *Crítica e clínica*. São Paulo: Editora 34, 1997. p. 73-79.

ENGELS, F. Sobre o papel do trabalho na transformação do macaco em homem. *In*: MARX, K.; ENGELS, F. *Obras escolhidas*. São Paulo: Alfa-Ômega, 1986. p. 267-280.

ESTRABÃO. *Geografia I*. Joinville: Clube de Autores, 2022.

GINZBURG, C. Sinais: raízes de um paradigma indiciário. *In*: GINZBURG, C. *Mitos, emblemas e sinais*: morfologia e história. São Paulo: Companhia das Letras, 1989. p. 143-180.

GINZBURG, C. *A micro-história e outros ensaios*. Lisboa: Difel, 1991.

HEIDEGGER, M. *Ser e tempo*. 4. ed. Petrópolis: Vozes, 1993. Parte I.

HERÓDOTO. *História*. Rio de Janeiro: Nova Fronteira, 2019.

HOLANDA, S. B. *Monções e capítulos de expansão paulista*. São Paulo: Companhia das Letras, 2014.

HOLANDA, S. B. *Caminhos e fronteiras*. São Paulo: Companhia das Letras, 2017.

HOMERO. *Odisseia*. São Paulo: Companhia das Letras, 2011.

INGOLD, T. *Estar vivo*: ensaios sobre o movimento, conhecimento e descrição. Petrópolis: Vozes, 2015.

INGOLD, T. *Linhas*: uma breve história. Petrópolis: Vozes, 2022.

JABLONKA, I. *A história é uma literatura contemporânea*: manifesto pelas ciências sociais. Brasília, DF: Editora UnB, 2021.

JACKSON, J. B. *Descubriendo el paisaje autótocno*. Madrid: Biblioteca Nueva, 2010.

KOFFKA, K. *Principios de psicología de la forma*. Buenos Aires: Paidós, 1953.

LEWIN, K. *Princípios de psicologia topológica*. São Paulo: Edusp, 1973.

KOSELLECK, R. *Futuro passado*: contribuição à semântica dos tempos históricos. Rio de Janeiro: Contraponto: PUC-Rio, 2016.

MACHADO, A. *Poesías completas*. Barcelona: L'Aleph, 2020.

MASSEY, D. *Pelo espaço*: uma nova política da espacialidade. Rio de Janeiro: Bertrand Brasil, 2008.

MERLEAU-PONTY, M. *Fenomenologia da percepção*. 5. ed. São Paulo: WMF Martins Fontes, 2018.

NIETZSCHE, F. *Assim falou Zaratustra*. 20. ed. Rio de Janeiro: Civilização Brasileira, 1999.

RICARDO, C. *Marcha para oeste*. Rio de Janeiro: José Olympio, 1942.

THOMPSON, E. P. A história vista de baixo. *In*: THOMPSON, E. P. *A peculiaridade dos ingleses e outros artigos*. Campinas: Editora da Unicamp, 2012. p. 185-202.

TUAN, Y-F. *Topofilia*: um estudo da percepção, atitudes e valores do meio ambiente. Londrina: Eduel, 2012.

Entregar-se ao passado, de corpo e língua

Reflexões em torno do ofício de historiador

> *A ficção dá olhos ao narrador horrorizado. Olhos para ver e para chorar (Paul Ricœur, 1997, tomo III, p. 327). Os cadáveres apresentavam uma diferença dependendo se vinham das câmaras de gás pequenas ou grandes. Nas pequenas, a morte era mais rápida e fácil. Parecia, vendo seus rostos, que as pessoas estavam adormecidas: de olhos fechados, apenas a boca, numa parte das vítimas, ficava deformada, uma espuma misturada com sangue aparecendo nos lábios. Os corpos, cobertos de suor. Antes de expirar, haviam urinado e defecado. Os cadáveres provenientes das grandes câmaras de gás, onde a morte demorava mais a chegar, haviam conhecido uma atroz metamorfose, tinham o rosto todo preto, como se tivessem sido queimados, os corpos ficavam inchados e azuis. Tinham os maxilares tão trincados que era impossível abri-los para acessar as coroas de ouro, às vezes tínhamos que arrancar os dentes verdadeiros para lhes abrir a boca (Chil Rajchman, 2010, p. 88).*

Esse é um trecho do relato de um dos dois homens que saíram vivos de Treblinka, um dos campos de extermínio construídos pelos nazistas na Polônia ocupada. Chil Rajchman escreveu esse relato assim que conseguiu fugir de Treblinka, após a insurreição do campo, no dia 2 de agosto de 1943, vagando de esconderijo em esconderijo, ameaçado a todo tempo de ser capturado ou morto. O relato que intitulou, *Eu sou o último judeu*, nasce da urgência de testemunhar, de deixar por escrito uma narrativa sobre as atrocidades que vira e das quais fora obrigado a participar. Sem saber do paradeiro daqueles que com ele fugiu, sem ter conhecimento que Abraham Bomba também sobreviveria para contar o que foi Treblinka, ameaçado de ser morto a qualquer momento, Rajchman escreve esse texto porque era preciso que outros soubessem, que o mundo ficasse sabendo dos horrores que testemunhou. Era preciso entregar, com urgência, e correndo todos os riscos, como fizeram muitos outros judeus, um testemunho, uma memória, um conhecimento, uma informação, um relato, uma narrativa sobre um real caótico e feroz que se apossou de sua vida e da vida de milhões de pessoas de seu povo. Era preciso, com o uso da escrita, recurso tão importante na cultura do povo judeu, tentar fazer esse real inimaginável e indizível passar pelo fio da linguagem, se tornar cenas e imagens, se tornar eventos, se tornar realidade, para todos aqueles que não presenciaram o que ele presenciou. Entregar esse texto para o mundo, mesmo que fosse a última coisa que fizesse em vida, era uma forma de pagar a enorme dívida que contraíra com seu povo, ao participar de seu massacre, como única forma de permanecer vivo. Selecionado, logo na chegada ao campo, para fazer parte do que os nazistas chamavam de "Kommandos judeus", que realizavam todas as operações necessárias para o extermínio dos que ali chegavam e para a arrecadação de todos os bens que traziam, inclusive de partes de seus corpos, por mentir saber cortar cabelos, ele se tornou tonsurador das mulheres que seguiam para as câmaras de gás, depois ajudante dos dentistas que arrancavam as coroas de metal das bocas dos cadáveres gaseados, depois carregador de corpos para o enterramento nas valas, para, finalmente, participar do desenterramento dos cadáveres para a queima nas fogueiras destinadas a fazer desaparecer todos os vestígios do que ali se passara, para reduzir os corpos a cinzas, espalhá-las pelo solo e com ela adubar a plantação de árvores destinada ao encobrimento definitivo do crime ali perpetrado. Apagamento proposital do acontecimento, da história, empresa de desrealização, de soterramento dos indícios, dos rastos, dos sinais, de obscurecimento da evidência. Por isso era urgente o seu gesto, o seu testemunho, ele ia na contramão do que estivera fazendo no ano e meio que passou em Treblinka: afirmação da rebeldia e da resistência da vida, da potência do vivo diante da grande empresa da morte e do esquecimento, sua outra face.

Como sabemos, nas últimas décadas, diante da emergência, por um lado, de uma historiografia negacionista, que contesta a existência das câmaras de gás e a realidade da chamada "solução final", a partir do que seria a inexistência de provas materiais de sua ocorrência e, por outro, diante da chamada "virada linguística", que trouxe o tema da escrita da história, da relação entre discurso e realidade, entre real e linguagem, para o centro das discussões no campo da historiografia, o Holocausto, a solução final e mesmo o estatuto do testemunho e da imagem tornaram-se objeto de um intenso e acalorado debate entre os historiadores, em que posições extremadas convivem com posições mais matizadas e conciliadoras. Creio que o relato de Chil Rajchman, bem como o documentário intitulado *Treblinka*, do diretor Sérgio Tréfaut, nos ajudará a rediscutir alguns desses temas e, principalmente, chamar a atenção para um aspecto ausente de toda essa polêmica, bastante relevante e quase sempre negligenciado, quando não silenciado pelo discurso historiográfico: a presença do corpo, dos corpos que sofrem, na narrativa dos eventos históricos. Creio que o debate se movimenta em meio a falsas questões, a desencontros conceituais nunca discutidos, a injustificadas categorizações pejorativas daqueles que, em muitos casos, possuem posições divergentes. Creio que o relato do sobrevivente de Treblinka convoca, acima de tudo, e a despeito desse debate no interior do campo historiográfico, que reflitamos sobre qual o lugar do historiador e do saber histórico na sociedade contemporânea, sobre qual o papel do ofício do historiador na atualidade, sobre qual o lugar do historiador na cidade, sobre a finalidade social e política de nosso trabalho. Afinal, o que entregamos à sociedade que nos remunera, que nos forma, que nos emprega, que nos dá, ainda, um lugar de fala privilegiado? Ao que nos entregamos quando assumimos esse ofício, quando nos decidimos nos tornar historiadores?

O real existe

Por mais incrível e até hilário que possa parecer, historiadores hoje escrevem textos para afirmar que o real existe. A negação feita de que as câmaras de gás, a solução final e a chamada Shoah tenham existido, por parte de negacionistas como Robert Faurisson, um professor de literatura da Universidade de Lyon, seria um indício perigoso da perda do real pelos historiadores. Os negacionistas são então aproximados dos chamados céticos, narrativistas, pós-modernos, sem que nunca se discutam e definam essas categorias classificatórias, que, por problematizarem a relação entre discurso e realidade, entre linguagem e referente, se veem lançados na fogueira como protofascistas, queimados vivos por terem abdicado do chamado "princípio da realidade", que como todo princípio absoluto e dogmático deve ser seguido sob pena de heresia, excomunhão e até suplício.

Nesse debate, os negacionistas, no entanto, não abrem mão da noção de real, muito pelo contrário, acreditam que do real só existe uma versão possível, a deles, e cobram daqueles que defendem a existência do que negam as provas materiais que sustentariam essa existência. Cinicamente, cientes de que essas provas foram propositadamente destruídas, como positivistas empedernidos, seguem cobrando que se prove materialmente, e não através de testemunhos, que as câmaras de gás existiram e que corpos foram nelas gaseados. Para o negacionismo, o relato de Chil Rajchman, assim como as cinco fotografias que foram tiradas de dentro da câmara de gás do crematório V do campo de Auschwitz, em agosto de 1944, por um membro do "Kommando judeu" do campo, mostrando mulheres nuas a caminho das câmaras de gás e, depois, seus corpos gaseados sendo incinerados, são fabricações, são mentiras de judeus, não correspondem à realidade, não são cópias fidedignas e verdadeiras do real. Os negacionistas, portanto, obedecem e cobram plenamente a observância do chamado "princípio da realidade", não abrem mão do real, achando que ele só pode ser afirmado ou falseado de uma só vez, que ele tem uma verdade única, uma essência absoluta da qual eles têm o domínio. Não admitem verossimilhança, não admitem conhecimento indiciário, não admitem conhecimento por dedução, não admitem que os historiadores preencham as lacunas inevitáveis da sua documentação por suposições amparadas na experiência e no conhecimento prévio. Eles exigem as provas. Se são inquiridos sobre o desaparecimento de milhões de corpos, onde estão, como desapareceram sem deixar rastros, onde foram parar comunidades inteiras de judeus que simplesmente evaporaram, desconversam, afinal o que são corpos, o que têm sido os corpos para as narrativas historiográficas, nelas eles também não evaporam, não se gaseificam? O que se quer é provas materiais da existência das câmaras de gás, é elas que importam nas discussões, corpos, apenas um estorvo com que os nazistas tiveram que lidar e que os negacionistas também têm que contornar. Eles estão mortos, eles se decompuseram, eles não são mais reais, o que importa, então? Dando prosseguimento ao extermínio perpetrado pelos nazistas, os negacionistas querem exterminar até a memória desses corpos, desses nomes, dessas vidas. Expurgá-los da história, como seus algozes também pretenderam.

No que parece ser o extremo oposto, os historiadores judeus, como Pierre Vidal-Naquet e Carlo Ginzburg, abrem as baterias não só contra os negacionistas, os assassinos da memória, como os denomina o primeiro, mas também contra todos aqueles que se colocariam contra o chamado "princípio da realidade", contra a existência da realidade e do real (eles estão convencidos de que existe alguém que nega a existência do real), contra aqueles que reduziriam o mundo aos discursos, que seriam céticos, que problematizariam o estatuto da prova no campo historiográfico, que dariam margem, também, para que a negação da Shoah pudesse ocorrer (Ginzburg, 2007; Vidal-Naquet, 1996). Nesse campo, como é comum entre historiadores, a confusão e falta de precisão conceitual prevalece. Confundem-se real e realidade, realidade e empiria, realidade e "coisa em si", prova e evidência, prova e testemunho etc. As oscilações e contradições de posição no interior de um mesmo texto se sucedem, as mudanças de posições e argumentos se estabelecem entre textos e entrevistas, a citação corroborativa de trechos de autores trazem o desmentido para aquilo mesmo que se quer afirmar. A pretexto de combaterem o que chamam de relativismo, sem caírem no positivismo negacionista, oscilam entre o dogmatismo e a ambiguidade de posições.

Carlo Ginzburg, o mais exaltado dos inimigos dos relativistas e céticos, como ele próprio se define, em texto significativamente intitulado "*Unus testis* – O extermínio dos judeus e o princípio da realidade", abre as baterias contra o grande ogro do debate em torno do estatuto da narrativa historiográfica, o crítico literário e historiador norte-americano: Hayden White. Como um detetive londrinense ou um inquisidor-mor, Ginzburg sai à cata dos indícios, dos sinais, dos rastros que leve a se entender a posição de White, que leve a ser descoberta a verdadeira motivação de seu crime de lesa-historiografia. O que em sua vida pregressa, em seu passado, nas beiradas de seus textos, dava sinais de que sua posição epistemológica se devia a posições políticas protofascistas, portanto, inimiga dos judeus? Sua posição em defesa de que a historiografia utiliza recursos retóricos e de que o que valida um texto historiográfico seria sua eficácia discursiva se devia a sua leitura do idealismo italiano, aos elogios que fizera a Benedetto Croce, que, por seu turno, fora amigo de Giovanni Gentile, que aderira ao fascismo e defendera o porrete como um instrumento civilizacional. Não se sabe se White leu Gentile, aquele nunca citou este, mas o historiador dos emblemas e sinais pode conjecturar que White lera Gentile e logo suas posições relativistas seriam fascistoides. Não importa que Ginzburg não discuta nunca o pensamento mesmo de White, mas a desqualificação moral do inimigo, tal como faziam os nazistas com os judeus, estava feita. Ao final do texto, depois de passar por suspeitas de complôs judeus, e por complôs historiográficos, por uma ou duas testemunhas, por tropos e Auschwitz, a conclusão do texto, apoiada no filósofo italiano Renato Serra, é peremptória e muito esclarecedora: "Mas a realidade ('a coisa em si') existe" (Ginzburg, 2007, p. 229). Espanto geral!

Creio que é preciso aclarar algumas coisas nesse debate de surdos. Real e realidade são conceitos e, portanto, como tal, não são óbvios, nem sempre se está falando da mesma coisa ao utilizá-los. Há diversas concepções acerca das noções de real e de realidade, como o próprio texto de Ginzburg dá a entender, embora ele ache que só a dele tem validade, pois, caso contrário, cairíamos no pior dos pecados, que nos levaria direto ao inferno: o relativismo, mesmo que também ele nunca se dê ao trabalho de dizer o que entende por isso. Real e realidade, por seu turno, não são a mesma coisa, não são conceitos intercambiáveis, como aparece em muitos textos que enfrentam esse debate. Eu prefiro partir da distinção feita por Jacques Lacan entre o real, como aquilo sobre o qual não temos controle, como aquilo que nos acontece sem que possamos impedir ou ter sobre ele domínio, como o puro acontecimento, como aquilo que Nietzsche nomeou de intempestivo, e realidade, como uma elaboração humana do real, como uma leitura do real, como uma construção imaginária, simbólica e conceitual do real (Lacan, 1975; Nietzsche, 1991). O Holocausto, a solução final, as câmaras de gás foram o real inimaginável, que aconteceu, que ocorreu, que se apossou da vida das comunidades judaicas. O relato de Treblinka, feito por Chil Rajchman, é a tentativa de transformar em realidade para o mundo, para outros que ali não estavam, aquele real monstruoso. O real é caos, é intensivo, como dirão Gilles Deleuze e Félix Guattari (1997), ele é informe, ele é desordenado. Como não suportamos viver e encarar a dimensão caótica e inesperada do real, tratamos de domá-lo, de dar a ele regularidade e organização através do imaginário, do simbólico, dos conceitos. Domesticamos, o quanto possível, a fúria do real, transformando-o em realidade, através dos discursos, dos códigos, dos rituais, dos costumes, das práticas reguladas e regulares. O grande desafio colocado pelo real de Treblinka para Chil Rajchman, como para todo judeu que escapou dos campos de extermínio, foi o de definir com que linguagem, com que imagens, com que símbolos, com que conceitos, com que recursos narrativos, tornar realidade para os outros aquela experiência extrema que viveu? Como comunicar aos outros uma experiência que dificilmente podia ser partilhada com o outro? Como comunicar ao outro algo indizível, inimaginável, algo de difícil entendimento? Logo no início do longo documentário feito pelo cineasta francês Claude Lanzmann sobre a *Shoah*, título do filme, Simon Srebnik, um dos dois sobreviventes do campo de extermínio de Chełmno, na época um menino de 13 anos, percorrendo o que sobrara do campo, ainda se indagava como entender o que se passara ali e que ele vivera? Como dizer ao outro, como transformar esse real em realidade, se ele seria, em grande medida, ainda incompreensível para quem o viveu?

O mais estranho na afirmação de Ginzburg é tomar a realidade pela "coisa em si". Mesmo entre aspas, isto é confundir realidade com empiria e reduzir tanto o real quanto a realidade à dimensão empírica, ao estado de coisa, como se o real e a realidade não fossem compostos por muitas dimensões não empíricas, como as próprias obras de historiador feitas por ele, deixam entrever. A realidade é inseparável de dimensões imaginárias e simbólicas, a realidade só se organiza no plano da linguagem e do conceito, o que não significa negar ou duvidar de sua dimensão empírica. No entanto, teríamos uma visão muito pobre e redutiva tanto do real quanto da realidade, se os reduzíssemos à dimensão empírica. Sem se dar conta, o inimigo fidalgal dos negacionistas termina por levar água ao moinho deles, ao reduzir a realidade ao plano do material e ter, do material, uma visão bastante pobre, depois das descobertas da física quântica, da nanorrealidade, da relatividade. Quando os negacionistas pedem provas materiais da existência das câmaras de gás, estão reduzindo a materialidade a uma de suas dimensões e sendo empiricistas, tal como alguns historiadores ingleses se orgulham de se proclamar. Mesmo o real natural tem dimensões não propriamente empíricas, como o som, a temperatura, o vento, o magnetismo, a gravidade, que, no entanto, atuam concretamente sobre nossas vidas e nossos corpos. A realidade humana é composta de ideias, pensamentos, memórias, emoções, valores, cuja empiricidade é, no mínimo, indireta, mediada por nossos corpos, gestos, ações e reações. Nem mesmo a filosofia, hoje, partilha da ideia da existência de uma coisa em si. No mundo humano, a coisa é sempre mediada pelo olhar de um sujeito, ela é sempre para o outro, ela nunca é em si. A realidade é uma leitura do mundo, o que não significa cair no relativismo, justamente porque existem instâncias sociais que regulam o que é permitido e proibido ser dito, ser visto e ser encarado como realidade e como verdade sobre a realidade.

O grande equívoco das discussões com os negacionistas é se colocar no mesmo plano epistemológico deles ao se afirmar realistas, sem que saibamos direito o que isso significa. Se ser realista é advogar que o real existe, todos somos realistas, o problema é na hora de se dizer o que é o real, aí as dissensões aparecem justamente porque o ser do real não pode ser decidido por uma recorrência a ele mesmo, dizer o ser do real depende de uma operação de significação e de uma operação política, depende da construção de realidades politicamente motivadas. O relativismo não ocorre, não porque o real e a realidade tenham uma única verdade, essencial, que algum discurso metodológica e teoricamente adequado é capaz de capturar, mas porque existem instâncias de controle social, instituições, centrais de distribuição de sentido que policiam o que pode ou não ser tomado como verdade, admitido como realidade. Como vai afirmar Michel de Certeau, o negacionismo não tem guarida entre a comunidade de historiadores não pelo fato de não serem realistas, eles o são, mas porque o discurso historiográfico é produto de um lugar, no caso a universidade, que recusa esse tipo de interpretação do que se passou na Segunda Guerra Mundial (Certeau, 2011, p. 97-100). Robert Faurisson, mesmo pertencendo à universidade, não pertence à comunidade de historiadores, onde não seria admitido, não apenas por violar as regras teóricas e metodológicas do ofício, mas por violar seus princípios éticos. Ele tem sofrido inúmeros processos na justiça por causa de suas posições, mostrando que as instituições que legitimam uma dada verdade sobre o real da solução final não admitem suas versões. É aí, no plano da política dos saberes, que o enfrentamento a eles deve se fazer.

Tudo é discurso?

No entanto, do outro lado desse debate, também me parece que certas confusões conceituais se instalam. Um pequeno texto, escrito por Roland Barthes, publicado em 1968, na revista *Communications*, tornou o semiólogo francês um dos alvos principais dos historiadores que saem em defesa do que chamam de princípio da realidade. O texto se intitulava "O efeito de real" e defendia o caráter retórico do discurso historiográfico, mesmo estando caracterizado por sua ambição realista (Barthes, 2004). O historiador abusaria do uso de um tropo linguístico particular, a hipotipose, encarregada de "pôr as coisas sob os olhos dos ouvintes", renunciando declaradamente às injunções do código retórico, buscando a representação pura e simples do real, procurando fazer o relato nu daquilo que foi, apelando para a citação do anedótico, que apontaria para esse fora do discurso, que denotaria o que efetivamente ocorreu. A enunciação deixa de ser creditada e legitimada pela observância dos códigos retóricos, e passa a ser creditada e legitimada pela remissão a um referente, confundido com o significante, que recusa, por sua vez, a significação ou o sentido. O historiador padecia de uma *ilusão referencial*, já que, expulsando o significado do signo, ele colaria o referente ao significante e pretenderia que o discurso fosse capaz de ser uma cópia do próprio referente, ou a fala do próprio referente, ocultando o lugar de sujeito da enunciação ocupado pelo historiador.

Roland Barthes, criador do que chamou de semiologia, crítico literário e filósofo francês, já se interessava pela análise do discurso da historiografia desde pelo menos o início dos anos de 1950, quando os historiadores sequer pareciam ter descoberto que escreviam e que precisavam refletir sobre a escrita da história. Seu segundo livro, publicado em 1954, foi dedicado a fazer uma análise estrutural, de que é pioneiro no que tange à crítica literária, do discurso do grande nome da historiografia francesa do século XIX, Jules Michelet, sob qual tentara escrever uma tese de doutorado nunca concluída (Barthes, 1991). Em 1967, "O discurso da história" é o título de um texto que publica numa revista chamada *Informação* sobre as ciências sociais, em que já aparece o polêmico conceito de efeito de real para definir o que seria uma regra e um traço marcante a caracterizar o discurso da historiografia (Barthes, 2004). Creio que esse conceito também implica uma confusão entre as noções de real e realidade. Ora, se o real é o puro acontecimento, é o que não cessa de devir, se o real é o que contra o qual nada podemos, é o intempestivo; ele é por definição o que escapa a toda representação, o que o imaginário e o simbólico tentam incessantemente conter, domar, sem conseguir ter sucesso. Portanto, todo discurso, mesmo o realista, não pode produzir efeitos de real, mas efeitos de realidade, se quisermos seguir a terminologia barthesiana.

Mas o grande ogro a ser combatido pelos historiadores, sob pena dele se alimentar de suas carnes e levar a historiografia à morte, é o crítico literário e historiador norte-americano Hayden White. Embora ele nunca tenha negado a existência do real ou dito que o discurso historiográfico e o discurso literário seriam a mesma coisa, é essa a imagem que comumente se reproduz dele e de seus textos, no geral, pouco lidos, no entanto, muito comentados. Essas afirmações advêm de uma leitura apressada, suspeito que mais de uma falta de leitura, de um texto cujo título parece induzir a pensar o texto de historiografia como tendo o mesmo estatuto e obedecendo às mesmas regras do texto literário: o texto histórico como artefato literário, que forma parte do livro *Trópicos do discurso* (White, 1994). No entanto, o literário presente no texto não se refere à literatura, no sentido moderno do termo, como romance ou gênero ficcional, mas nomeia toda forma de representação figurativa, a dimensão poética e retórica de toda narrativa, de todo relato, o fato de que a narrativa histórica, como todo relato, é tropológica, utiliza-se de figuras de linguagem, e esse caráter tropológico define várias escolhas que fará ao narrar, escolhas que, quase sempre, ocupam uma espécie de estrutura inconsciente da narrativa: a escolha de enredo, de tipos de argumentação e de implicações ideológicas. Mesmo as tão debatidas e controversas escolhas teóricas e de método estariam conectadas com a maneira como o historiador prefigura, visualiza através dos tropos a realidade que pretende abordar. Realidade que por ser figurativa, tropológica, jamais poderia ser igualada ao real, pois o real, no sentido lacaniano do termo, é informe, é anterior às formas, a qualquer tipo de figura.

Acusado de fascista, acuado pelos historiadores que o infirmam de militar no mais absoluto relativismo, inclusive ético, White é obrigado a encarar o espinhoso tema do Holocausto. Em texto intitulado "Enredo e verdade na escrita da história", na mesma linha seguida por Barthes, ele vai argumentar que há uma "inexpugnável relatividade em toda representação histórica", pois ela é feita mediante o uso da linguagem e a relatividade da representação é uma função da própria linguagem (White, 2006, p. 191). Ao descrever eventos passados, a linguagem os constrói narrativamente, os significam e não apenas os repõem tal como aconteceram. Muitas vezes, parece-me que ele possui uma imagem do discurso historiográfico que ainda remete aos pressupostos do positivismo, da historiografia do século XIX, embora isso possa ter sido induzido pelo próprio debate, já que os que o contestam parecem ainda ter uma visão de real e realidade, de verdade, muito próximas das escolas metódicas. A exigência e a crença de Carlo Ginzburg de que o discurso do historiador seja baseado em provas é um exemplo dessa proximidade com uma concepção de discurso científico ainda obediente ao paradigma positivista. A dificuldade, apontada pelo próprio White, dos historiadores abandonarem o modelo literário do realismo parece reforçar o que estou afirmando. Violando o próprio texto aristotélico, Ginzburg vai defender, em texto intitulado "Sobre Aristóteles e a história, mais uma vez", que as provas, antes de serem incompatíveis com a retórica, com a dimensão figurativa da linguagem, com a dimensão tropológica do discurso, tal como defendia White, constituem seu núcleo fundamental (Ginzburg, 2002). Ginzburg diz seguir a argumentação presente no livro *Retórica*, de Aristóteles (2017). O problema é que Ginzburg traduz como prova o que em Aristóteles aparece como evidência. Mesmo concordando que o historiador não utiliza, na maior parte do tempo, as provas técnicas, como faz o discurso jurídico, a prova necessária, como chamou Aristóteles, mas utiliza fundamentalmente o exemplo e o signo que são do campo do provável, do verossímil, Ginzburg vai traduzir *ton tekmerion* como prova, quando a palavra *tekmerion* tem o sentido de presunção, de algo que é presumido, não havendo nesse termo nenhuma ideia de certeza. *Tekmeria* remete à ação de conjecturar sobre o invisível a partir do visível, do rasto, do traço (*ichnos*), sendo esse o sentido de evidência, conexões válidas entre signos, entre sinais, entre restos, geralmente apoiadas no conhecimento comum, coletivo, já que a produção do sentido se faz apoiada numa comunidade concreta e de significação. Essas conexões seriam vistas como naturais e necessárias, sem que impliquem, como quer Ginzburg, certezas, nem provas, no sentido positivista do termo, pois são do campo das convenções, dos acordos coletivos de sentido, fadadas a se modificarem, permanentemente. A evidência não se evidencia por si mesma, ela nasce de uma maneira de ver, de uma vidência, que é humana, conceitual, histórica, situada no tempo e no espaço. Não é a "coisa em si", o objeto, o real, a realidade, a empiria que vem à frente e se impõe sedutora em seu corpinho de signos e rastros ao historiador, é o olhar do historiador que constrói a evidência a partir de sua cultura e dos saberes prévios que possui.

Acusado de defender a posição de que um discurso se justifica e se legitima por sua eficácia, e não por atingir ou buscar a verdade, de construir um mundo textual autônomo que não possui nenhuma relação demonstrável com a realidade extratextual a que se refere, Hayden White encara então o desafio de pensar a "solução final" a partir de suas posições. Creio que seu texto termina por cair em uma aporia ao não discutir noções como a de real e verdade. Volta a uma imagem bastante ultrapassada do que fazem os historiadores: a narrativa como contêiner neutro do fato histórico, garantido pelo uso de uma linguagem normal e ordinária, o que seria o selo de uma postura realista. Os eventos históricos deveriam consistir e manifestar um amontoado de estórias "reais" ou "vividas", que seriam apenas descobertas ou extraídas de evidências e dispostas diante do leitor. Afirma então o óbvio, embora não o seja para muitos historiadores, os eventos, os fatos são declarações factuais e como declarações factuais são entidades linguísticas, necessitam da linguagem para existirem, para adquirirem organização e enredo, para que façam sentido. Os eventos pertencem à ordem do discurso. Mas só a ordem do discurso? Talvez aí é que o autor parece militar num beco sem saída.

Para ele, quando se trata do nazismo e da solução final, a questão que se coloca é:

> [...] existe algum limite sobre o tipo de história que pode ser contada de maneira responsável sobre esse fenômeno? Podem esses eventos ter seus enredos responsavelmente elaborados em quaisquer modos, símbolos, tipos de enredo e gêneros que nossa cultura fornece para fazer sentido sobre o passado? As naturezas do nazismo e da solução final colocam limites absolutos no que pode ser verdadeiramente dito sobre eles? (White, 2006, p. 192).

Ou seja, os limites sobre a representação adequada ou aceitável a ser dada ao Holocausto não eram definidos pela própria realidade, pelo próprio evento, como pressupõe os realistas, mas por instâncias éticas e políticas, pela própria comunidade de historiadores, que aceitariam ou não dadas formulações sobre esses eventos. Seria aceitável vazar num enredo satírico, num enredo cômico os eventos da solução final? Ele não deixa, no entanto, de tomar a fidelidade ao registro factual como um critério para avaliar narrativas que competem sobre o mesmo evento. Com base nos registros factuais disponíveis, pode-se criticar, classificar, entender dadas narrativas, avaliando sua compreensibilidade e coerência de argumentos. Mas os relatos não consistem apenas em relatos factuais, a produção de sentido no texto historiográfico não se dá apenas pela citação do arquivo, ela faz parte, apenas, da etapa inicial do trabalho do historiador, a produção da crônica. Um texto historiográfico não se urde apenas com afirmações factuais, que ele nomeia de proposições existenciais singulares (o isto ou este existiu em tal época), nem apenas com argumentos, mas com elementos retóricos e poéticos através dos quais o que seria uma lista de eventos ganha trama, são entramados, tornam-se enredo, tornam-se uma estória. As narrativas não competem apenas quanto aos eventos, quanto à existência empírica, factual deles (como parece ser a luta dos negacionistas), mas sobre os arranjos de enredo que os dotam de significado. E conclui, "a não ser que uma estória histórica for apresentada como uma representação literal dos eventos reais, não podemos criticá-la como sendo verdadeira ou não aos fatos da questão" (White, 2006, p. 193). Mas verdade é o mesmo que literalidade? Se, como ele mesmo afirma, os eventos são construções narrativas, como falar em eventos reais? Não falta aí uma discussão sobre com que noção de verdade e de real se está operando? A exigência de literalidade se dirige ao real ou à realidade, que é leitura do real, tentativa de representá-lo? A literalidade não se dirige à empiria, ao real ou à realidade, ou seja, ao factual, ao acontecimental, mas sim à sua organização narrativa?

Essa busca da literalidade dos discursos ou das representações do Holocausto ou a recusa da dimensão poética e retórica da linguagem na abordagem dessa temática leva a extremos que quase significam a proibição de que se diga qualquer coisa sobre esse evento, alojado no campo do indizível, do inimaginável, do incomensurável. Muitas vezes, em busca de uma não violação do testemunho daqueles que sobreviveram à Shoah, retorna-se a uma postura positivista que pressupõe que os testemunhos devem falar por si mesmos ou não devem sofrer qualquer interpretação ou elaboração estética, porque isso equivaleria a violar os testemunhos e estetizar o horror. Contraditoriamente, as testemunhas que fizeram um enorme esforço para romper o silêncio sobre o evento monstruoso de que fizeram parte, silêncio que os nazistas tentaram produzir, se veem novamente fadadas ao silêncio. O escritor e psicanalista Gérard Wajcman e a crítica literária Elisabeth Pagnoux, juntamente com o cineasta Claude Lanzmann, defendem o caráter inimaginável da Shoah, sua impossibilidade de se tornar imagem, de vir, portanto, a ser comunicada (Wajcman, 2001; Pagnoux, 2001; Lanzmann, 1994). Em reação a uma exposição de fotografias de Auschwitz, organizada pelo historiador da arte Georges Didi-Huberman, que depois irá publicar o livro *Imagens apesar de tudo*, acerca de cinco fotogramas feitos no interior do campo de Auschwitz, que seriam um dos poucos registros em imagem de corpos gaseificados e sendo incinerados em um campo de extermínio nazista, Didi-Huberman (2012) foi duramente criticado, acusado de estetizar o horror, fetichizando religiosamente, sacralizando as imagens da solução final, o que só poderia ser a expressão de uma perversão. Wajchman defende o caráter irrepresentável do Holocausto, mesma posição de Pagnoux, que se opõe a qualquer leitura dos testemunhos sobre a solução final por usurparem o estatuto do testemunho. Essa ilusão referencial, essa ilusão de literalidade, e mesmo uma falta de reflexão acerca da memória ou do testemunho, faz o cineasta Claude Lanzmann se opor a qualquer possibilidade de se realizar filmes acerca dos campos de extermínio. Denunciando a confusão feita pelo cinema, notadamente o hollywoodiano, entre as imagens dos campos de concentração, existentes em profusão, e dos campos de extermínio, dos quais os cinco fotogramas saídos de Auschwitz são os únicos existentes, Lanzmann se propõe a fazer um filme que recusa o que seria todo o arquivo anterior de imagens. Assim como Wajcman, Lanzmann remete o arquivo de modo exclusivo à noção de prova (curiosamente assim como fazem os negacionistas), mas ao contrário desses e, inclusive de Carlo Ginzburg, recusa-se terminantemente a pensar o testemunho como prova. Recusando também a produção de qualquer conhecimento sobre esse fenômeno, já que acha que só há conhecimento mediante prova, afirma que não se precisa provar aquilo que carece de prova, posição tautológica e pirronista. Em um filme que dura mais de nove horas, ele submete as testemunhas e os sobreviventes dos campos de extermínio a perguntas que vão modulando as respostas que ele já trazia prontas e, no entanto, o filme é vendido como o registro da voz da testemunha sem qualquer interferência, notadamente, sem qualquer interpretação ou estetização. O cineasta, e suas tradutoras e equipe técnica, participam diretamente da produção das memórias, suas presenças condicionam os testemunhos, suas perguntas os direcionam, mas tudo isso é negado em nome do registro puro do arquivo, da literalidade do relato.

Corpos a pesar em tudo

Creio que o livro de Georges Didi-Huberman e os cinco fotogramas de que ele trata, bem como o relato de Chil Rajchman, aliado ao filme de Sérgio Tréfaut, pode ajudar a recolar as questões que venho tratando, até aqui, de uma outra maneira e propor respostas um pouco distintas das que vêm sendo dadas pelos dois lados desse debate. Creio que eles ajudam a nuançar e refletir sobre dadas questões, notadamente sobre a questão do lugar do real na narrativa histórica. Creio, no entanto, que mais do que ajudar a constatar a presença ou não do real na narrativa, esses discursos me permitem tematizar uma grande ausência em todo esse debate, em ambos os polos da discussão, a ausência de uma dimensão que constitui o real mesmo dos homens, da vida humana, do ser do homem: a existência do corpo, a materialidade dos corpos, a empiricidade dos corpos, a factualidade e literalidade da presença corporal. Considero que, além dessa discussão sobre o estatuto do real no discurso histórico, o evento "solução final" nos permite pensar o próprio lugar social do ofício de historiador, sobre o que o historiador entrega para a sociedade, qual o seu papel como profissional e como partícipe de uma dada sociedade, vivendo um dado presente e tendo que se posicionar em seu interior, a partir das habilidades e saberes que seu ofício lhe possibilita adquirir, o que seria, por fim, refletir sobre a dimensão ética e política da narrativa histórica, imediatamente colocadas em questão por um evento como a Shoah.

O filme de Sérgio Tréfaut, *Treblinka*, à primeira vista parece comungar da mesma suspeita diante da imagem de seu colega Lanzmann. O filme não oferece uma imagem realista do campo de extermínio, não teatraliza as imagens, nem lança mão do arquivo de imagens sobre os campos de concentração como faz, por exemplo, o filme *A lista de Schindler*, do cineasta Steven Spielberg. Sua ênfase, como no documentário de Lanzmann, é na fala, no testemunho. As imagens são repetitivas e desfocadas, todas parecem estar envoltas por uma neblina, elas vão e retornam como presas em um círculo, não constituindo uma narrativa, um enredo, uma temporalidade linear, elas são fragmentárias e surreais. Elas apenas parecem pontuar ou ilustrar o relato, o testemunho de Chil Rajchman, que é narrado em off, por um concerto de vozes. No entanto, ao contrário do longo documentário do cineasta francês Claude Lanzmann, o filme do cineasta brasileiro enfatiza uma dimensão do testemunho e das testemunhas que está ausente em *Shoah*: o corpo. Durante mais de nove horas, o que vemos enfatizado no documentário é apenas o relato, o testemunho. Os sobreviventes ou testemunhas que depõem não têm seus corpos em destaque, não há nenhuma imagem que remeta ao sofrimento e ao dilaceramento e destruição dos corpos que constitui a dimensão principal do evento "solução final". Nisso o documentário não fica nada a dever em relação às narrativas historiográficas sobre o Holocausto, que esconde o desastre dos corpos sob cifras, números, discussões racionais de motivações, causas, consequências, contextos etc. Assim como Lanzmann, os historiadores são capazes de sair com o avental limpo de sangue da narrativa da Segunda Guerra, um evento que significou a tortura, a mutilação, o sofrimento, o dilaceramento, o extermínio de milhões de corpos humanos. O filme do cineasta brasileiro enfrenta essa aporia do discurso historiográfico, pois o relato de Chil Rajchman é acompanhado de imagens de corpos, inclusive em sua nudez, de corpos confrontados com a máquina, aprisionados em um trem que os levava para a morte.

Mas o próprio relato de Rajchman, como acontece com muitos depoimentos presentes no documentário francês, está centrado na hecatombe sofrida pelos corpos, no sofrimento, na dor, nos espancamentos, no depauperamento, no sangramento, na putrefação e na incineração dos corpos. No entanto, enquanto as imagens do documentário não duplicam ou sublinham as imagens que aparecem nos relatos, delas fugindo, produzindo sua ausência da narrativa imagética da película, o filme do cineasta paulista sublinha e centraliza no corpo o relato que se ouve em off, já que o próprio relato de Rajchman se articula em torno do sofrimento corporal e psíquico trazido pelo massacre a que assiste, sofrimento de seu próprio corpo e dos corpos de seu povo. Ao contrário dos testemunhos presentes no documentário de Lanzmann, o testemunho de Chil Rajchman é escrito ainda durante o evento, atravessado por imagens que relampeiam em instantes de perigo, para usar uma imagem benjaminiana (Benjamin, 2020). As imagens de seu relato não possuem o distanciamento e não são feitas da longa elaboração e da seleção do arquivo que compõem os testemunhos que ouvimos em *Shoah*. Ele não sabe sequer se outros sobreviveram como ele, ele se julga o último judeu, ele pode ser a testemunha única, o único a poder falar sobre o evento inimaginável, seu relato não possui o apoio do arquivo, não sofre o efeito dos filtros do tempo. As imagens que estão presentes no trecho do relato com que abri esse texto nunca se fazem presentes nas narrativas historiográficas. Se lemos a farta bibliografia acerca da Segunda Guerra Mundial, possivelmente nunca saberemos que os corpos que eram gaseificados nas câmaras de gás menores apresentavam uma aparência completamente distinta daqueles que eram gaseificados nas grandes câmaras de gás. Dizer isso seria praticar o voyeurismo do horror? Seria fetichizar os cadáveres ou os corpos dos mortos? Seria produzir imagens perversas, conclamando a um prazer ou a um gozo mórbido? Seria estetizar o genocídio, a dor, o sofrimento, o desastre corporal?

Creio que a discussão levada a efeito pela obra *Imagens apesar de tudo*, do historiador Georges Didi-Huberman, dá respostas a algumas dessas indagações. Sem cair na mistificação realista do arquivo, sem tomar os cinco fotogramas feitos por um membro do "Kommando judeu" de Auschwitz, como uma cópia do real, como um dado empírico, uma prova, uma coisa em si, como a realidade, ele não deixa de considerar que essas imagens nos interpelam, elas emergem como um desafio, uma tarefa e uma possibilidade para os historiadores. A imagem de arquivo convoca que os historiadores, ao contrário do que pensam Lanzmann, Wajcman e Pagnoux, extraiam delas fragmentos de memória, fragmentos de verdade e, principalmente, fragmentos de imaginação e emoção. Sabendo que o arquivo não é um reflexo puro e simples do acontecimento, ele não possui literalidade, ele não é a pura e simples prova da realidade. Ele é prova não no sentido moderno do termo, mas no sentido antigo, aquele sentido presente no texto aristotélico e ignorado por Ginzburg, a prova como provação, como o provável, como o que põe à prova e se põe à prova, como o que se prova, se experimenta. O arquivo nos põe a prova, pois ele nos afeta, nos emociona e comociona. Ele deve ser elaborado mediante recortes incessantes, mediante uma montagem cruzada com outros arquivos. Embora o arquivo exija a sua permanente reconstrução, ele sempre será testemunho de algo, por ser parte do acontecimento, por ter impresso como rastros marcas indeléveis da realidade a que pertenceu, do real do qual proveio. A lógica da prova, com a qual operam tanto os negacionistas quanto os realistas, é aquela centrada na noção de falsificação, de certeza e verdade por constatação, quando a lógica da prova deve ser a da verificação, o de pôr à prova qualquer informação ou qualquer versão que nasça do arquivo. O historiador produz os documentos, mudando-os de lugar e de estatuto, mas isso não desqualifica o arquivo. No caso da Shoah, o historiador tem que tentar conciliar a destruição dos vestígios, com a memória indestrutível da destruição dos corpos.

Creio que, para as discussões que estou fazendo aqui, para as discussões que o texto de Didi-Huberman instaura, o texto mais importante de Barthes não é nenhum desses textos sobre o discurso do historiador, postumamente reunidos no livro *O rumor da língua*, mas sim o livro que ele dedicou à análise do discurso fotográfico, intitulado *A câmara clara* (Barthes, 2008). Nesse livro, Barthes introduz um conceito que me parece mais adequado para nós pensarmos a relação entre real e discurso, real e significação, do que o conceito de *efeito de real*, que me parece remeter mais à construção discursiva de realidades: o conceito de *punctum*. Para Barthes, uma fotografia é produto, como todo discurso, da observância de regras, de códigos de gênero, de época e de estilo, de códigos estéticos, sofre injunções econômicas, políticas, morais, religiosas, ideológicas, é fruto de toda uma montagem, de toda uma preparação, é fruto de um ponto de vista, de um enquadramento, de um enfoque, de uma moldura que ele nomeia de *studium*. No entanto, o discurso fotográfico não escapa da intrusão do inesperado, do não planejado, do não enquadrado, do não focalizado, da irrupção do acontecimento, que seria, justamente, o que ele nomeia de *punctum*. Creio que esse elemento não esperado, não desejado, que pode irromper na fotografia, que pode riscar e deixar sua marca no espaço do fotograma sem qualquer espera ou planejamento, eu chamaria de *irrupção do real*. O real em seu devir, em seu movimento incessante é capturado, por um instante, pelo clique da máquina fotográfica. Assim como a queda, não planejada, da atriz Yoná Magalhães na sequência final do filme do cineasta Glauber Rocha, *Deus e o Diabo na Terra do Sol*, que não foi excluída por ele na montagem do filme: irrupção inesperada do real no interior do discurso fílmico.

Creio que na narrativa testemunhal de Chil Rajchman e no filme *Treblinka* é o corpo, a presença do corpo que remete, que indicia esse real de onde foi possível emergir as representações, o imaginário, as imagens, o relato que elaboram. O corpo, essa última fronteira do humano, o corpo vivo que resiste, que luta contra a morte, que arranca não se sabe de onde energia e potência para defender e afirmar a vida. O corpo que risca e marca esses relatos com manchas de sangue, suor e pus. Corpo que resiste a ser reduzido à condição de lixo, de monte de esterco, como afirmavam os nazistas. O sobrevivente de Auschwitz, Filip Müller, lembra no depoimento que presta a Lanzmann que os nazistas faziam questão de desumanizá-los, chamando-os de porcos, ratos, cães, animalizando-os, o que parecia justificar aos seus próprios olhos aquilo que faziam. Lembra que os membros dos "Kommandos judeus" eram proibidos de se referir aos corpos como vítimas ou cadáveres, eles deviam ser nomeados de figuras. A recusa de nomeá-los como corpos humanos era o início da tarefa de apagamento, de destruição dos vestígios deixados pela matança genocida. Se o vestígio é resto, ele possui a singular condição de, ao mesmo tempo, indiciar a destruição e sobreviver a ela. Ele não é a realidade, porque esta nasce da narrativa que se faz, inclusive com o uso da imaginação, para dar sentido e significado ao que restou. Ele não é o real, mas um cristal de tempo, um suporte, uma matéria em que ele deixou impresso seu rastro. Quando os historiadores fazem os corpos desaparecerem de seus relatos, eles não estariam completando o apagamento da realidade, dos traços deixados pelo real em sua superfície, por mais realista que seja a pretensão de seus relatos, de suas narrativas? Que consequências políticas e éticas têm para nosso ofício esse apagamento? Tirar o corpo fora da narrativa, não o figurar, narrativamente, não é transformá-los em figuras ausentes como queriam os nazistas? É a discussão com que encerrarei esse texto.

Tratando, também, do Holocausto, Paul Ricœur defende que é, justamente, na abordagem de eventos como esse que o historiador não pode adotar uma mera postura realista e racionalista. Para tratar de um evento como esse é que se faria indispensável que o historiador assumisse o caráter figurativo, portanto, poético e retórico de seu discurso, que assumisse que a historiografia é uma refiguração do tempo, do passado, e que, portanto, a decisão sobre que figura, sobre que tipo de figuração e de enredo se escolherá para articular narrativamente um evento como esse é de suma importância ética e política (Ricœur, 2008). Diante do horror, diante das vítimas, o historiador não poderia fazer um discurso pretensamente neutro, irônico, dessacralizador, distanciado. Se o historiador deve se abster de participar da comemoração, da sacralização, da idealização e deificação dos vencedores, não deve fazer de seu discurso louvação, não pode tratar as vítimas, os perdedores, desse mesmo modo. Com eles, o historiador deve expressar proximidade e solidariedade, aproximação afetiva e efetiva. Se o horror seria o avesso da admiração, se a execração seria o negativo da veneração, o historiador deveria adotar outra posição em relação às vítimas que foram feitas pela história. Para Ricœur, a ficção, o imaginário, a dimensão poética e retórica de nosso ofício teriam uma enorme importância na hora de entregar, de fazer passar para o presente a experiência dolorosa e tremenda das vítimas na luta contra o indizível e o inimaginável. Ser capaz de produzir emoção, ser capaz de produzir afeto, seria a tarefa fundamental na hora de se criar solidariedade entre o presente e as vítimas do passado. Não é possível frieza e neutralidade diante de tantos corpos em sofrimento. Expor os corpos em seu dilaceramento é uma forma de fazer efeitos éticos e políticos. Se a tarefa do historiador é pintar cenas, é colocar debaixo dos olhos como algo aconteceu, se é contar o que se passou, o recurso às imagens, o recurso às figuras narrativas é o instrumento privilegiado do historiador diante da figura morta e apagada que o nazista queria fazer dos corpos dos judeus. A história deve retomar de sua origem comum na epopeia, não a sua capacidade de preservar a memória do glorioso, do admirável, mas sim a memória do sofrimento na escala dos corpos. Em vez da fama duradoura, a durabilidade da infâmia. A ficção a serviço de produzir o inesquecível. Só não se esquece aquilo que se sentiu, que se tocou profundamente. Em vez da busca da prova judiciária, da prova entendida como algo material que encerra uma discussão e se constitui em uma certeza, pensar a prova como aquilo pelo qual se passa, na qual se é posto à prova. Mais do que uma mera narrativa explicativa, argumentativa e informativa, o texto do historiador, assim como uma aula de história, deve ser uma experiência, deve colocar o leitor ou assistente à prova, deve fazê-lo provar aquilo sobre o que se fala e, assim, ele se tornará inesquecível. E não há provação do mundo que não passe pelo corpo. Como fazer da historiografia uma prova obliterando o corpo, esse traço do real que teima em se manifestar? A historiografia deve nascer do encontro de corpo e língua com o passado, com aquilo que num gesto inicial nomeamos de passado.

Em seu texto, em dado momento, Didi-Huberman diz que a tarefa do historiador é "fazer passar, entregar algo à comunidade, oferecer à comum medida da linguagem humana, uma palavra para sua experiência, por mais defectível ou disjunta que seja em comparação com o real vivido" (2012, p. 39), restabelecendo, assim, a função de ligação da linguagem. Manusear em conjunto a palavra e o silêncio, a falta e o resto, o impossível e o apesar de tudo, o testemunho e o arquivo, não opondo o arquivo ao testemunho, a imagem sem imaginação à palavra inimaginável, a prova à verdade, o documento histórico ao monumento imemorial. Creio que se queremos pensar sobre qual é a marca do ofício de historiador, qual a sua função social, devemos atentar principalmente para um dos gestos referidos por Didi-Huberman no trecho acima: o de entregar algo à comunidade. A palavra "entregar" vem do latim *integrare*, que significa refazer, reunir o que fora separado, fragmentado. *Integrare* vem da raiz *integer*, que se refere a íntegro, inteiro, não tocado, mesma raiz de onde advém o verbo *tangere*, que significa tocar, alcançar. No espanhol, essa raiz resultou na palavra "enterar", "se enterar", ou seja, se informar, saber das coisas. Podemos dizer que o ofício do historiador tem a função social de tocar, de alcançar as subjetividades daqueles que compõem a sociedade a que pertence. Em vez de falar apenas à razão de seus concidadãos, o historiador deve ser aquele capaz de tocar, de afetar, de alcançar emocionalmente e imaginativamente quem comparte com ele o seu tempo. Seu trabalho é um trabalho de refazimento, de reunião dos fragmentos, dos restos, dos rastros que nos chegam do passado, reunindo o que foi separado, fragmentado, para que façam sentido e sejam sentidos por seus contemporâneos. O historiador é alguém que informa os seus parceiros de vida, que faz eles saberem que algo ocorreu. Mas, acima de tudo, é alguém que os toca, os mobiliza, os retira da apatia, através da empatia com os humanos de todos os tempos. O historiador é alguém que entrega e se entrega o/ao passado. Seu trabalho envolve um trabalho com a linguagem, mas também um trabalho com o corpo. A relação do historiador com o arquivo não é apenas uma relação intelectiva, mediada pelo conceito, mas uma relação sensível, mediada pelos seus sentidos, pela sua corporeidade. São os corpos a pesar em tudo, numa paráfrase a Didi-Huberman. O arquivo não é apenas lido, mas é também vivido. A frequentação do arquivo não é apenas da ordem cognitiva, mas também sensível, imaginativa e emocional. Diante de um arquivo como o constituído pelos testemunhos do Holocausto, coloca-se para o historiador não apenas um desafio conceitual, mas também um desafio sensível. Ser afetado por esse arquivo e utilizá-lo para afetar o outro. A forma como se é afetado tem implicação no tipo de narrativa que dele se fará, de como com ele afetará os demais. Será uma postura distanciada, realista, racionalista a melhor forma de fazer passar para os outros, de entregar à comunidade uma experiência desse arquivo? Se o real é puro acontecimento, um contato com o real que possibilitou o arquivo não implica a coragem de se expor, de uma exposição à surpresa dos encontros e experimentações da vida? A tarefa do historiador é entregar versões da realidade, reunindo seus fragmentos através do uso da narrativa, o que implica amalgamar a experiência do arquivo e o relato. A dimensão política do ofício de historiador é construir narrativamente versões do passado e entregá-las ao uso público, no presente. É constelar imagens do passado com imagens do presente, produzindo no choque dialético alguma iluminação, algum esclarecimento. O historiador se faz obra de sensibilidade, não pode abrir mão dos corpos, nem de seu corpo. Creio que se a historiografia sobre o Golpe de 1964 não foi capaz de afetar suficientemente a sociedade brasileira que, insensibilizada, volta a pedir o retorno da ditadura militar, é porque ela tornou a tortura um mero conceito abstrato, só uma palavra, à medida que se recusou a trazer para a narrativa os corpos sendo torturados, os corpos feridos, violados, violentados, esmagados, mortos, seviciados, incinerados, afogados, desaparecidos, vilipendiados, humilhados. Os textos não produziram a experiência, o experimento, a prova do que seria ser torturado. Com medo de empenharem seus próprios corpos, emocionalmente sensíveis, na construção desses relatos, construiu-se uma historiografia insensível, um discurso historiográfico incapaz de entregar à sociedade um relato aberto aos encontros inesperados e dolorosos com o real, que um dia possibilitou a existência dos corpos esmagados e doloridos que deixaram seus rastros na documentação, mas que se ausentam da narrativa histórica. O ofício do historiador mobiliza o uso da linguagem, da narrativa, mobiliza o uso do arquivo, misto de linguagem e materialidade, de linguagem e rastros de gestos e ações, de sofrimentos e peripécias em que se empenharam os corpos, mobiliza o uso do próprio corpo do historiador, sua sensibilidade e sua imaginação, sua memória e sua intelecção. O ofício de historiador implica entregar um passado e se entregar ao passado de corpo e língua.

Referências

ARISTÓTELES. *Retórica*. São Paulo: Edipro, 2017.

BARTHES, R. *Michelet*. São Paulo: Companhia das Letras, 1991.

BARTHES, R. *O rumor da língua*. 2. ed. São Paulo: Martins Fontes, 2004.

BARTHES, R. *A câmara clara*. Lisboa: Edições 70, 2008.

BENJAMIN, W. *Sobre o conceito de história*. São Paulo: Alameda, 2020.

CERTEAU, M. *História e psicanálise*: entre ciência e ficção. Belo Horizonte: Autêntica, 2011.

DELEUZE, G.; GUATTARI, F. 7000 A.C. – Aparelho de Captura. *In*: DELEUZE, G.; GUATTARI, F. *Mil platôs*: capitalismo e esquizofrenia. São Paulo: Editora 34, 1997. v. 5, p. 97-156.

DIDI-HUBERMAN, G. *Imagens apesar de tudo*. Lisboa: KKYM, 2012.

GINZBURG, C. *Unus testis* – O extermínio dos judeus e o princípio da realidade. *In*: GINZBURG, C. *O fio e os rastros*: verdadeiro, falso, fictício. São Paulo: Companhia das Letras, 2007. p. 210-230.

GINZBURG, C. Sobre Aristóteles e a história, mais uma vez. *In*: GINZBURG, C. *Relações de força*: história, retórica, prova. São Paulo: Companhia das Letras, 2002.

LACAN, J. Le séminaire, livre XXII: RSI (1974-1975). [Seminário inédito, transcrição em francês por] Patrick Valas. *Patrick Valas*, [*s. l.*], maio 2014. Disponível em: http://www.valas.fr/Jacques-Lacan-RSI-1974-1975,288. Acesso em: 18 set. 2024.

LANZMANN, C. Holocauste, la representation impossible. *Le Monde*, Paris, 3 mar. 1994. Disponível em: https://www.lemonde.fr/archives/article/1994/03/03/a-propos-de-la-liste-de-schindler--dernier-film-de-steven-spielberg-holocauste-la-representation--impossible_3801953_1819218.html. Acesso em: 18 set. 2024.

NIETZSCHE, F. Considerações extemporâneas. *In*: NIETZSCHE, F. *Obras incompletas*. 5. ed. São Paulo: Nova Cultural, 1991. v. II.

PAGNOUX, É. Reporter photographe à Auschwitz. *Les Temps modernes*, Paris, v. 56, n. 613, 2001. p. 84-108.

RAJCHMAN, C. *Eu sou o último judeu.* Rio de Janeiro: Zahar, 2010.

RICŒUR, P. *Tempo e narrativa.* Campinas: Papirus, 1997. Tomo III.

RICŒUR, P. *A memória, a história, o esquecimento.* Campinas: Editora da Unicamp, 2008.

VIDAL-NAQUET, P. *Los judíos, la memoria y el presente.* Cidade do México: Fondo de Cultura Economica, 1996.

WAJCMAN, G. *El objeto del siglo.* Madrid: Amorrortu, 2001.

WHITE, H. Trópicos do discurso: ensaios sobre a crítica da cultura. São Paulo: Edusp, 1994.

WHITE, H. Enredo e verdade na escrita da história. *In*: MALERBA, J. (org.). *A história escrita*: teoria e história da historiografia. São Paulo: Contexto, 2006. p. 191-210.

Narrar vidas, sem pudor e sem pecado

As carnes como espaço de inscrição do texto biográfico ou como uma biografia ganha corpo

No texto biográfico, trata-se de narrar uma vida. Trata-se do encontro entre um ente carnal e uma escrita que quer sobre ele algo dizer. Na escrita biográfica, trata-se sempre de buscar a aproximação entre a carne e a letra, sem que se possa obliterar o espaçamento entre elas. Na escrita biográfica, busca-se encontrar uma identidade entre o enunciado e um corpo que ele enuncia e anuncia, sem que se possa denegar a diferença que separa o que se diz daquele sobre o qual se diz. A busca de fazer do narrado uma cópia daquilo que se narra induz a tornar o texto biográfico uma denegação dupla, do narrado como narração e das carnes que se narram. O texto biográfico parece estar sempre assombrado por um duplo pudor: como uma pretensa cópia daquele que diz, esconde-se o trabalho na linguagem que o constitui; como uma narrativa sobre uma personagem ou persona de um texto, fecham-se os olhos para sua dimensão carnal, para sua dimensão erótica. O texto biográfico parece assaltado pelo medo do cometimento de um duplo pecado: por um lado, o pecado de não ser capaz de dizer suficientemente como foi essa vida da qual se fala, à qual se refere; por outro lado, o pecado de dizer mais de perto essa vida, no que ela tem de carnal, de corpórea. O texto biográfico parece oscilar entre a ênfase na letra e a ênfase na carne. Ele pendula entre esses dois espaços de inscrição: a inscrição no espaço do texto e a inscrição no espaço das carnes. Qual o espaço a se privilegiar no momento de se escrever a biografia histórica de uma vida: o espaço do texto ou o espaço das carnes? O espaço do dito, do escrito ou o espaço do feito, do vivido? Como operar essa difícil separação entre a carne e a letra, se as carnes só nos chegam ditas pelas letras? Como nos apercebermos dos fugazes momentos em que as carnes mancham as letras, em que as carnes tocam as letras, nas quais elas deixam suas máculas nas palavras?

Para abordar essas difíceis questões, que obliteram as certezas que, quase sempre, acompanham a escrita de uma biografia: a certeza de que aquela escrita se referencia numa vida; que essa vida habitou o fora do texto; que essa vida, que antes foi carne, pode agora se transmutar em letras, sem solução de continuidade; que escrever uma biografia é trazer, para o interior do texto, uma vida que habitou o seu exterior, naquilo que ela teve de mais significativo, do que costuma estar excluída, justamente, a sua condição de ser carnal, ou seja, o paradoxo de ser a escrita de uma vida que só existe como encarnada, mas que se diz por aquilo que transcende a carnalidade, vou lançar mão do livro autobiográfico de um dos maiores pensadores sobre o gesto da escritura, sobre o gesto de escrever, de narrar, do século passado: o livro *Roland Barthes por Roland Barthes* (2009). Ter escrito um texto biográfico parece um paradoxo para um autor que, sobre o gesto de escrever literatura, proferiu enunciados como este: "Entendo como literatura, não um corpo ou uma sequência de obras, mas a inscrição complexa dos traços de uma prática: a prática de escrever" (Barthes, 2017, p. 135).

Ou que, acerca da escrita proustiana, afirmou: "Não existe autor, nem personagem, existe apenas a escritura" (2017, p. 136). Como pôde Barthes se propor a escrever algo sobre sua vida, se o gênero de escrita biográfica, como ele estava cansado de saber, pressupunha a existência de um referente fora da escritura e que esse referente era, pretensamente, a vida de um ser de carne e osso, situado em dado espaço e em dado tempo precisos? Se ele pressupõe a existência de um autor e de um personagem? Analisar como Barthes escreveu sobre si mesmo talvez nos dê uma pista de como podemos – mesmo sabendo da incomensurabilidade entre escritura e vida, entre carnes e letras – nos aventurar no campo da escrita biográfica e como trazer para ela a dimensão espaçotemporal e a dimensão carnal da existência.

Roland Barthes nunca deixou de associar desejo e escritura. Para ele, a literatura, a escrita, qualquer gênero narrativo, nascem do desejo de escrever. O primeiro encontro entre carnes e letras se dá no fato de que ambas são habitadas pelo desejo. É ele que conecta e atravessa nossas carnes e o que escrevemos. O desejo de escritura habita nossas carnes, a escritura não é algo que remeteria, apenas, a uma inteligência, a uma racionalidade, a uma atividade técnica, alheia aos desejos. Tanto o desejo de escritura quanto o desejo das carnes nada tem a ver com um sujeito racional, autoconsciente, com um Eu egoico, autocentrado, um sujeito que se reconhece como autor do que escreve. Tanto as carnes como a escrita são aquilo que ele denomina de neutro, lugares de esfacelamento, de questionamento de toda a identidade. Os desejos das carnes, assim como o desejo de escritura, põem em perigo os sujeitos, põem em questão os arranjos de corpos que fabricamos tanto com carnes como com letras. Os desejos das carnes, entre eles, o desejo de escritura, são desterritorializantes e dessubjetivantes, eles estão na contramão da construção de identidades de sujeito, na contracorrente da elaboração de imagens organizadas e racionalizadas de um pretenso si mesmo. As carnes, como a escritura, possuem – o que Maurice Blanchot nomeou de potência de infinito – a abertura para possíveis, que se estabilizam em corpos, identidades, sujeitos e nos textos que os pretendem dizer e que inventam e fabricam lugares como os de autor e personagem, que dão estabilidade e identidade às carnes e aos sentidos em deriva. As letras podem voltar-se sobre si mesmas, podem proliferar independentemente de um fora que as venha convocar, mas, para isso, elas precisam estar habitadas por um desejo humano, que as liga às carnes desejantes que as bordejam, que, através delas, podem também viajar para longe de si mesmas e se proliferar infinitamente. A cada vez que citamos um texto, mesmo que de um autor cujas carnes estão mortas, seus desejos, os desejos que habitaram aquelas carnes, voltam a se efetivar de modos totalmente novos.

Quando escreveu seu texto biográfico, Roland Barthes não estava tentando dizer quem foi ele, que personagem, que sujeito, que autor, que intelectual foi, mas tentando dizer como e por que os desejos de suas carnes eram inseparáveis de seu desejo de escritura, ele buscava cartografar os efeitos que seu desejo de escritura teve sobre suas carnes, como o desejo serviu de transversal entre sua vida e sua escritura, como sua vida era ininteligível sem o gesto de escrever e como esse gesto se situava entre suas carnes e as letras. Não haveria Roland Barthes sem suas carnes e sem as letras, e sem o desejo que as conectava. Mas justamente o fato de ter feito de sua vida escritura era o que o impedia de dizer quem foi ou era Roland Barthes. Vivendo de dois desejos infinitos, nunca satisfazíveis, de duas derivas infindas, a das carnes e a das letras, um sujeito nomeado Roland Barthes não podia ganhar estabilidade e identidade senão através da ilusão desse nome, dessa nomeação contínua e permanente. *Roland Barthes por Roland Barthes*, como o próprio caráter fragmentário e aforismático do texto indicia, não é um texto em que o Roland Barthes escritor se debruça sobre o Roland Barthes de carne e osso, sobre o que seria o segredo de sua vida e de seus textos, mas é um relato de como o desejo de escritura, que aguilhoou suas carnes, durante toda a vida, se materializara na busca interminável de escrever, que dilacerara e despedaçara qualquer imagem de inteireza que pudesse dar de seu ser. Quanto mais escrevia, mesmo em seu texto biográfico, mais para longe de um si mesmo se encontrava. O escrito biográfico, em vez de prometer o encontro com o sujeito da própria escritura, no caso de uma autobiografia, era mais uma camada de texto, mais uma narrativa que o levava para mais longe desse improvável encontro. Em vez do texto apaziguador da ilusão biográfica, o texto transtornador do biográfico como ficção e fricção de si, de suas carnes com suas escrituras. Se nas Escrituras o Verbo se fez carne, na escritura as carnes se fazem verbo, não para ser a expressão da verdade do Ser, mas para dar a ele novas e variadas versões.

Para Barthes, como diante de qualquer texto, a pergunta perante uma biografia nunca deveria ser pelos mistérios sobre o autor que ela esconde, mas do porquê ele ter escrito aquele texto daquele modo e não de outro. Um historiador diante de um texto biográfico, antes de ir em busca do sujeito que ele esconde, das verdades sobre o autor que ele revela, deveria olhar para a própria forma em que ele está vazado, olhar para a pele do texto e se interrogar sobre os desejos que ele deixa passar. A erótica do texto, o prazer que o texto provoca remetem e indiciam a erótica e o prazer de quem lhe deu origem, no momento e no ato mesmo de escrevê-lo. O historiador age diante de uma biografia como faz, comumentemente, diante de qualquer documento: só se pergunta por aquilo que, no texto, remete para um fora dele, sem atentar que não existe nenhum fora do texto que já não habite o próprio texto e deixe nele suas marcas. Os historiadores tendem a ficar cegos diante da espessura mesma do texto, para só ver o que através dele remeteria para um fora, uma realidade, um sujeito, um corpo. O corpo do texto é, no entanto, o espaço onde as carnes em coalescência com as letras formam corpos, dão formas a dados corpos. A biografia desenha um corpo de sujeito com o auxílio das carnes e das letras, atravessadas pelo desejo de escritura e de vida. Na escritura moderna já não se poderia escrever o Eu, pois ele carece de estabilidade, de permanência, de unidade, de continuidade, de identidade, por isso o escrito biográfico moderno é o espaço de um sujeito que aparece estilhaçado, fragmentado, incoerente, desconexo, descontínuo, cheio de ambiguidades e atravessado pelas diferenças.

Logo na abertura de *Roland Barthes por Roland Barthes*, a reprodução de um trecho manuscrito pelo autor afirma: "Tudo isso deve ser considerado como dito por um personagem de romance" (2017, p. 11). Para Barthes, o sujeito do texto biográfico, seu autor, era tão ficcional como um personagem literário. Ele não quer com isso dizer que não haja um corpo de carnes no princípio do texto biográfico, mas ele dá desse corpo imagens, simulações, fantasmas, fantasias, memórias. O texto biográfico, como todo texto alegórico, padece da ambiguidade dos sentidos e das multiplicidades da significação. O sujeito em sua realidade carnal nunca se parece com o sujeito em sua realidade de letras; há uma distância intransponível entre ser carne e ser letra. Nem mesmo a fotografia nos devolve nosso ser tal como ele é; ela nos oferece uma imagem congelada de nós mesmos. Tal como advogara Merleau-Ponty (2018), só nos vemos através do olhar do outro. Nunca conseguimos ter uma imagem completa de nós mesmos, porque nunca podemos nos ver de fora de nossas próprias carnes. Seres encarnados que somos, usamos as letras como forma de produzir uma imagem inteiriça de um Eu que nem em situação de encarnação podemos ter. Como nos diz Barthes, a nossa relação com nossas carnes passa sempre pelo imaginário, assim como o desejo e a escritura. A escritura biográfica reúne carnes, desejo e imaginário na elaboração de um corpo, assim como convoca memórias e fantasias. Aprendemos com Barthes que o sujeito do texto biográfico é o fantasma de um corpo feito de carnes, enunciados e imagens. Ele é um duplo, uma sombra, um espectro, um outro que sempre habita e assombra esse texto que busca encontrar um semelhante e uma semelhança de fundo entre vários momentos de um corpo recoberto por um mesmo nome. O sujeito biográfico se diz pela ausência, nas brechas que abre no texto para a circulação do desejo, para as máculas das carnes. O sujeito biográfico é produzido na pergunta incessante pelo Eu que ele traça, na sua presença ausente, como um sujeito que está ali do lado, que esteve ali do lado, com suas carnes e seus desejos, e tocou e se trocou por aquelas linhas.

O texto autobiográfico, como *Roland Barthes por Roland Barthes*, troca aquela certeza de saída de que ali existe a presença de um sujeito, de um Eu, de um autor que fala e escreve sobre si mesmo, pela pergunta que não para de ressoar e estranhar: sou eu? Sou eu que escreve, sou eu sobre o que se escreve? Que Eu é esse que escreve, que Eu é esse sobre o qual se escreve? O texto autobiográfico não encenaria um reencontro entre o ser de carne e o ser de letras, mas colocaria em questão esse próprio ser. A escrita autobiográfica seria uma fuga de si, e não um reencontro consigo mesmo. Ele indicia isso no texto ao se referir a si através de quatro posições distintas de sujeito. Em vez de estruturar o texto em torno das posições binárias de um Eu que conta sua vida e de um Eu que tem sua vida contada, de um Eu que interpela e fala ou é falado por um Tu; ele se coloca muitas vezes como sendo Ele, uma terceira pessoa de si mesmo, que se insinuaria em dadas cenas e, além disso, em muitas notas, ele é referido apenas como RB, um terceira pessoa ainda mais indefinida, quase um anônimo de si mesmo, como um outro, um estranho que nele habita. Falando de si mesmo em terceira pessoa, ele afirma:

> Ele recorre frequentemente a uma espécie de filosofia, vagamente intitulada de *pluralismo*.
> Quem sabe se essa insistência no plural não é uma maneira de negar a dualidade sexual? A oposição dos sexos não deve ser uma lei da Natureza; é preciso, pois, dissolver as confrontações e os paradigmas, pluralizar ao mesmo tempo os sentidos e os sexos: o sentido caminhará para sua multiplicação, sua dispersão (na teoria do Texto), e o sexo não ficará preso a nenhuma tipologia (por exemplo, não haverá mais do que homossexualidades, cujo plural desmontará todo discurso constituído, centrado, a tal ponto que lhe parece até inútil falar disso) (Barthes, 2017, p. 71).

Nessa passagem, é nítida a relação entre carnes e letras, desejo e escritura. Entre o que seria uma visão pluralista do sujeito, do Eu, da identidade e a recusa que seu desejo homossexual promove dos binarismos de sexo. Os desejos equívocos de suas carnes levando à diversão dos sentidos em suas letras, em seus escritos. O descentramento do sujeito no texto acompanha o desejo de descentramento do binarismo de sexo como definidor dos lugares de sujeito na ordem social a que pertencia. Sua escrita autobiográfica aspira, assim, a dissolver as confrontações e os paradigmas que presidem à atribuição de identidades de gênero em nossa cultura. É como se o texto autobiográfico, em vez de pretender dotar de figurabilidade cada vez mais nítida e distinta esse Eu, esse sujeito, fosse escrito no sentido de ir gerando o apagamento, e não o avivamento dessa figura. Em vez de personificar ou pessoalizar um sujeito, esse escrito deveria ir despersonalizando, dessubjetivando esse sujeito. Entre o Eu, o Tu, o Ele, e o RB, o autor vai usando os pronomes em oposição ao nome, vai pronominando para ir desnomeando o sujeito que fala, que ocupa e oscila entre várias posições de sujeito, dispersando-se entre esses lugares de localização subjetiva. Numa entrevista dada acerca do livro ele diz:

> Eu quis tecer uma espécie de cintilação de todos esses pronomes para escrever um livro que é efetivamente o livro do imaginário, mas de um imaginário que tenta se desfazer, no sentido que se desfaz um estofado, se esfiapar, se despedaçar através das estruturas mentais que não são apenas aquelas do imaginário, sem serem tampouco a estrutura da verdade (Barthes, 1974).

Apoiado nas reflexões de Jacques Lacan sobre as relações entre carnes, desejo, escritura, simbólico e imaginário, sobre o sujeito, o desejo e a linguagem, toma a escrita biográfica como a encenação do imaginário sobre um ser de carne e desejo. Para mim, o que a experiência autobiográfica de Barthes sugere, para nós historiadores, é que fazer uma biografia histórica de alguém é sempre fazer uma contrabiografia, tomando emprestada a ideia de uma contra-história da filosofia de Michel Onfray (2008). Fazer uma contrabiografia é deslindar o imaginário que dá forma a um corpo escrito, a um corpo escrito com letras em sua remissão e referência a um ser de carnes. É partir desse corpo escrito, é o ir destripando, o ir desfiando, o ir despedaçando, reduzindo-o a um amontoado de fragmentos. Em vez de, como comumente fazem os historiadores, partir de fragmentos, de restos, de rastros, de sinais e ir dando forma a um corpo escrito inteiriço e unitário, é fazer o caminho inverso, partir das figuras de sujeito que os escritos desenham e desmontá-las peça por peça. O papel do historiador não seria de dotar de verdades e certezas dadas vidas, dados corpos, dados sujeitos, mas de os lançar sempre na incerteza, na dúvida, no questionamento: serei eu? Isso será um Eu? A própria forma de escrever uma biografia histórica requer mudança, deixando de se adotar a forma inteiriça e contínua de uma narrativa romanesca, para assumir o fragmentário, o descontínuo das notas, dos aforismas, das máximas e das frases curtas e de efeito. Para a produção de uma imagem descontínua do sujeito, é fundamental a ruptura com a forma contínua de escritura. Disseminar, pulverizar a escritura como forma de des-homogeneizar a imagem do sujeito, de sua vida.

A escrita de uma biografia histórica não deve buscar ser um texto que contém e delimita uma vida, mas ser a busca por aquilo que nela a excede. A escrita biográfica não deve ser aquela que fecha, que limita, mas aquela que abre o ser para derivas, para derivações e diversões. Daí ser fundamental que ela se inicie pelas carnes, que ela tome as carnes como o espaço de inscrição de uma vida que sempre busca se exceder. Era assim que Georges Canguilhem (2012) definia a vida: ela é tudo aquilo que busca se exceder. Estar vivo é a busca de ir além de si mesmo. A vida trabalha em fluxo, em linhas de criação e inventividade, a vida não aceita limites, a vida é aquilo que transborda, que transgride, que extrapola fronteiras. A vida fenece em sua busca de se afirmar, ela é risco de morte, pois não cessa de trabalhar em direções que podem ser letais. As carnes, que são a vida em nós, enquanto estão vivas, buscam o excesso de si mesmas. Uma biografia nunca pode pretender conter uma matéria que se expressa no excesso, na exceção, no excedente. A vida está sempre em excesso em relação a qualquer discurso que pretenda dizê-la. Como nos diz Barthes, a carne se perde e escorre quando se escreve o texto. O corpo que escreve não é o mesmo corpo que é escrito, ele foge na hora da escritura. O corpo da escritura parte das carnes de quem escreve, mas as transmuta no corpo imaginário de sua ficção. Em *Sade, Fourier, Loyola*, publicado em 1971, um livro que parecia ser um retorno de Barthes a noções como autor e biografia, indiciados pelos nomes que se perfilam no título, ele escreve:

> O autor que volta não é certamente aquele identificado por nossas instituições (história e ensino de literatura, da filosofia, e o do discurso da Igreja); não é nem mesmo o herói de uma biografia. O autor que vem de seu texto e entra em nossa vida não tem unidade; ele é um simples plural de "charmes", o lugar de alguns detalhes pinçados, um canto descontínuo de amabilidades [...] (Barthes, 2005, p. 12).

Ao contrário do que costumam fazer os historiadores, Barthes nos convida a não pressupormos um autor que antecede o texto e que já possui a inteireza de um corpo antes de escrever. Ele nos convida a procurar a imagem de autoria, de sujeito-autor, que se desenha ao rés do próprio texto. Ele nos convida a pensar o corpo que aquele texto figura, em suas aparições fragmentárias, em seus charmes, em suas amabilidades. No estilo do texto seria possível mapear uma estilística do autor, das carnes transformadas em corpo de quem escreve. A atenção ao detalhe, ao anedótico, ao ato falho, ao sintoma, ao momento em que o desejo de escritura se conectou com os desejos das carnes, ao momento em que a escrita fez passar o desejo carnal, quando o imaginário é tocado pelo real, no sentido lacaniano. Em vez da remissão à ideia de um sujeito soberano e consciente que se posta antes e fora do texto, como origem unívoca de sua escrita, pensar um sujeito que se insinua, que se fabrica e se perde no instante mesmo em que escreve, que se descontinua, que se segmenta, que se esquizofreniza no ato de escrever.

Um sujeito que escreve com as carnes não é um sujeito que se encontra, mas um sujeito que se perde em meio a sensações e sentimentos. Dar prioridade às carnes na hora de escrever uma biografia histórica é colocar em segundo plano as racionalizações *a posteriori* feitas pelo sujeito e privilegiar as sensações, as emoções, as paixões, os sentimentos que o ameaçaram de se perder, de se desviar de um (dis)curso. Em dado momento de seu escrito autobiográfico, Barthes afirma que seu corpo só existe para ele sob duas formas: a enxaqueca e a sensualidade. Somente através do que ele considera "o primeiro grau da dor física", a enxaqueca e a mera sobra do gozo, que seria a sensualidade, ele pensa e produz um corpo. As carnes só se fazem presentes para si, as carnes só denunciam sua existência através da dor e do prazer que, no seu caso, são dores e prazeres comezinhos e comedidos, nada favoráveis à criação de um corpo glorioso ou maldito. E conclui, na contramão das imagens de corpos que são comuns serem construídas por escritos biográficos:

> Por outros ternos, meu corpo não é um herói. O caráter leve, difuso, da dor ou do prazer (a enxaqueca também *acaricia* certos dias meus) opõe-se a que o corpo se constitua como lugar estranho, alucinado,

sede de transgressões agudas; a enxaqueca (chamo assim, de modo inexato, a simples dor de cabeça) e o prazer sensual são apenas cenestesias, encarregadas de individualizar meu próprio corpo, sem que ele possa glorificar-se com nenhum perigo: meu corpo é debilmente teatral para si mesmo (Barthes, 2017, p. 74).

Devemos lembrar como Barthes fez das dores e dos prazeres das carnes, inclusive das enxaquecas, do que chamou de "uma rede organizada de obsessões", o ponto de partida para a análise do que nomeou de "estrutura da existência", do historiador Jules Michelet. Ele descreve o livro, que resultou de sua pesquisa para uma tese de doutorado nunca concluída, como uma busca de oferecer, mais ou menos, todos os retratos de Michelet, autorizando-se a utilizar em seu escrito o mesmo olhar apaixonado com que o célebre historiador romântico interrogou todo objeto histórico. A primeira frase do livro, que parece se alojar no gênero biográfico, diz: "O leitor não encontrará nesse pequeno livro nem uma história do pensamento de Michelet nem uma história de sua vida, e muito menos a explicação de uma pela outra" (Barthes, 1991, p. 9). Ou seja, na contramão do que costumam fazer os historiadores quando escrevem biografias, Barthes foge de explicar a vida de um homem através de seu tempo, de seu contexto, assim como foge de explicar o pensamento de uma pessoa como mero resultado de sua vida. Ele não duvida que a obra de Michelet é produto de uma história, mas se propõe a fazer não uma história ou uma biografia, mas o que intitulou de "museu imaginário" de Michelet. Mais uma vez, se vê aqui a recusa da ideia de unidade, de continuidade, de identidade. Ele busca, nesse texto, como se tornará uma marca do estruturalismo, do qual foi um dos expoentes, a coerência na dispersão. Trata-se de escolher algumas peças, trata-se de recortar e colecionar, trata-se de colocar lado a lado, trata-se de produzir um arranjo, trata-se de descobrir nexos e de desenhar figuras de conjuntos em meio à profusão de elementos que compõem a vida e a obra de Michelet, que povoam o seu museu imaginário. Ao final, em vez de termos uma imagem única e um perfil bem recortado do famoso historiador, o que teríamos seria uma galeria de seus possíveis retratos, dos quais não está ausente a imaginação, a ficção.

É muito significativa, como sempre, a pequena frase do historiador eminente que aparece como epígrafe ao livro: "Eu sou um homem completo, tendo os dois sexos do espírito" (Barthes, 1991, p. 5). Assim como Barthes, nessa pequena frase Michelet parece abolir a separação, o dualismo, entre carne e espírito, entre carne e letra, entre desejo e escritura. Não é apenas as carnes que são sexuadas, os espíritos também. As carnes, o sexo, o desejo, são inseparáveis dos feitos do espírito, entre eles, aquele a que se dedicou tanto o historiador, quanto o crítico literário: a escritura. A paixão de Barthes por Michelet talvez tenha nascido dessa frase, que questiona não apenas a separação entre carnes e letras, como também o binarismo sexual. Para Michelet, assim como para Barthes, a escrita, como produto do espírito, transcendia o binarismo de sexo. Como homossexual, Barthes deve ter admirado a coragem do seu antecessor de afirmar que seria um homem completo por trazer os dois sexos em seu espírito, por se afirmar, quanto às letras, um ser capaz de se colocar tanto no masculino quanto no feminino. Mas esse questionamento dos binarismos de sexo e gênero, que costumam ser tomados como ponto de partida para se escrever biografias, são acompanhados, em Barthes, pelo questionamento da própria unidade dos corpos. Se as carnes, nas quais se fazem presentes os sexos, não são binárias, não são facilmente reduzidas a uma unidade; os corpos que, para ele, não se reduzem às carnes, mas possuem elementos simbólicos e imaginários, ainda são menos redutíveis a unidades e coerências. Falando de seu próprio corpo, e citando seu livro *O prazer do texto*, ele afirma:

> "Que corpo? Temos vários" (PIT, 39). Tenho um corpo digestivo, tenho um corpo nauseante, um terceiro cefalálgico, e assim por diante: sensual, muscular (a mão do escritor), humoral, e sobretudo: *emotivo*: que fica emocionado, agitado, entregue ou exaltado, ou atemorizado, sem que nada transpareça. Por outro lado, sou cativado até o fascínio pelo corpo socializado, o corpo mitológico, o corpo artificial (o dos travestis japoneses) e o corpo prostituído (o do ator). E, além desses corpos públicos (literários, escritos), tenho, por assim dizer, dois corpos locais: um corpo parisiense (alerta, cansado) e um corpo camponês (descansado, pesado) (Barthes, 2017, p. 74).

Esses vários corpos, distintos até quanto à leveza e ao pesadume, não podem estar contidos em uma narrativa identitária e continuísta. Por isso, Roland Barthes privilegia em seus escritos biográficos não a cronologia, mas as sensações relacionadas ao próprio tempo e ao próprio espaço. Sua infância na cidade de Baiona não é feita de referências a datas ou eventos históricos. Sua condição infantil é indiciada por sua visão das coisas e do mundo, por carnes que fazem corpo em mistura com a natureza, com os objetos e as coisas. Um corpo que não se organiza, ainda, racionalmente, como um ser distanciado e distinto dos outros seres que habitam o mundo. Suas carnes fazem corpo com tudo à sua volta e, talvez por isso, só da infância guarde essa imagem de inteireza e completude. A adultez, como a racionalidade, é a perda de um corpo, e o retorno triste de suas carnes à condição de solidão. Como dirá também Blanchot, da solidão das carnes e do desejo de encontrar-se novamente uma unidade perdida na fabricação de um corpo é que nasce o desejo de escritura, que se proliferará à medida que sempre frustra esse desejo (Blanchot, 2011). A escrita biográfica e autobiográfica é a tentativa, muitas vezes última e desesperada, de dizer um si mesmo que se esvai e se aproxima perigosamente da morte. Escreve-se para não morrer, e morre-se escrevendo. Morre-se, às vezes, como morreu Barthes, atropelado por uma furgoneta, saindo da universidade, no acidente fatal em que seu corpo voltou a ser apenas carnes sem vida. A partir dali, dessas carnes só restam o desejo de escritura, que se espalhou e se materializou por milhares de páginas e é a partir delas que podemos nos interrogar sobre que desejos e sobre que carnes estiveram em seus começos e com elas fizeram corpo.

Ele abre o livro *Roland Barthes por Roland Barthes* com um conjunto de fotografias e imagens que remetem à sua infância e juventude. A escolha, segundo Barthes, não se fez em busca da construção de uma imagem evolutiva e linear de sua corporeidade, como é comum nas fotobiografias. Essa escolha obedeceu a uma cota de prazer que o autor quis oferecer a si mesmo. Foram escolhidas as imagens que mais o fascinavam, que mais o sideravam, sem que ele soubesse do porquê. O princípio do prazer é aquele que organiza seus textos e as imagens que deles fazem parte, princípio egoísta, colonizado pelo imaginário. Apenas as imagens da infância e da juventude o fascinavam. Juventude que não foi infeliz pela afeição que a cercava, mas que foi bastante dura por causa da solidão e das carências materiais. Não há no gesto biográfico de Barthes, como é comum a textos desse gênero, nenhuma nostalgia ou saudosismo em relação ao passado. Não é uma imagem nítida e encantada dos tempos de infância ou juventude que essas imagens projetam, mas algo mais turvo e indeciso. Fazer uma contrabiografia é não tomar o gesto biográfico como aquele capaz de iluminar e traçar um perfil claro de uma vida, de uma obra, de um pensamento, mas é introduzir, nessas vidas, zonas de sombra, de indefinição, de ambiguidade, de turvação. Para Barthes, a imagem é da ordem do gozo, assim como a própria autoimagem, porque as imagens são inseparáveis das carnes das coisas e dos entes humanos ou não humanos. Ele lembra, para quem usa imagens na produção de um trabalho biográfico, que as imagens não nos devolvem um sujeito unitário, um sujeito de carne e osso, mas fantasmas e fantasias de sujeitos que se apoiam em índices vindos das carnes de alguém que é e não é mais quem as olha, imagens de um corpo sempre outro, sempre apartado e fissurado do corpo que as mira. A identidade biográfica, para ele, é da ordem do desejo, do gozo, da imaginação, da ficção e do sonho, mais do que da memória ou da história, embora elas não estejam desligadas dessas dimensões da vida humana. Ele diz:

> Quando a meditação (a sideração) constitui a imagem como ser destacado, quando ela a transforma em objeto de um gozo imediato, não tem mais nada a ver com a reflexão, por sonhadora que fosse, de uma identidade; ela se atormenta e se encanta com uma visão que não é de modo algum morfológica (eu nunca me pareço comigo), mas antes orgânica. Abarcando todo o campo parental, a imageria age como um médium e me põe em relação com o "isto" de meu corpo; ela suscita em mim uma espécie de sonho obtuso, cujas unidades são dentes, cabelos, um nariz, uma magreza, pernas com meias compridas, que não me pertencem, sem no entanto pertencer a mais ninguém: eis-me então em estado inquietante de familiaridade: vejo a fissura do sujeito (exatamente aquilo de que ele não pode dizer nada).

Disso decorre que a fotografia de juventude é, ao mesmo tempo, muito indiscreta (é meu corpo de baixo que nela se dá a ler) e muito discreta (não é de "mim" que ela fala) (Barthes, 2017, p. 13-14).

Nas imagens, a carne deixa seus traços, suas manchas, suas impressões. O não dito do corpo, o desejo, as pulsões, fazem sintomas que se dão a ler, como nas imagens feitas de letras. Mas a leitura de sinais, de sintomas, de fantasmas, como nos ensinou Aby Warburg (2015) e Georges Didi-Huberman (2015) não nos leva à coerência de uma verdade ou à descoberta de um sentido primeiro e de fundo. A pretensão da história biográfica de descobrir a verdade do sujeito já foi há muito oficialmente abandonada, embora continue presente numa dimensão inconsciente da escrita do historiador. As imagens não nos devolvem o sujeito em sua inteireza, mas nas fissuras que o dilaceram e proliferam. As imagens não são da ordem do reconhecimento, mas do estranhamento e da imaginação. O mesmo se dá na relação entre carnes e letras. Não há aí qualquer possibilidade de identidade, nem mesmo a reflexão pode fazer as carnes e as letras se encontrarem. Ela nos dá versões disparatadas de um mesmo nome e de fragmentos de carnes em transformação, que se dizem o corpo desse nome. As pernas das carnes infantis já não se reconhecem nas pernas peludas e cansadas das carnes do escritor consagrado. Aquele mesmo olhar profundo e cansado já não é motivado pelas mesmas atividades e emoções. A calva lustrosa nada mais tem a ver com aquela franja loura e caída sobre a testa que lhe olha do interior de uma fotografia de aniversário infantil. A contrabiografia, portanto, não é a devolução de uma imagem perdida, de uma imagem que se formou e evoluiu com o tempo, mas é a devolução de uma imagem inteiriça de um dado sujeito à sua dispersão, no tempo e na vida, é o inventário dos diferentes rostos e corpos, carnais e imaginários, que foram sendo compostos em suas ações e discursos e que foram sendo produzidos e reproduzidos por quem deles falou ou por quem deles produziu imagens, levando em conta, portanto, o que Barthes nomeou de "curva louca da imago", da qual fornece o seguinte exemplo:

> R. P., professor da Sorbonne, considerava-me, em seu tempo, como um impostor. T. D., por sua vez, me toma por um professor da Sorbonne.
> (Não é a diversidade das opiniões que espanta e excita; é sua exata contrariedade; é o caso de exclamar: é o cúmulo! – Isso seria um gozo propriamente *estrutural* – ou trágico.) (Barthes, 2017, p. 75).

Escrever uma contrabiografia histórica de um personagem histórico seria realizar aquela que era considerada por Barthes a tarefa do intelectual e do escritor: manter e acentuar a decomposição da consciência burguesa. A consciência burguesa é individual e individualizante, ela deu origem e se apoia na figura do sujeito individual, psicológico, autocentrado, autorreferente, autorreflexivo. O gênero biográfico, assim como o romance, foi possibilitado e serviu de veículo para a construção do imaginário burguês sobre o sujeito e a subjetividade. Para Barthes, ao contrário da destruição, que se faz de um fora, gesto impossível para uma crítica, e eu diria, para uma historiografia, que participa da consciência e do imaginário burgueses; devemos apostar na decomposição dessa consciência e desse imaginário, já que, segundo ele, a decomposição se faz de dentro, jogando com e transgredindo as próprias regras que definem dado gênero narrativo. Toda vez que devolvemos um sujeito à sua unidade individual de personagem, estamos reproduzindo e reafirmando a fantasia burguesa da individualidade, da autenticidade, da verdade de si. A *doxa*, a lei e a ciência burguesas temem o gozo e a perversão das carnes como o gozo e a perversão das letras, porque elas desfazem o mito do sujeito racional e autocentrado. Para Barthes, o poder do gozo de uma perversão, como seria o caso do que nomeia de deusa H (no caso, os dois H: homossexualidade e haxixe), estaria no fato de que faz feliz, ou seja, ela produz um mais, um além das carnes e das letras regradas, disciplinadas e policiadas por essas instâncias de conservação da ordem social (a *doxa*, a lei e a ciência). A homossexualidade e o haxixe teriam o condão de deixar as carnes e as letras mais sensíveis, mais perceptivas, mais loquazes, mais divertidas, etc., vindo alojar-se nesse mais, nesse excesso, aquilo que é abominado por toda forma de poder: a diferença, e não a identidade. Com a deusa H, o texto da vida e a vida como texto sairiam do controle, entrariam em estado de devir, de viagem e de visagem, tornando-se motivo de intercessão como figura invocável (Barthes, 2017, p. 77).

Em toda a sua obra, e também em seu texto pretensamente autobiográfico, *Roland Barthes por Roland Barthes*, há o combate ao que chama de demônio da analogia. Uma contrabiografia trata de se desfazer do procedimento mesmo que estrutura e legitima todo texto biográfico: o procedimento analógico. A escrita biográfica tende a esconder a dimensão arbitrária do signo, que tanto preocupou Ferdinand de Saussure, para dar a ele um caráter analógico, que não possui. O texto biográfico faz de conta que as letras podem copiar as carnes, podem se colocar em posição de analogia em relação ao ser vivo e ao humano que descreve. Para Barthes, a analogia produz, justamente, um efeito de naturalização, ela constituiria a natureza, o natural como fonte de verdade. No gênero biográfico, o natural, o biológico, as carnes são colocados como a fonte de verdade daquilo que se escreve. A analogia é presidida por esse desejo de ver semelhança entre as coisas, por esse desejo de driblar a diferença, central na cultura ocidental. Para Barthes, há todo um esforço dos pintores e escritores para escaparem desse mundo analógico, desafio que se coloca para a fotografia e para o cinema, que considerava artes assombradas pela analogia. Eu diria que toda a historiografia é assombrada pelo princípio da analogia. Os historiadores tendem a enfatizar a dimensão analógica das letras, dos signos, sua pretensa capacidade de copiar, de dizer a realidade do passado, buscando a máxima proximidade com o modo que ele foi. Barthes prefere utilizar dois procedimentos próximos da ironia para lidar com esse desejo de analogia que tende a assaltar, também, muitas das formas de escritura, entre elas da escritura biográfica: por um lado, um respeito fingido e irônico à pretensão de cópia e, por outro, a distorção proposital da cena, da figura, o recurso à anamorfose para ironizar o pretenso mimetismo do procedimento escriturístico. Quedar-se preso à ilusão da analogia é quedar-se preso ao imaginário. Para resistir ao imaginário, é preciso resistir à analogia. Ao escrevermos uma biografia histórica, devemos tentar fugir da sedução e do desejo de analogia que acompanham essa modalidade de escrita. Realizar uma contrabiografia é partir do pressuposto de que as letras, os signos, são convenções arbitrárias, que não guardam nenhuma semelhança ou compromisso de fundo com aquilo sobre o qual se lançam. A escrita biográfica, como a escrita historiográfica, tende a apontar para um fora de si naturalizado, para uma pretensa coisa, ser, evento ou cena que existem em si mesmos, independentes dos signos que as tornaram legíveis, visíveis e dizíveis. Tende-se, nesse gênero de escritura, a supor um encontro com o real, despido de toda a dimensão simbólica e imaginária e, portanto, de toda dimensão social e humana que o torna inteligível e apreensível para nós. Esse processo de naturalização do real é que permite que se pretenda um encontro analógico entre letras e carnes na escrita biográfica. Uma contrabiografia, portanto, deveria adotar a ironia como procedimento, como tropos linguístico reitor de uma escrita que deve ser desnaturalizadora do corpo e do Eu que pretende biografar, tornando-se um inventário das camadas de signos, das camadas de símbolos e imagens que constituem esse corpo e esse sujeito que diz Eu.

Referências

BARTHES, R. *Revue L'Arc*. Aix-en-Provence: Editions Le Jas, n. 56, 1974.

BARTHES, R. *Michelet*. São Paulo: Companhia das Letras, 1991.

BARTHES, R. *Sade, Fourier, Loyola*. São Paulo: Martins Fontes, 2005.

BARTHES, R. *Roland Barthes por Roland Barthes*. São Paulo: Estação Liberdade, 2017.

BLANCHOT, M. *O espaço literário*. Rio de Janeiro: Rocco, 2011.

CANGUILHEM, G. *Estudos de História e Filosofia das Ciências*. Rio de Janeiro: Forense Universitária, 2012.

DIDI-HUBERMAN, G. *Diante do tempo*: história da arte e anacronismo das imagens. Belo Horizonte: Editora UFMG, 2015.

MERLEAU-PONTY, M. *Fenomenologia da percepção*. 5. ed. São Paulo: Martins Fontes, 2018.

ONFRAY, M. *Contra-história da filosofia*. São Paulo: Martins Fontes, 2008.

WARBURG, A. *Histórias de fantasmas para gente grande*. São Paulo: Companhia das Letras, 2015.

"O frivião que não deixa se aquietar"

Afetos, forças, acontecimentos e descolonização do corpus historiográfico

> *Vem me abraçar, vem se amar, sacudir, vem dançar*
> *Vem falar, se esfregar, se perder, libertar*
> *Em toda forma de amor há motivo pra gente lutar*
> *O coração na canção grita que assim não dá não*
> *Tradição, mutação, vida e evolução*
> *O frivião que não deixa se aquietar*
> *(Frivião, 2021, 1m 47s).*

As carnes dão materialidade ao humano; é através delas que ele faz presença no mundo. São as carnes, elemento central na elaboração social e cultural dos corpos, que nos põem em contato com as entidades que povoam e constituem o mundo. Por serem sensíveis, por serem sensientes, as carnes se deixam impressionar, se deixam tocar, são levadas a se mover no contato com os demais entes que compõem o mundo. Há duas formas através das quais nos apropriamos das matérias-mundo: na primeira, apreendemos o mundo como formas, o mundo já formado, o mundo visível ao olho, conjunto de formas através das quais estabelecemos relações de semelhança e diferença; na segunda, apreendemos o mundo como campo de forças, como intensidades, as forças do mundo se encontram com o corpo que é percorrido por ondas nervosas, por disparos energéticos (Rolnik, 2021, p. 21-22).

Chamamos a primeira forma de apreensão do mundo de percepção, é ela que é convocada na hora de nos apropriarmos das formas já existentes ao nosso redor; é ela que retém as imagens, os esquemas perceptivos que ganharão nome, sentido, definição, a partir do arquivo de designação das coisas que cada cultura põe à disposição de seus integrantes. A segunda forma de apreendermos o mundo é o afeto. Através dos nossos órgãos do sentido somos tocados por dimensões invisíveis do mundo, por forças ainda não expressas ou transformadas em formas, como a emoção, o desejo, a pulsão, o sentimento, a paixão. Diante da alteridade do mundo, ativamos essas diferentes potências da subjetividade: diante das formas, ativamos as grades de classificação, de apreensão, de designação das coisas que fazem parte do arquivo da cultura na qual nos inserimos, lançamos mão da visibilidade, da dizibilidade e da audibilidade vigentes, projetamos sobre elas sentidos, em grande medida já existentes e prevalentes. As formas trazem até nós um mundo estabilizado, regido pela identidade e pela semelhança, um mundo organizado e ordenado pelos poderes. Já os afetos trazem para a subjetividade a presença viva do outro, a vitalidade do mundo, produzindo efeitos de intensificação ou de enfraquecimento das forças vitais que nos compõem, ampliando ou reduzindo a nossa potência de existir.

Enquanto as formas são presenças materializadas, mesmo que seja através de representações, de símbolos, de descrições, de imagens, remetendo a noções como cópia, mimese, reprodução; os afetos são presenças vivas que não podem ser representadas ou descritas, mas apenas expressas, num processo de invenção de formas ainda não existentes no mundo, de criação performática de corpos, rostos, gestos, poses, num jeito de ser, de sentir, de pensar, numa forma de sociabilidade, num estilo de existência, num território existencial. Quando afetados pelo mundo, podemos deixar passar ou não esses afetos, tragando o mundo, seguindo e fazendo passar o que nos afeta, passando bem ou passando mal, constituindo territórios para habitar (Lambada [...], 2021).

O corpo que produzimos para a captação das formas é um corpo expectante, um corpo contemplativo, um corpo cujo centro e resumo é o olho, que se notabiliza pela capacidade de visualizar, de distinguir as formas, de fazer a autópsia dos corpos e dos entes que compõem o mundo. É um corpo-luz, um corpo-iluminação, um corpo-iluminista, capaz de perceber, apreender, dizer e reproduzir as formas do mundo. Para visualizarmos as formas, é preciso mantermos adequada distância do outro, da coisa, do objeto, precisamos de distanciamento e objetivação, precisamos evitar misturas e envolvimentos, precisamos manter uma separação clara entre o sujeito e a forma que é o objeto do conhecimento.

Já o corpo que se constitui ao se abrir para um bloco de afetos é um corpo vibrátil, um corpo que se deixa tocar pelos seres e coisas do mundo, que se movimenta, que se emociona, que se comociona, que estremece diante do toque das forças do fora (Rolnik, 2016, p. 62-65). É um corpo em ebulição, um corpo tomado por um frivião que não o deixa se aquietar, um corpo agenciado pelas forças do fora, um corpo mobilizado pelos desejos que emergem na relação com a diferença, com a alteridade, com um outro, mesmo que não seja humano (Frivião, 2021).

Um corpo aberto, sem identidade garantida, atravessado pelas forças do mundo, exposto aos turbilhões das forças. Nele impera a mansidão de um olho que sabe ver o que deseja, um segundo olho que está espraiado por todo corpo (Meu Amor [...], 2021). Um corpo sismógrafo, captando as energias, os climas, as atmosferas, existenciais e emocionais, que vigoraram ou vigoram em dados tempos e espaços. Um corpo que apreende o mundo na mistura com ele e no mergulho nele. Um corpo que não teme as proximidades, os toques, que não se apavora diante de uma encostadinha que desveste, retira o vestido, a vestimenta, a carapaça de proteção (Lambada [...], 2021). Um sujeito que se faz na relação de aproximação e de empatia com o objeto, que se sabe implicado naquilo mesmo que busca conhecer, que se sabe envolvido naquilo e com aquilo que busca saber.

Para Deleuze e Guattari, o mundo das formas constitui a terceira linha através da qual os desejos se materializam no campo social: a linha da organização de territórios e das territorializações, quando o desejo cria roteiros de circulação no mundo, segmentações duras, cortes perfeitamente designáveis no real, configurando realidades (Deleuze; Guattari, 2011, p. 11-21). Essa linha é finita, visível e consciente, está marcada pela funcionalidade, dando origem a um plano de consistência marcado por certa estabilidade e continuidade. A memória garante a continuidade e a reposição dessas formas territorializadas, perfeitamente nomeáveis. Mas essa linha e os territórios que dela resultam são finitos, são históricos, porque estão sendo sempre atravessados pelos afetos, que configuram a primeira linha através da qual os desejos se manifestam no campo social: linha invisível e inconsciente. Ela emerge da atração e da repulsa dos corpos, em seu poder de afetar e ser afetado, como fluxo que nasce entre os corpos, que da brecha manda um bom dia, que rachando a terra, o território, abre mais caminho (Nordeste [...], 2021). Nem todos os afetos conseguem se tornar territórios, através da segunda linha com a qual os desejos se manifestam no campo social, a linha da simulação, que oscila entre a linha invisível e inconsciente da produção dos afetos, e a linha visível e consciente da produção de territórios (Rolnik, 2016, p. 31-34). É ela, com sua capacidade criativa, com a capacidade de criar matérias e formas de expressão, que garante que dados afetos se materializem em formas. Portanto, todas as formas são cristais de afetos, guardam em sua constituição rastros, sintomas dos afetos que as motivaram. Aqueles afetos que não conseguem se materializar em formas, que escapam da captura dos territórios, traçam linhas de fuga, devires que abrem o campo social para mutações, mudanças, transformações, rupturas que se dão por variações infinitesimais, que se operam imperceptivelmente por pequenas dentadas no tempo.

Se precisamos da nossa capacidade de atualização das formas que existem ou existiram no mundo, se precisamos repor através da memória e da história essas formas que vão nos dar certa sensação de continuidade, de ordem, de segurança de que o mundo continua; os afetos, as linhas de fuga, são essenciais para que criemos e inventemos formas novas de vida, subjetividades e sujeitos outros, novos modos de relações sociais, para que possamos constituir novas corporeidades, possamos pensar diferentemente, possamos produzir novas formas de conhecimento. Se nos apegarmos às formas já existentes no mundo, se buscamos apenas a reposição e a reafirmação do que já existe, tendemos a ser conservadores e reacionários. O apego ao mundo já formado, que pode ser marcado por uma visão nostálgica e saudosista em relação às formas do passado, que estão desaparecendo no presente, leva à produção de subjetividades reativas às forças dos afetos, às forças dos desejos, a um medo fóbico e pânico em relação ao próprio corpo sensível, à sensibilidade, através do qual essas forças atuam sobre nós. Essa sensibilidade reativa aos afetos, que busca reduzir o mundo à dimensão visível e consciente dos territórios já formados, será tomada pelo desejo de morte, de tornar cadavérico o próprio mundo, pois temerá a própria vida, temerá o vivo que se define pelo movimento, pela criação, pela abertura para o fora, que o desafia e o arrasta para novas configurações subjetivas, que gira os sentidos e tonto faz tremer a linha de territorialização (Nordeste [...], 2021).

Os historiadores tendem a escrever a história das formas, das distintas formações sociais que existiram ao longo do tempo. Mesmo sendo profissionais que buscam dar conta das mudanças, das transformações trazidas pela passagem do tempo, quase sempre o fazem tomando como objeto de seu conhecimento as distintas e diferentes ordens sociais, as formas que elas assumiram e como foram afetadas pelas dentadas do tempo. O olhar do historiador está formado e condicionado para procurar nos arquivos, nos restos e monumentos do passado, as formas que a vida social, econômica, política, jurídica, cultural, artística etc. assumiram nos tempos idos. Como explicita a busca pela produção de presença que, a partir de uma crítica feita à centralidade da produção de sentido, nascida da leitura hermenêutica do passado na escrita da história, a partir da obra do filósofo e crítico literário Hans Ulrich Gumbrecht (2010), tem impactado a historiografia contemporânea. A historiografia é um saber oculocêntrico, em que há uma equivalência entre o olhar e a capacidade de iluminação que teria a racionalidade, o raciocínio, a cognição, a consciência. É um saber, em grande medida, mentalista, que associa a razão à capacidade de enxergar, de ver com nitidez, com discernimento, as formas do passado.

Essa centralidade do olho leva à obliteração da participação dos outros sentidos, de todo o corpo na produção do conhecimento histórico. Essa suspeita em relação ao corpo, essa redução do corpo ao olhar e à cabeça, tem um lastro profundo no pensamento ocidental, marcado pela condenação das carnes pelo pensamento cristão e pela definição do homem, do humano, através da racionalidade, da inteligência, do juízo. O historiador, como todo cientista, seria um ser decapitado, uma cabeça ambulante, separada de seu corpo. Uma mente etérea, espiritual, genial, abstrata, sem localização precisa na massa cinzenta das vísceras cranianas. O historiador possuiria um olho soberano, um olhar mais localizado na mente do que no olho, capaz de sobrevoar as cenas do passado. Um olhar onipresente, desalojado de seu corpo, um olhar a voo de pássaro, um olhar de águia, separado do aprisionamento a uma caixa craniana, a uma caveira. Essa imagem do historiador visa apartá-lo de tudo aquilo que ter um corpo, que ser um corpo significa e implica. Ter e ser um corpo implica ser sujeito aos afetos do mundo, ter e ser uma sensibilidade, um ser sensível, ser tocado e afetado pelas coisas do mundo. Implica ser movido internamente pelas afecções que as coisas e as pessoas produzem em seus órgãos do sentido. Implica ser comovido, implica ser emocionado, implica ser apaixonado pelas coisas do mundo, inclusive pelo arquivo, pelos restos, rastros, monumentos do passado.

Esse apagamento da dimensão corpórea, carnal do historiador, silencia, sobretudo, sobre o papel do desejo, sobre a presença da libido em tudo aquilo que esse profissional realiza, em todas as etapas da pesquisa, da escrita e do ensino de história. Ele tem como consequência que não se assuma, que não se tenha sequer consciência do papel que os afetos desempenham em momentos decisivos da pesquisa histórica, como a escolha de objeto, a escolha documental e de personagens, a preferência por dados temas, cenas, agentes, a escolha de dadas situações e citações para comporem a narrativa. Não se percebe que o que dá vida à narrativa encontrada no arquivo, ao resto, à pista, ao indício, ao monumento que nos chega do passado, não são as suas formas, a sua materialidade – à qual, muitas vezes, o historiador também dá pouca importância, fixando-se no conteúdo, na informação, no dado, no sentido, no significado –, mas sim a capacidade que ainda tem, ou não, de nos afetar, de nos mobilizar, de nos tocar. As fontes nos dizem alguma coisa, não apenas através da forma narrativa em que está forjada, ela nos fala através das afecções que são capazes de produzir em nossa subjetividade. São os afetos que nos fazem pensar, são eles que nos fazem lembrar e imaginar. Os afetos e a mobilização emocional e desejante que eles produzem nos forçam a pensar, a formular conceitos, a buscar no arquivo da nossa cultura categorias para dizê-los, para dar-lhes sentido. Mas são os afetos, como tão bem mostra toda a obra literária de Marcel Proust, que convocam a memória e a imaginação. Ao sermos tocados, afetados, mobilizados, mexidos, arrepiados e bagunçados pelo mundo, somos forçados a recordar, a lembrar, a lançar mão de nosso arquivo de lembranças e reminiscências para podermos entender e significar o que se passa conosco. São os afetos que nos levam a imaginar, a produzir imagens, na tentativa de dar formas, de expressar, de fazer passar, de territorializar, de materializar aquilo que nos ocorre, aquele frivião que percorre nosso corpo, nossas carnes que, como ondas, nos arrepia, nos emociona, nos agita, nos irrita, nos causa raiva, revolta, rejeição, nojo. Quando a boca fica assoprando brasa, quando algo parece que vai acabar com o historiador, ele precisa convocar todas as suas faculdades para, em conjunto, sem qualquer hierarquia entre elas, atribuir sentido, dar inteligibilidade e, ao mesmo tempo, figuração para aquilo que lhe tira o fôlego (Lambada [...], 2021).

O historiador não pode evitar os afetos, eles o acompanham em todos os momentos de sua vida profissional. Ele pode negá-los, silenciá-los, deles não falar, fazer de conta que não existem, até não ter deles consciência, já que são do plano do invisível e do imaterial e os historiadores são profissionais apegados às formas visíveis e conscientes da vida social, mas não pode evitar que eles estejam presentes e trabalhando todo tempo, produzindo sua subjetividade, dando origem a seus desejos. Sim, pois os desejos nascem dos afetos, se deseja aquilo que nos toca, que nos afeta, que chama a nossa atenção, que nos morde, que nos acutila, que nos incomoda, que nos tira do lugar e do sério. O desejo não é algo misterioso que trazemos dentro de nós e que surge sabe-se lá de onde, nas profundezas do nosso ser. O desejo emerge nas relações com os outros, com os demais seres, com as coisas. O desejo é relacional, é acontecimental, é fenomenológico, por isso deveria ser de interesse dos historiadores. O desejo se forma e se passa no campo social, o desejo percorre e configura a ordem social, o desejo circula entre as pessoas, entre as pessoas e as coisas, entre as pessoas e os demais seres e entidades que compõem a vida social e cultural. O desejo não é algo psicológico, solipsista, individualista, o desejo é força, é energia, que nasce das trocas sociais, dos contatos, do rala e rola, do embola e bola, das danças, dos rituais, que as carnes e os corpos realizam em relação e na relação com os outros entes de seu mundo (Deleuze; Guattari, 2011; Lambada [...], 2021).

Se o historiador é um ser social, se ele mantém relações com os outros, humanos e inumanos, ele é um ser de desejo. Como pretendemos que o desejo não faça parte da configuração das atividades exercidas pelo historiador, se todas elas implicam o estabelecimento de relações, inclusive com a materialidade do arquivo, com os personagens do passado? O historiador, como todo ser que é dotado de um corpo vibrátil, de um corpo sensível, é tocado, é afetado, é erotizado pelo contato com o mundo, inclusive com o mundo do passado, com o que dele restou. Sim, existe uma erótica da pesquisa histórica, Eros está presente na escrita da história. Quando Walter Benjamin pergunta, em suas *Teses sobre a filosofia da história*, se não nos tange uma lufada daquele vento que girou em torno de nossos ancestrais, se as mulheres que cortejamos não têm irmãs que elas mesmas não chegaram a conhecer, ele está nos remetendo a dimensões afetivas do saber histórico (Benjamin, 1985, p. 154-155). Ele nos ensina que a luta de classes, vista como a luta em torno das coisas brutas e materiais, em torno da comida, da fome, da miséria, da pobreza, é o espólio que cabe ao vencedor. Para os vencidos, o que interessa é o que dessa luta, o que das batalhas, mesmo perdidas, ficou como forças vivas, como forças que ainda são capazes de afetar os homens do presente, entre eles o historiador materialista histórico: a confiança, a coragem, o humor, a astúcia, o denodo, que continuam fazendo efeito através dos tempos. Essas forças vivas, capazes de mover e mobilizar os homens do presente, são os afetos, não as formas brutas e materiais, a que os historiadores gostam tanto de se apegar. Um texto de história faz mais efeito quanto mais afetos ele é capaz de mobilizar. Seus argumentos e ideias, seus dados e informações, não falam apenas com a nossa cognição, eles dialogam com nossos sentimentos e desejos.

O que Benjamin nos diz é que o materialista histórico precisa ficar atento às mudanças imperceptíveis que se passam nas subjetividades, nos processos de subjetivação que produzem os sujeitos, que configuram os modos de ser e existir humanos. A história das formas mortas do passado não passa de uma história de cadáveres e de entulhos. A história deve ser a história das forças vivas, daquilo que no passado ainda nos queima como brasa, que nos dilacera, aquilo que no passado ainda dói; das feridas estendidas no leito sensual das ruas e avenidas, das ladeiras rasgadas por amores imensos, daquilo que no passado ainda faz um furacão no pensamento (Aburguesar, 2021). A história historicista, que pensa que articular o passado significa reconhecê-lo como efetivamente foi, é uma história de formas ressecadas e sem vida. Uma escrita da história reduzida a fazer autópsia do passado, a científica e realisticamente tentar exumar as coisas mortas, as formas de antanho, até com seu cheiro de bolor, é uma historiografia fadada a lidar com cadáveres, a produzir a presença de algo sem vida. Para captar o que de vivo ainda há no passado, as brasas de esperança que ainda brilham e ardem sob as cinzas dos tempos, é preciso treinar esse segundo olho, que está em todo nosso corpo, é preciso ser capaz de captar uma imagem que fulgura num instante de perigo, um instante em que o historiador, abrindo mão da segurança de um racionalismo, que lhe dá certezas e comodidade, se lança na aventura de se abrir para os afetos que lhe vêm do passado. Para Benjamin, só saímos do conformismo se abandonarmos a paixão pelas formas, se não nos conformamos às formas já dadas e consagradas do passado. Escovar a história a contrapelo significa se deixar arrepiar, ficar com os pelos de ponta, com a pele de galinha, como dizem os espanhóis, ao entrar em contato com os seres e as cenas que habitam o arquivo, que nos vêm do passado (Benjamin, 1985, p. 155-156).

Walter Benjamin toma Fustel de Coulanges, o grande historiador francês, expoente da escola metódica francesa, do historicismo, como exemplo dessa história que ao se pretender ciência, neutra e objetiva, perde o substancial do passado. Presidida por uma ascese, próxima daquela pregada pelos teólogos medievais e que terminava por resultar em melancolia, a historiografia era entendida como esse aprisionamento realista ao que foi, ao que se passou, tomando a realidade pelas formas existentes, reduzindo a realidade humana à dimensão visível e consciente, obliterando toda a dimensão invisível, inconsciente, afetiva, desejante, sensível da realidade. Flaubert teria dito: "Poucas pessoas hão de adivinhar quão triste é preciso ter estado para ressuscitar Cartago" (Benjamin, 1985, p. 156-157). A imagem cultivada por muitos colegas historiadores lembra essa seriedade, essa tristeza, esse pesadumbre, quando não cultivam uma imagem de seres agressivos, raivosos, indignados, ressentidos, mordazes. Essa ascese implica a negação não apenas do corpo, do desejo, da erótica que preside a profissão, mas a própria dimensão poética, imaginativa, ficcional de nosso ofício, já que a ciência deve ser um discurso sério, seco, conceitual, um discurso de monge depois de um longo período de jejum e sacrifício. Os historiadores raramente se referem a si mesmos em seus textos, raramente dizem Eu, e normalmente só o fazem nos textos introdutórios de seus trabalhos para descreverem os sacrifícios, as renúncias, as peregrinações, os percalços, as dores e os sofrimentos do processo de pesquisa, construindo, ao final, uma imagem heroica de si mesmos, seres que atravessaram o deserto e chegaram à terra prometida. Cristãos, sempre cristãos, com sua lógica ascética e sacrificial.

Se para Benjamin articular a história através de uma narrativa implica captar uma lembrança, como ela fulgura num instante de perigo, se a verdadeira imagem do passado passa zumbindo, se o passado só é cognoscível, só é fixável, no instante em que uma imagem dele fulgura, para nunca mais ser vista, e essa imagem só é possível em um dado presente que a convoca, que a faz aparecer, tornando-se irrecuperável em outro momento, a história é fundamentalmente poética, pois se trata de produzir, captar e capturar imagens que fulguram em dados momentos de encontro do outrora com o agora (Benjamin, 1985). Em contato com o passado, algo como um espinho torto nos olha rindo, algo nos toca, nos mobiliza, nos obriga a pensar, a lembrar, convoca a nossa capacidade de imaginação para que tenhamos à nossa frente a cena, a personagem, o evento que nos chega através do documento que temos em mãos ou do monumento que nos olha (Nordeste [...], 2021). Toda essa operação de passagem de um afeto a uma forma é uma operação poética, que não exclui, mas implica a cognição, o raciocínio, o pensamento, pois este também opera por imagens, já que os conceitos são agregados sensíveis, são um conjunto de imagens e de sonoridades. Afetado, o historiador busca pensar e expressar o que o tocou, o que visualizou, o que conseguiu perceber e significar numa narrativa na qual vai lançar mão, queira ou não, de figuras narrativas, de figuras de linguagem, de imagens tropológicas para dar lugar, para figurar, para fazer legível e visível o que se passou com ele ao entrar em contato com a pele do passado.

Quando Walter Benjamin nomeia de conformista a maneira de entender e escrever a história que se atém às suas formas dadas, às dimensões visíveis, conscientes, materiais da existência humana, ele está chamando a atenção para a dimensão política desse aprisionamento a um mundo formado, que é o mundo dos vencedores. O conformismo nas hostes da socialdemocracia alemã se devia, segundo Benjamin, ao partilhamento da mesma visão de tempo e de história das hostes fascistas, uma visão que privilegiava o mundo das aparências, da pretensa realidade de progresso e desenvolvimento industrial, o mundo das formas burguesas. A social-democracia, apegada às formas da macropolítica, encarnada pelo jogo eleitoral, pelas disputas partidárias, pela organização sindical, pela disputa pelo poder de Estado, pelos movimentos sociais e políticos presididos pelo tema e projeto da revolução, foi incapaz de perceber o lento e insidioso processo de fascistização das subjetividades, das relações sociais, das diversas formas de relações de poder, disseminadas pela sociedade civil, nem sempre conectadas com o poder de Estado (Benjamin, 1985). O capitalismo, para colonizar espaços e instituições, antes de tudo, coloniza subjetividades, coloniza os desejos, produz sujeitos colonizados. Os historiadores, durante muito tempo, quando trataram da política, quando fizeram história política, se ativeram aos eventos e personagens da macropolítica, da política de Estado, da política institucional, feita por partidos, sindicatos, associações, movimentos sociais, pelos agentes públicos. Aquela história que pejorativamente foi chamada de história dos "tratados e batalhas" pelos historiadores da Escola dos Annales não difere muito da chamada nova história política, em que ainda prevalece uma visão formal da política.

O desprezo com que alguns historiadores tratam os chamados movimentos identitários se deve ao fato de que eles são avaliados a partir de critérios da macropolítica, da qual, afinal, fazem parte como movimentos sociais que são e que demandam o Estado por direitos. Mas a força e a importância desses movimentos estão no fato de que eles também operam, às vezes sem ter consciência disso, no registro da micropolítica, que é o território em que desejo e política se encontram (Guattari; Rolnik, 2005, p. 239-331).

Ao politizarem os corpos, na medida em que tratam de relações de gênero, de sexualidade, de racialização, de cor da pele e traços fenotípicos, de preconceito racial, de racismo, de misoginia, de sexismo, de machismo, de orientação sexual, de identidades sexuais, de homofobia, de transfobia, de lesbofobia, esses movimentos operam trazendo o campo do desejo e dos afetos para a arena pública, para o campo político. Eles explicitam que os afetos, os desejos, as sensibilidades, as emoções, os sentimentos, que se expressam através de gestos, de ações, de *performances*, de rituais, de rostos e de corporeidades são radicalmente políticos, porque são forças, são energias; e por serem relacionais, por nascerem de relações, implicam sempre jogos de poder.

Esses movimentos são de suma importância política, porque mais do que mudar consciências, racionalidades, eles querem mudar subjetividades, jeitos de ser humano, de ser gente, eles querem modificar desejos, sensibilidades, maneiras de ver e de habitar o mundo. Embora não desejem e não dependam do grande momento espetacular, do grande momento de corte na história, que seria a revolução (mito messiânico do qual as esquerdas deveriam abrir mão dado os fracassos, as tiranias e carnificinas que provocou), eles realizam mudanças microscópicas, cotidianas, ao modificar concretamente a vida das pessoas, ao levarem a modificação da própria maneira como se veem e se sentem, como se nomeiam e se definem. No lugar de um projeto abstrato de transformação, em que uma vanguarda iluminada sabe sempre o que fazer para alcançar um dado futuro, para esses movimentos interessam o como fazer a transformação, aqui e agora. No lugar da utopia, da promessa de paraíso terreno que vai raiar num amanhã indefinido, num horizonte sempre postergado, a heterotopia, a mudança possível no lugar em que se está, nas relações em que se está, na maneira de ser sujeito, nesse momento (Foucault, 2013). Tal como propunha Benjamin, para o historiador materialista histórico, um messianismo que passa pela construção de um futuro no agora do presente, com as memórias do outrora que ainda nos tocam, nos afetam, que ainda nos mobilizam. Um messianismo que não espera a chegada de nenhum Messias, de nenhum Salvador (todos trágicos e sanguinolentos, sempre trazendo a via-crúcis, o calvário e a crucificação como promessa), mas que opera no presente, abrindo-o para devires, para possibilidades de outrar-se, de tornar-se outro. Nunca se pode mudar o mundo em sua totalidade, não se pode refundar a história, teremos sempre que arcar com o peso do passado, da memória. E é com esse peso que os historiadores devem lidar, eles servem para isso, para captar no passado a esperança que ainda brilha, a energia que ainda resta, a emoção que ainda nos move e comove, a ideia que ainda nos toca, o evento e o personagem que ainda nos comocionam, que nos fazem agir. Se não se pode mudar o mundo de uma só vez, que façamos com que ele balance. Se só podemos botar a mão onde alcançamos, não critiquemos nunca ações políticas por causa de seus limites. Quais não os têm? Ações políticas pretensamente radicais, sem limites, resultaram em regimes de força e repressão sem os limites do direito. Se não se pode mudar o mundo de vez, que o balancemos, às vezes só para se amostrar, às vezes para sobreviver, para tornar a vida possível, para evitar a morte física e subjetiva, que é o objetivo, afinal, dos nomeados movimentos identitários ou de minorias (o minoritário aí não como quantitativo, pois se refere às maiorias na sociedade, mas enquanto exercício privilegiado do poder) (Balanceiro [...], 2021).

Se o capitalismo não é apenas um modo de produção de mercadorias, mas um modo de produção de subjetividades, acusar qualquer sujeito político, qualquer movimento social de ser configurado pelo capitalismo, pelos desejos produzidos pela sociedade burguesa é dizer o óbvio. Se olhamos para esses movimentos com o olhar da macropolítica, não enxergaremos que não há territórios que não sejam atravessados por linhas de fuga, que não há formas que não sejam trabalhadas internamente por afetos divergentes e dissidentes, por afetos desterritorializados e desterritorializantes. Quando se olha com a pretensa seriedade da macropolítica para esses movimentos e lhes condenam a festa, a alegria, a presença explícita dos corpos, as carnes usadas como artefato político, como bandeira, o desejo e o erotismo como dimensões ativas do político, está se negligenciando a micropolítica, está se negligenciando o fato de que é no campo dos afetos que a mobilização se dá, que a emoção e o sentimento se traduzem em gesto e *performances* políticas, que o engajamento e a mudança efetiva dos sujeitos ocorrem. Não se muda uma sociedade sem a mudança dos sujeitos que a compõem. Mudar primeiro o regime político, conquistar o aparelho de Estado, para depois mudar a sociedade, mudar os sujeitos, de cima para baixo, através de uma educação dirigida e ações repressivas, revelou-se um grande fracasso, já intuído por Antônio Gramsci, quando elaborou o conceito de hegemonia e pensou a luta por ela, no interior da sociedade civil, como um passo anterior e necessário a qualquer tomada de poder (Gramsci, 2020).

Como já afirmava Gilberto Gil em pleno movimento tropicalista, retomando o Manifesto Antropófago, escrito pelo modernista Oswald de Andrade (1990, p. 51) – diante da seriedade militar e sacrificial de militantes dispostos a morrer e a matar por uma causa, jovens tomados pelo desejo de morte, entregues a um ascetismo cristão sem Deus –, "a alegria é a prova dos nove" (Geleia [...], 1968). Será mera coincidência que Benjamin inicia um texto sobre filosofia da história falando de felicidade e nos dizendo que a felicidade é marcada do começo ao fim pela época a que nos condenou o transcurso da nossa própria existência? A felicidade não deve depender de uma espera messiânica por um futuro que virá, mas ela deve ser uma presença messiânica em nosso presente. Se ela se articula à ideia de salvação, essa salvação não nos será dada por um salvador que veio e que voltará, a salvação não se espera, ela se faz no aqui e agora (Benjamin, 1985, p. 154). A salvação, o salvador, que um dia veio, no passado, deve apenas servir de inspiração, devemos captar da sua passagem pela terra os afetos, os sonhos, os desejos, as fantasias, as imagens, os eventos que nos animem a resistir e a descer da cruz que carregamos. Suas imagens de impotência e sacrifício de nada nos servem, em vez do crucificado fiquemos com o homem de chicote na mão, irado, expulsando os vendilhões do templo; com o homem repartindo pães e peixe; fazendo a alegria dos convivas ao transformar água em vinho. É político todo gesto, toda ação, toda luta que busca a construção da felicidade e da alegria, no aqui e agora, mesmo em momentos passageiros. Reivindicar a felicidade, o direito à alegria, num mundo de desespero, desesperança, num mundo distópico, é radicalmente político, ainda mais fazer a felicidade e alegria, individual e coletiva, acontecer aqui e agora.

Em outro poema, intitulado "Erro de português", Oswald de Andrade afirma que "quando o português chegou, debaixo de uma bruta chuva, ele vestiu o índio. Que pena! Fosse uma manhã de sol, o índio teria despido o português"

(Andrade, 1991, p. 95). Ou seja, Oswald de Andrade intuiu, nesse poema, que a colonização começou pela dominação sobre as carnes dos nativos. O gesto fundante da colonialidade entre nós seria a fabricação de uma nova corporeidade para os povos originários. A colonização, tantas vezes apresentada pela historiografia brasileira e portuguesa como guiada por uma dada racionalidade, teve início não pela construção de formas racionais, mas pelos primeiros afetos que se desenrolaram entre os invasores e os nativos. O desejo de colonizar, antes mesmo de se materializar em rituais, como o chantar do marco da conquista ou a celebração da primeira missa, expressou-se na erótica entre o corpo dito civilizado e o corpo dito selvagem. O poder colonial não se implantou apenas por meio de instituições, de leis ou de atividades produtivas, mas se implantou nas carnes dos colonizados, penetrou fundo em seus corpos, instaurando novos desejos e necessidades. O primeiro testemunho escrito do contato entre aqueles que seriam os futuros colonizadores e aqueles que seriam os futuros colonizados, a carta escrita pelo escrivão da armada, Pero Vaz de Caminha, dá enorme destaque à corporeidade dos indígenas, às diferenças que separavam essas carnes e esses corpos das carnes e corpos dos brancos. Parece ficar claro que a colonização passava por domesticação e controle sobre aqueles corpos estranhos, sem lei e sem rei (Caminha, 2022). O próprio ritual da missa, como deixa explícito o escrivão, não era para o entendimento daqueles seres tidos como crianças crescidas, mas para causar-lhes impressão. Ou seja, a colonização se inicia pela mobilização da força dos afetos, que se busca canalizar para a consecução de formas civilizadas de ser corpo e de ser gente. O gentio se tornaria gente se tivesse sua alma, seus espíritos convertidos e, para isso, controles e disciplinas corporais deveriam ser adotadas, suas emoções deveriam ser mobilizadas, as forças de sua erótica, de seus desejos, seus fluxos desejantes, suas energias libidinais deveriam ser catequizadas e dirigidas para fins que interessassem ao colonizador.

Ao avistar os primeiros homens, que andavam pela praia, em número de dezoito ou vinte, o que primeiro chamou a atenção foi "que eram pardos, todos nus, sem coisa alguma que cobrisse suas vergonhas" (Caminha, 2022). No relato, articula-se um olhar e um conjunto de conceitos que começam a colonizar aquelas carnes. Elas são de imediato nomeadas a partir da diferença de coloração, a pele que as cobre seria parda, não branca. Esse gesto de distinguir os ditos selvagens dos ditos civilizados através de uma diferença de cor será a base da gestação da racialização dos corpos e do racismo que dará sustento e legitimará a colonização (Caminha, 2022). Em seguida, o olhar moralizante chama a atenção para a nudez daquelas carnes, para o fato de que eles nada usavam para cobrir suas "vergonhas". O uso do conceito de vergonha para nomear os genitais explicita o tipo de olhar e o tipo de julgamento moral do qual esses seres foram objeto, mal foram divisados no horizonte. A uma erótica do olhar, ao afeto produzido por aquelas vergonhas expostas sem a mínima vergonha, respondem à forma do relato moralizante e gestos de sedução com a oferta e a troca de objetos. Na dádiva e na troca, prática fundamental na sociedade capitalista que emergia, não deixa de circular a sedução e o desejo. O barrete vermelho, a carapuça de linho e o sombreiro preto, ofertados como presentes, para favorecer o contato, exercem sobre os indígenas um efeito estético, tanto quanto simbolizam o desejo de uma aproximação amistosa. Numa situação em que não pode haver fala, nem entendimento de proveito, a linguagem dos gestos, que dão forma aos afetos, provocados de parte a parte pela novidade do encontro, é a única a que se pode recorrer. Antes de qualquer formação social se efetivar, antes de qualquer divisão social constituir a ordem colonial, ela começa a se esboçar através das relações raciais, sexuais e de gênero.

São dois mancebos de bons corpos que o piloto Alfonso Lopes leva até a nau capitânia, onde são recebidos com muito prazer e festa. O escrivão da armada parece não tirar o olho das formas daquelas carnes exóticas, logo repara que:

> […] a feição deles é serem pardos, maneira de avermelhados, de bons rostos e de bons narizes, bem-feitos. Andam nus, sem nenhuma cobertura. Nem estimam de cobrir ou de mostrar suas vergonhas, e nisso têm tanta inocência, como em mostrar o rosto. Ambos traziam os beiços de baixo furados e metidos neles ossos brancos e verdadeiros (Caminha, 2022, p. 8-9).

E continua o escrivão com seu voyeurismo, siderado de atração por aquelas carnes: "Os cabelos seus são corredios. E andavam tosquiados, de tosquia alta, mais que de sobrepente, de boa grandura e raspados até por cima das orelhas" (Caminha, 2022, p. 8-9). Com sua atenção sempre voltada para as vergonhas dos rapazes, ainda observa que na hora de dormir eles se estiraram de costas na alcatifa, sem buscar maneira de cobrirem as ditas vergonhas, as quais não eram fanadas, ou seja, não eram circuncidadas, mas que tinham as cabeleiras delas bem raspadas e feitas. O escrivão também fica fascinado pelas carnes de três ou quatro moças que por ali andavam, bem moças e bem gentis, como faz questão de frisar. Ele as descreve como tendo "cabelos muito pretos, compridos pelas espáduas". Mais uma vez, seus olhos não conseguem se desviar das vergonhas das moçoilas gentis. Ele diz que "suas vergonhas são tão altas, tão cerradinhas e tão limpas das cabeleiras que, de as muito bem olharmos [e ele parece ter olhado muito bem], não tínhamos nenhuma vergonha" (Caminha, 2022, p. 10, acréscimo nosso).

Desde o princípio, portanto, a colonização implica um interesse pelas carnes do outro, interesse que é o passo inicial para o domínio e a exploração dos corpos que serão produzidos pelo processo de colonização. O uso dos corpos já se inicia quando, em troca de presentes, os indígenas enchem os barris, que os portugueses atiram com água do rio e os levam até os seus batéis. Esses corpos, aos quais, muitas vezes, até a condição humana será negada, serão utilizados de muitas formas ao longo do processo de colonização, quando não serão simplesmente eliminados quando se colocaram no caminho dos desejos de posse, controle e domínio sobre o território e os recursos da terra. A colonização implicou a produção de um novo regime de corpos e de subjetividades, de sujeitos adequados a reproduzirem a ordem colonial. A colonização não é apenas a conquista de terras e riquezas, o controle político e jurídico, como explicitou, desde o início, o trabalho evangelizador dos padres jesuítas. A colonização será a conquista das almas, será a colonização das subjetividades, implicando a captura dos afetos, das forças, das intensidades, das potências desses carnes e desses corpos estranhos, através de formas de relações sociais e de poder que os tornassem súditos de El-Rei, colocados a seu serviço e às suas ordens.

A colonização se implanta nas carnes e coloniza os desejos e os afetos, por isso a descolonização não é uma questão apenas de racionalidade, de teoria, de maneiras de pensar. A descolonização tem que atingir os gestos automáticos, os comportamentos inconscientes, os rostos e as corporeidades, frutos de uma educação e de um aprendizado colonizador. Descolonizar as mentes, mas também as práticas ritualísticas, os costumes, as ditas tradições, as formas corporais com que as afeções colonizadoras ganharam forma. Quando a militância descolonial se concentra apenas nas dimensões visíveis das formações sociais, quando se dirige apenas aos desejos e aos afetos já formados, já transformados em formas cristalizadas, quando se reduz a descolonização às dimensões da macropolítica, outras dimensões que permitem o funcionamento da colonialidade entre nós são negligenciadas e esquecidas. Não somos apenas mentes colonizadas, não são apenas as mudanças conceituais que levarão a uma visão e a uma postura descolonial, somos carnes e corpos colonizados, temos afetos e desejos capturados, constantemente, pelas formas oferecidas pela colonialidade, pelo mundo já formado da ordem colonial. O ser colonizado não se passa apenas no plano das ideias, mas no plano dos afetos, das intensidades, das forças. A colonialidade é uma força que habita nossas carnes, que está implantada nas superfícies de nossas corporeidades, que as organiza e estrutura, que dá a elas sentidos e significados. A empresa colonial começou por uma violenta repressão a corporeidades indígenas, ela procurou colonizar não apenas as alminhas indígenas, mas através delas domar e domesticar aquelas carnes estranhas e insubmissas. O teatro jesuíta buscou ser não apenas uma escola de valores, ideias e costumes, uma estratégia de catequese religiosa, mas um espaço de encenação de modelos de corpos, de corporeidades adequadas a um cristão, a um ser civilizado. Suas encenações não buscavam apenas falar para as consciências dos indígenas, mas afetá-los, provocar neles emoções e sentimentos, como o medo e o terror, paixões tristes que canalizassem a potência de suas libidos para o trabalho e para a prática dos rituais da fé cristã, produzindo desejos e vontades, no sentido daquilo que a colonização e os seus agentes esperavam (Segato, 2021).

Portanto, descolonizar exige o investimento numa micropolítica dos afetos e dos desejos, na produção de subjetividades, de sujeitos que consigam dar formas divergentes e distintas à potência de suas libidos, que seus desejos se desviem da maquinaria dominante da ordem capitalista, que a potência de ser vivo não se deixe capturar pelas forças mortíferas do poder de domínio, de exploração e de colonização. Que se enfatize os acontecimentos contra as estruturas, os afetos em detrimento das formas, as forças da vida em contraposição às forças fascistas da morte.

Referências

ABURGUESAR. Composição: Tom Zé. Interpretação: Juliana Linhares e Letrux. *In*: NORDESTE Ficção. Interpretação: Juliana Linhares. [*S. l.*]: Independente, 2021. Digital. Produção: Elísio Freitas. Direção artística: Marcus Preto.

ANDRADE, O. Manifesto Antropófago. *In*: ANDRADE, O. *A utopia antropofágica*. São Paulo: Globo: Secretaria Estadual de Cultura, 1990.

ANDRADE, O. *O santeiro do mangue e outros poemas*. São Paulo: Globo: Secretaria Estadual de Cultura, 1991.

BALANCEIRO. Composição: Juliana Linhares, Khrystal, Moisés Marques, Samir Tarik. Interpretação: Juliana Linhares. *In*: NORDESTE Ficção. Interpretação: Juliana Linhares. [*S. l.*]: Independente, 2021. Digital. Produção: Elísio Freitas. Direção artística: Marcus Preto.

BENJAMIN, W. Teses sobre a filosofia da história. *In*: KOTHE, F. (org.). *Walter Benjamin*: sociologia. São Paulo: Ática, 1985. p. 153-164.

CAMINHA, P. V. *Carta a el-Rei Dom Manuel sobre o achamento do Brasil*. [*S. l.*]: Montecristo, 2022. *E-book*.

DELEUZE, G.; GUATTARI, F. *O anti-Édipo*: capitalismo e esquizofrenia. 2. ed. São Paulo: Editora 34, 2011.

FOUCAULT, M. *O corpo utópico, as heterotopias*. São Paulo: n-1, 2013.

FRIVIÃO. Composição e interpretação: Juliana Linhares e Rafael Barbosa. *In*: NORDESTE Ficção. Interpretação: Juliana Linhares. [*S. l.*]: Independente, 2021. Digital. Produção: Elísio Freitas. Direção artística: Marcus Preto.

GELEIA Geral. Composição e interpretação: Gilberto Gil e Torquato Neto. *In*: TROPICÁLIA ou Panis et Circenses. Interpretação: Gilberto Gil. São Paulo: Polygram/Philips, 1968. LP. Produção: Manuel Barenbeim.

GRAMSCI, A. *Odeio os indiferentes*: escritos de 1917. São Paulo: Boitempo, 2020.

GUATTARI, F.; ROLNIK, S. *Micropolítica*: cartografias do desejo. 7. ed. Petrópolis: Vozes, 2005.

GUMBRECHT, H. U. *Produção de presença*: o que o sentido não consegue transmitir. Rio de Janeiro: Contraponto: PUC-Rio, 2010.

LAMBADA da Lambida. Composição: Chico César. Interpretação: Juliana Linhares. *In*: NORDESTE Ficção. Interpretação: Juliana Linhares. [*S. l.*]: Independente, 2021. Digital. Produção: Elísio Freitas. Direção artística: Marcus Preto.

MEU AMOR Afinal de Contas. Composição e interpretação: Zeca Baleiro e Juliana Linhares. *In*: NORDESTE Ficção. Interpretação: Juliana Linhares. [*S. l.*]: Independente, 2021. Digital. Produção: Elísio Freitas. Direção artística: Marcus Preto.

NORDESTE Ficção. Composição e interpretação: Juliana Linhares e Rafael Barbosa. *In*: NORDESTE Ficção. Interpretação: Juliana Linhares. [*S. l.*]: Independente, 2021. Digital. Produção: Elísio Freitas. Direção artística: Marcus Preto.

ROLNIK, S. *Cartografia sentimental*: transformações contemporâneas do desejo. 2. ed. Porto Alegre: Sulina: Editora da UFRGS, 2016.

ROLNIK, S. *Antropofagia Zumbi*. Lisboa: Cadernos Ultramares, 2021.

SEGATO, R. *Crítica da colonialidade em oito ensaios e uma antropologia por demanda*. Rio de Janeiro: Bazar do Tempo, 2021.

O júbilo das migalhas

Apontamentos teórico-poéticos para o futuro da história cultural

Os historiadores são profissionais tendentes a fulgurâncias. Desde que se tornou uma atividade com pretensões científicas, nos princípios do século XIX, a escrita da história valoriza as grandezas e as grandiosidades. O fato histórico, que seria seu objeto de trabalho particular, se notabilizaria pela excepcionalidade, pela relevância, por sua imensa e intensa repercussão. O evento a ser contado pelo historiador deveria ter importância, ser decisivo, ser um marco, um corte, uma marca no tempo. Esses acontecimentos excepcionais teriam como sujeitos, como agentes, os chamados grandes homens, os baluartes, os heróis, o panteão dos notáveis e notórios. Cabia ao historiador retirar do meio da poeira e do esquecimento as grandezas nacionais, os grandes feitos dos homens, as monumentais ações dos antepassados, para assegurar-lhes um lugar na posteridade. O historiador delinearia, a partir do acúmulo de detalhes, do colecionar de fragmentos do passado, da juntura do que estivera solto e disperso, perfis de conjunto de uma época, de um período, de um evento, de uma biografia. O historiador faria com que a parte encontrasse o seu lugar no todo, que a unidade servisse de ponto de partida para o acesso à totalidade, que a diferença se reintegrasse à semelhança, que a alteridade retornasse à identidade. O que legitimaria o trabalho do historiador seria justamente essa capacidade de encontrar o grandioso nas menores migalhas quedadas dormentes nos arquivos.

É longa a história das condenações, em nosso ofício, de tudo que lembre o pequeno, o mínimo, o singular, o ínfimo. Fernand Braudel já relegara ao segundo plano as espumas e os vagalumes (Braudel, 2014, 2016). O que deveria aflorar nas páginas escritas pelos historiadores seriam as grandes correntes subterrâneas, as grandes massas estruturais que sustentavam a arquitetura de um dado tempo histórico. Privilégio das estruturas diante dos eventos, das conjunturas diante dos acontecimentos, considerados meros efeitos de superfície. É toda uma historiografia que desconfia do superficial, que desqualifica as aparências e os aparecimentos, que se abisma em busca de uma verdade que se esconde, que se atola em alguma profundidade. Os historiadores, assombrados pela dicotomia entre essências e aparências, desconfiam e desprezam tudo o que os sentidos reconhecem, fazem sentir e ver, fazem ouvir e experimentar. A verdade não se colhe em regiões tão grosseiras e rasas, as verdades dos eventos dependem sempre de atividades de ultrapassamento das superfícies, quando não de seu desprezo e desconhecimento: desvelar, desvendar, desmascarar, desnudar, desenvolver, descobrir, resgatar, são os verbos preferidos nessa historiografia. A operação de intelecção, de conhecimento, de interpretação é pensada como uma fuga do mundo sensível, na direção de um mundo abstrato e conceitual que, no entanto, é apresentado como a verdadeira imagem e a verdadeira versão de uma realidade da qual seria a quintessência.

François Dosse (2003), em nome do materialismo histórico, escreve uma diatribe contra a história em migalhas. A historiografia, que deveria fazer a crítica dos poderes e dos poderosos, desconfia do pequeno e do mínimo. Em nome do materialismo se desconhece a matéria e a materialidade do mundo, transformando-o em um universo povoado de personagens conceituais e agentes desencarnados, pretensamente desindividualizados, coletivos. Perder a totalidade, perder o domínio sobre o grande processo, sobre as macroestruturas, seria cair numa história feita à poalha, feito cinzas, sem sentido e sem possibilidade de projeto de conjunto. Só o conceito abstrato e sobranceiro daria conta de explicar o mundo em sua inteireza, tornando-o, assim, manejável politicamente. Embora fosse uma crítica de um *outsider* à escola dominante na historiografia da França, a Escola dos Annales, o livro de François Dosse bem poderia ter sido escrito pelo grande timoneiro dessa Escola, havia pouco dela afastado. Braudel aprovaria esse ataque às migalhas, esse abjuro dos objetos modestos e tidos como desimportantes. Nessa maneira de pensar, a prevalência de uma metafísica da totalidade. A sombra de Deus, do Ser uno e infinito, ainda paira sobre essa escrita historiográfica. Nela, talvez, resida um pavor da divisão, do que divide, do que separa: um medo ao diabólico. Mas, nessa forma de pensar, também a ignorância de que a migalha faz parte de um todo do qual é resumo e resto. A ignorância de que a migalha é também um todo de outra qualidade, de outra dimensão. A migalha pode ser vista como proliferação do ser, como produção de novas realidades por segmentação e dispersão. Como tão bem se faz presente na poesia de Manoel de Barros, o cisco também pode constituir catedrais (Barros, 2013). Não há o grandioso sem o ínfimo que o constitui e o diversifica. A grandiosa montanha é inseparável dos pequenos grãos de areia e pó que a constitui. A magnífica formação rochosa é composta por gretas e rachaduras, por pequenos poros que a permitem respirar e transmutar.

Nas últimas décadas, a micro-história parece ter descoberto e dado nobreza acadêmica ao pequeno personagem, ao diminuto evento. Nascida de uma atitude epistemológica e política, parecia trazer uma ruptura com a tradição macroanalítica da historiografia (Ginzburg, 1991). Mas eis que o pequeno surge aí apenas para ser remetido e dissolvido num todo que o engloba e o explica. O anônimo moleiro perseguido pela inquisição, segundo Carlo Ginzburg, nos permitiria entender toda uma cultura de classe, uma camada obscura da cultura popular; ele seria, inclusive, um de nós, ele explicaria a nós todos (Ginzburg, 2006). O herege classificado, enquadrado e esmagado pelas categorias do discurso inquisitorial, vê-se mais uma vez aplastado em sua singularidade pelas categorias e conceitos de uma historiografia que busca, justamente, apagar o que há de estranho e irredutível às nossas grades de classificação, nessas vidas, que Michel Foucault (2003) nomeou de infames. Mesmo tendo o mérito de enunciar a importância dos sinais, dos índices, dos emblemas, mesmo tendo enunciado a necessidade da prevalência de um paradigma indiciário em nosso ofício, que teria emergido com o historiador da arte Aby Warburg, Carlo Ginzburg (2002) continua operando com a metafísica realista que pressupõe que através de uma parte se pode recompor e recuperar um todo perdido, que o fragmento, em história, em vez de dar origem a novas histórias, permitindo a proliferação da realidade, estaria preso a um todo passado, que lhe daria sentido e significado, destinado, pois, à reapresentação de uma única e mesma realidade. Em vez de aparição, reaparição; em vez de apresentação, reapresentação; em vez de invenção, resgate.

Roger Chartier (2002), após nos apresentar o historiador como um profissional que vive à beira da falésia, também parece ter sofrido uma vertigem realista e passado a buscar um solo mais seguro para a produção de verdades pelos historiadores. Talvez por ver que na beira do abismo a materialidade do mundo está sempre ameaçada de esboroamento, talvez por ter notado que a rocha mais dura sofre a atração da queda e do despedaçamento, que os homens constroem castelos nos bancos de areia do tempo, Chartier parece estar preocupado em fazer a história retornar a ser um saber seguro, um saber estabilizado e estabelecido, fincado em bases sólidas. Preocupado, assim como Carlo Ginzburg, com os negacionismos históricos, que proliferam nesses tempos das novas tecnologias, o historiador da leitura volta a defender o que seria a segurança das provas, e a denunciar o que seria a dissolução ou a mistura da historiografia com a literatura. Nessa maneira de pensar, a aversão às misturas, às dissoluções, às coalescências, a busca por manter as separações, as distinções, as hierarquias, as fronteiras entre saberes e disciplinas, entre maneiras de praticar e representar o histórico (Chartier, 2003). Mas o que é fazer prova no discurso historiográfico? Não se trata apenas de apresentar a coisa, o objeto, até porque estes foram sempre rebaixados em sua existência mesma de coisa; o que importa é o sentido, o significado que adquirem na trama eventual da qual fazem parte, da qual são, muitas vezes, pequenos partícipes. O que confere esse sentido, esse significado, não é o apresentar mesmo da coisa, mas o que dela se diz, sua enunciação, o discurso que a toma como objeto e, portanto, é a sua substituição linguística, é seu sucedâneo fantasmal e gráfico, fonético e pictural que irá lhe conferir um sentido. A atribuição de sentido desmaterializa o objeto material do qual fala, o desrealiza, o desconstrói, portanto, fazer prova narrativa é muito distinto do que provar do objeto, da coisa, do que entrar em contato com sua materialidade. Repetindo os lugares comuns atribuídos a Hayden White, repetindo as diatribes de Ginzburg contra os narrativistas, convocando um Michel Foucault, que ficaria incomodado em tal companhia, o historiador da leitura nos ensina a desconfiar das leituras do mundo. Talvez o desejo de um mundo pré-babélico seja a única solução para esses impasses.

No entanto, os acontecimentos no campo científico, as correntes filosóficas e artísticas, as mudanças no campo da cultura, as transformações na vida social, desde o início do século XX, exigem que os historiadores e a historiografia revisem suas práticas e concepções teóricas e metodológicas diante das migalhas e dos fragmentos, dos dejetos e das sobras, dos restos e das aparas, do micro, do mínimo, do ínfimo, do pequeno, do insignificante. Não são apenas os poetas, como Manoel de Barros, que descobriram as grandezas do ínfimo e sobre elas escreveram tratados. A física contemporânea é inseparável da centralidade do caráter corpuscular e miniatuarizado da matéria (Lobo, 2009). A noção de vida, central nos estudos biológicos, genéticos e médicos, foi completamente transformada pelas descobertas em torno dos delicados filamentos do DNA. Na filosofia, a fenomenologia trouxe o Ser de volta ao mundo, ao tempo, ao fenômeno, ao evento, ao acontecimento. O Ser deixa de ser transcendente para se tornar histórico e imanente. O Ser deixa de se declinar no Absoluto para aparecer no relativo, na relatividade, na descontinuidade, na diferença, no ser-aí da presença no mundo (Heidegger, 2006). Nas artes, os *ready-mades* dadaístas, de Marcel Duchamp, dão estatuto de objeto artístico, conferem a aura de artefacto de culto aos produtos industriais mais banais e cotidianos (urinol de porcelana, pá, roda de bicicleta) (Elger, 2011). Ele busca romper com uma arte que chama de "essencialmente retiniana", uma arte oculocêntrica, uma arte feita de imagens, para ser apenas visualizada. Ele, assim como farão os neodadaístas dos anos 1960 (como Robert Rauschenberg), os chamados artistas conceituais (como Joseph Kosuth), recolocam os artefactos, as coisas, os objetos, os mais pequenos e comuns, no centro da prática e da recepção artística. A *pop art*, de artistas como Andy Warhol, vai trazer para o campo da arte os artefatos e imagens da propaganda, da indústria cultural e do consumo de massa (Osterwold, 2007). No Brasil, artistas como Lygia Clark e Hélio Oiticica rompem definitivamente com a separação entre o objeto artístico e o corpo daquele que o recepciona, produzem objetos relacionais (Wanderley, 2002; Favaretto, 2005). As obras de arte tornam-se penetráveis, tornam-se instalações que retiram a arte de sua desmaterialização, do campo da representação, para torná-la apresentação material, para torná-la experimentos, experimentações das formas, das cores, dos sons, dos aparelhos e aparatos técnicos, das texturas, dos materiais, dos gestos, das *performances*, dos afetos e afecções. Os objetos descartados, jogados no lixo, ásperos, desagradáveis, se tornam bólides, fragmentos materiais que vagueiam e boiam no viver cotidiano pobre e cheio de adversidade de grande parte do povo brasileiro, acostumado aos restos, às sobras, às aparas, à lama, aos rejeitos (Hermann, 2017).

A vida social e cultural foi amplamente modificada pela presença maciça de novos objetos, de novos materiais, de novos artefatos e aparelhos tecnológicos, trazidos pela expansão da indústria química, da indústria eletroeletrônica, da indústria siderúrgica, da indústria metalomecânica, pela expansão do consumo das chamadas maquinarias do conforto (eletrodomésticos, produtos eletrônicos, móveis e artigos de decoração). Eles modificaram os modos de vida, os comportamentos, as relações sociais, até mesmo os corpos. Como podem ser ignorados na hora de se fazer a história desses últimos dois séculos? A historiografia que se proclamou, ainda no início dos anos 1970, atenta aos novos objetos (Le Goff; Nora, 1995), como pode desprezar essas pequenas coisas que modificaram a vida dos homens, transformando-a para melhor ou para pior, ao longo dos últimos séculos? Gilberto Freyre, que em tantos aspectos foi um pioneiro na historiografia brasileira, não deixa de ser um exemplo de como um historiador deve estar atento às pequenas coisas, para aquilo que parece ínfimo e banal, mas que se constituem em índices preciosos de dadas mudanças históricas. No seu livro *Ordem e Progresso*, ao se propor a fazer uma síntese das mudanças ocorridas na sociedade e na cultura brasileira, nas primeiras décadas após a Proclamação da República, ele vai encontrar nos objetos e artefatos que estavam desaparecendo da vida cotidiana, notadamente das elites sociais, e naqueles que os substituíam índices das transformações que estavam se dando naquele período. Embora a citação seja longa, torna-se importante fazê-la, não só pelo pioneirismo da centralidade que ele dá às coisas aparentemente sem importância, às mudanças nas coisas que, quase sempre, parecem triviais e sem importância para os historiadores, mas também por ser um exemplo de como uma história cultural pode ser feita a partir da atenção ao surgimento e desaparecimento de certos artefatos, de produtos, de objetos e das práticas sociais e culturais a eles associadas:

> Não nos esqueçamos de que foi essa a época da substituição, nas áreas urbanas do Brasil, da latrina

de barril, do penico, do "tigre", pelo *water-closet* à inglesa, completado nas residências mais elegantes pelo *bidet*: francesismo adotado inteligentemente pelo Brasil, a despeito da oposição em que, contra esse higiênico complemento do *water-closet*, se conservariam os anglo-saxões. Época de outras substituições significativas. De inovações e renovações igualmente significativas na vida e na civilização nacionais. Época do desaparecimento quase completo das escarradeiras como ostentações de salas de visita. Época do começo do telefone como meio de comunicação interurbana; e do telégrafo, como meio de comunicação intranacional e internacional. Época de vários brasileirismos dos quais nem sempre se aperceberam os brasileiros: do guarda-pó, brasileirismo notado pelos estrangeiros; da tela de arame nos guarda-comidas, em lugar da porta de madeira: outro brasileirismo notado por estrangeiros. Época da "Valorização do Café": o maior brasileirismo a atrair a atenção dos estrangeiros para o Brasil. Foi ainda no período de vida nacional considerado no ensaio que se segue que se verificou o começo do brasileiríssimo jogo do bicho; que se acentuou a voga das seções pagas nos jornais – brasileirismo vindo dos primeiros decênios do Império – que ocorreu o começo dos *interviews* de jornal e o das reportagens; e que se manifestaram com intensidade a voga das Academias de Letras e Medicina; a voga do iodofórmio; a voga do porta-retrato; a voga do aparador; a voga da quartinheira; a voga da pistola Mauser e do revolver Colt; a voga do *passe-partout*; a voga do almanaque; a voga da charada; a voga da Emulsão de Scott, da Água de Flórida, do Sabonete Reuter, do Perfume Houbigant, do Elixir de Nogueira; a voga do clister; da voga do vinho-de-quina; a voga do chuveiro; a voga da Loteria Federal; a voga dos clubes elegantes ou esportivos; a voga (depois consolidada a República) dos Tiros de Guerra; a voga do nome Rotshchild como símbolo de suprema riqueza; a voga do espelho *biseauté*; o começo da voga das *Kodaks*; a voga das coleções de selos; a voga da cadeira de balanço;

a voga da espreguiçadeira de lona; a voga do *cachet* (especialmente de quinino, contra o impaludismo); a voga da injeção (especialmente contra a sífilis, tendo esse extremo culminado nas perigosas injeções de 606 e 914); a voga do *biscuit*; a voga do candeeiro belga; a voga do *electro-plate;* a voga do mosquiteiro; a voga do cortinado de renda; a voga da étagere; a voga do *bibelot*; a voga da estatueta de bronze; a voga da mesa de jantar de elástico, com duas ou três tábuas de reserva; a voga da écharpe entre as senhoras de prol; a voga do xale entre as mulheres do povo; a substituição do carmim pelo *rouge* na pintura do rosto das senhoras; a substituição do carneiro pelo velocípede como brinquedo móvel de menino; a voga da exibição dos retratos dos donos da casa, em molduras douradas, na parte mais saliente das salas de visitas; a voga, até os primeiros anos do século XX, da palmatória nas escolas primárias; a voga, até os primeiros anos do mesmo século, da chibata, na Marinha de Guerra; a voga da retreta, em volta a coreto, onde se instalava a banda de música, nas praças públicas e pátios de igreja; a voga do doce acompanhado de vinho-do-porto para receber o brasileiro de prol e mesmo o médio visitas de cerimônia; a voga do chapéu vitoriano chamado capota entre as senhoras de idade, principalmente entre as viúvas, cujo traje devia ser sempre preto ou escuro; a voga do lustre de cristal nas principais salas burguesas; a voga do crochê; a substituição, nos meios elegantes, do presepe pela árvore de Natal e do Menino Deus pelo Papai Noel [...] (Freyre, 1959, p. cxxxv-cxxxvi).

Nessa citação podemos ver como os objetos são marcadores de diferentes aspectos de uma dada realidade social e cultural e de uma dada época. Eles servem para singularizar, para figurar, para dar materialidade a um tempo, eles são signos de mudanças e continuidades. Eles denotam hierarquias de classe. Eles são marcadores dos modelos e relações de gênero. Eles dizem dos valores que prevalecem ou estão se estabelecendo em um dado momento. Eles nos falam das relações comerciais e culturais entre nações e regiões. Eles nos permitem perceber as próprias aquisições linguísticas, as novas palavras que, através deles, terminam por vir fazer parte da língua nacional, aportuguesando-se ou não. Eles indiciam mudanças ou permanências de hábitos, de costumes, de tradições. Eles se conectam com transformações de ordem econômica e tecnológica. Eles advêm e denotam avanços no campo científico, no campo da invenção e produção de novos materiais. Eles se relacionam com mudanças no campo das sensibilidades, das subjetividades, da estética, das artes, dos gostos. Eles se relacionam com o surgimento de novas atividades, de novas práticas, de novos tipos de trabalho e ocupação, de novas formas de prazer e diversão, de novas maneiras de organizar e viver as rotinas cotidianas. Eles separam e distinguem espaços, tempos, culturas, classes, raças, gêneros, idades, crenças religiosas e filosóficas. Eles se ligam a dadas vogas, como vai tanto repetir Freyre, a modas, a modismos, a vanguardas, a costumes e formas de vida fugazes e passageiras. Eles expressam convicções políticas, ideologias, utopias, desejos, sonhos, esperanças, expectativas, projetos, investimentos pessoais e coletivos. Eles fazem parte e constituem estilos de vida, estéticas de existência, identidades individuais e grupais. Eles participam de gestos criativos, inventivos, transgressores, revolucionários, reacionários, conservadores. Eles atendem aos desejos de acumular, de colecionar, de comprar, de vender, de presentear, de oferecer, de estocar, de sacralizar, de cultuar. Mas também se submetem aos desejos de destruir, de quebrar, de arruinar, de danificar, de macular, de profanar, de remover, de fazer desaparecer, de dar fim. Os objetos servem para expressar sentimentos, paixões, afetos, desafetos, repulsas, emoções, comoções.

Os objetos estão ao nosso lado, todos os dias. Eles são, muitas vezes, nossas únicas companhias nessa sociedade em que cada vez é maior o individualismo e a solidão. Eles são, quase sempre, nossos companheiros mudos, embora o século XX tenha dado origem aos objetos falantes, sonoros, ruidosos. Com exceção das artes e da literatura que, muitas vezes, se esmeram em descrevê-los e em detalhar a sua presença, eles quase nunca estão presentes nas narrativas empreendidas pelas ciências humanas. Quando Walter Benjamin (1995), em seu texto sobre o conceito de história, lembrava que todo monumento de cultura era também um monumento de barbárie, e fazia o passado se assemelhar a um monte de ruínas que não parava de se acumular aos pés do anjo da história, não podemos esquecer que grande parte dessas ruínas são constituídas por objetos, por artefatos, por obras da mão humana, por elas mesmas feito cinzas e pó. Os historiadores não podem esquecer que as grandes catástrofes humanas foram também grandes catástrofes para os objetos, para as pequenas coisas, quase sempre esmagadas, calcadas, dilapidadas, esfrangalhadas pelas mesmas forças destrutivas que levaram de roldão milhões de vidas. Não podemos esquecer que uma guerra seria impossível sem as armas, objetos mortíferos, destrutivos, mas também destrutíveis, inventados pelos homens. Elas decidem, em grande medida, hoje cada vez mais, o andamento de um conflito bélico. Os objetos fazem parte de nosso júbilo, de nossa vitória, de nossa alegria, mas também são testemunhas e partícipes de nossas grandes tragédias, das grandes catástrofes, das carnificinas mais dantescas empreendidas pelos homens. Karl Marx faz da ferramenta, como extensão da mão humana e na articulação com ela, o ponto de partida para a própria consecução da história humana. Se o trabalho seria a atividade ontológica do humano, a atividade que confere ao humano sua própria singularidade, sua própria humanidade, por fazer do homem o que ele é, ou seja, um ser que trabalha e, portanto, transforma a natureza e cria um mundo à sua imagem e semelhança, ele seria inseparável dos instrumentos de trabalho, dos objetos que utilizamos para realizar essas modificações no nosso entorno natural e humanizar o mundo à nossa volta. Se o modo de produzir, para Marx, era definidor de uma forma e estágio da organização das sociedades humanas, esse modo de produzir se define pelas relações de trabalho, pelas relações entre os homens na hora de produzir, mas também pelos meios de produção empregados, ou seja, as ferramentas, os instrumentos de trabalho, com suas respectivas tecnologias, que são aí mobilizados (Marx, 1982; Marx; Engels, 1986). Como foi possível que, por tanto tempo, a historiografia que se dizia marxista, que se dizia guiada pelo método materialista histórico, tenha negligenciado os instrumentos, as ferramentas, as tecnologias, os artefatos, as coisas materiais que nos cercam, na hora de se escrever a história? Não é curioso que tenha sido Gilberto Freyre, o cientista social e historiador sabidamente conservador politicamente e crítico do marxismo, aquele que deu atenção aos dados materiais do mundo, aquele que, até por seu quixotismo aristocrático, muitas vezes reacionário, tenha prestado atenção nas aventuras e desventuras dos objetos, das coisas, no tempo; tenha sido mais materialista do que os que se diziam materialistas, autores de uma historiografia em que nem pessoas que tiveram existências de carne e osso, no passado, compareciam, que dirá os objetos. Uma historiografia cujos personagens e agentes eram conceitos, vivendo num mundo desertado de coisas e apinhado de fantasmagorias conceituais (Novais, 1977).

É curiosa essa ausência da chamada cultura material, conceito com que as coisas, objetos e artefactos aparecem nomeados pela historiografia francesa, numa historiografia, como a brasileira, que tem uma ampla relação com a escrita da história empreendida pelos historiadores da chamada Escola dos Annales. Mais curioso ainda, quando dois dos considerados pais fundadores da moderna historiografia brasileira, Gilberto Freyre e Sérgio Buarque de Holanda, fizeram presentes, em suas obras, essa cultura material. O historiador paulista, que poderia ter dado origem a toda uma tradição na historiografia brasileira, pois foi professor durante anos na Universidade de São Paulo, onde se estabeleceu um dos dois primeiros cursos de História no país, tendo ensinado e orientado a formação de gerações de historiadores, dedicou páginas interessantes para o estudo da história dos objetos e artefactos na sua relação com a formação da sociedade paulista e brasileira, em livros como *Caminhos e fronteiras* (1994) e *Monções* (1990). Dedicou textos a estudar o que chamou de armas de algodão utilizadas pelos bandeirantes em suas incursões pelo interior e na caça aos indígenas, como: o escupil ou escupiletes, gibão estofado de algodão; o que chamou de relíquias das monções como as canoas e pirogas que os paulistas aprenderam a fabricar e navegar com os indígenas; à fiação doméstica, seus aparatos técnicos e seus produtos: teares, escaroçadores, lançadeiras, máquinas de fiação e tecelagem, redes de dormir, telas, tecidos, panos etc. (Holanda, 2011). No entanto, é justamente na obra do pai fundador de nossa moderna historiografia, considerado por muitos o introdutor do materialismo histórico, entre nós, Caio Prado Júnior, que a ausência da cultura material se faz sentir. Mas não só os historiadores brasileiros que se apoiaram no materialismo histórico, ou mais recentemente se apoiam na chamada história social, menoscabaram a cultura material, também ocorreu e ocorre com aqueles discípulos da chamada Escola dos Annales ou da história cultural. Isso talvez se deva, entre outros motivos, pelo fato de que os próprios historiadores dos Annales, que cunharam o conceito, pouco realizaram em termos de uma historiografia da cultura material, notadamente quando esse conceito deveria recobrir, também, coisas e objetos prosaicos e banais.

O historiador Francisco Régis Lopes Ramos, um dos poucos historiadores brasileiros que têm se interessado pela história da cultura material, cunhou a expressão a "danação dos objetos" (Ramos, 2004) para se referir a essa atitude de menoscabo, de desprezo que temos em relação às pequenas coisas que nos rodeiam e que compõem a nossa vida. Os objetos estão condenados ao desprezo, ao abandono, ao descaso, ao lixo. Os objetos estão condenados a, no máximo, levar uma vida de museu, onde são depositados, quase sempre, como se fossem restos salvados de um naufrágio ou fossem partes mortas do espólio de um cadáver. Eles nunca são vistos como coisas vivas, no sentido de que ainda possuem sentido e significação; são, quase sempre, observados como curiosidades, como bizarrices de um tempo que passou. Muitas vezes, a própria narrativa museográfica e museológica, quando elas existem, concorrem para veicular essa imagem de que os objetos são presenças que não importam em si mesmas, que só valem por remeterem a um ausente do qual são ícones, signos, indícios, índices. Hans Ulrich Gumbrecht (2010) nos lembra que, muitas vezes, os objetos de museus, que deveriam servir para fazer presença do passado, para presentificar outros tempos, são experimentados e vistos como se fossem simples restos, fragmentos de tempos que se foram, que são contemplados como artefatos que nenhuma relação possuem com o nosso tempo e com as nossas vidas. São sobras de tempos outros que, para muitos, não fazem o menor sentido. O próprio fato de ser o museu um espaço heterotópico, ser uma heterotopia temporal, induz seus visitantes a tomar as coisas que ali estão como parte de um tempo outro, que não possuem espessura e valor próprios, a não ser o de serem símbolos, representações de um outro tempo. Vamos ao museu para nos relacionarmos com o passado, com outros tempos, com outras culturas e civilizações, não vamos ao museu para nos relacionarmos propriamente com os objetos que ali estão. Eles são tomados como se fossem limiares, pontos de passagem, para temporalidades outras. Eles não valem por si mesmos, mas por aquilo que representam, simbolizam, por aquilo a que remetem. Se o poeta João Cabral de Melo Neto pôde escrever um poema em que objetos banais como um tênis, um copo, um lápis, uma folha de papel, um esquadro, um jornal, um vidro falam de sua forma de pensar a própria escrita poética, no museu e na escrita historiográfica os objetos não têm nenhuma importância em si mesmos, não são capazes de nada dizer a não ser algo para além deles mesmos (Melo Neto, 1985).

A sensibilidade romântica, que ainda se faz presente em autores do século XX, como Gilberto Freyre, propunha uma outra relação com os objetos (Naxara, 2005). Fruto de uma reação à emergência do mundo burguês, do mundo da mercadoria, a sensibilidade romântica envolvia experiências com objetos que parecem cada vez mais impossíveis ou improváveis para nós, inclusive para os historiadores. Experiências como a da estesia, do júbilo, da empatia, da epifania, da hierofania etc., que o filósofo Hans Ulrich Gumbrecht nomeia como experiências com objetos que estariam para além do sentido, sendo a presença que os sentidos, os discursos, as narrativas não conseguem produzir. Eles seriam os depositários mudos do clima de uma época, de uma atmosfera cultural. Somente através do contato pele a pele com os objetos, com o contato mediado pelos cinco sentidos, pela sensibilidade, e não apenas pela inteligibilidade, pela razão, é que poderíamos vivenciar, experimentar um pouco do clima de uma época, já que os objetos estariam impregnados dele. Os objetos, as coisas, são produtos da sensibilidade de uma época, eles ajudam a compor uma ambiência, uma atmosfera, da qual ficariam impregnados. Quando a narrativa literária precisa compor essa ambiência, é aos objetos que ela recorre (Gumbrecht, 2019).

A era da reprodutibilidade técnica, já nos lembrava Walter Benjamin, implicava o que ele nomeava de declínio da aura (Benjamin, 1985). A ironia dadaísta, ao entronizar nos museus, objetos de fatura industrial, se dirigia a denunciar essa perda do caráter aurático dos objetos. A produção em massa, a reprodução e fabricação em série, inclusive das imagens e artefatos artísticos, produziu o que poderíamos chamar de uma alienação objetal. Estamos rodeados por uma quantidade tal de objetos, comprados e consumidos como mercadorias, cada vez mais banalizadas, que não damos nenhuma relevância a suas presenças. A produção em série capitalista gerou uma insensibilidade quanto aos objetos, quanto ao seu destino. Os próprios objetos, produzidos em série, perderam sua singularidade, perderam sua presença distinta, se massificaram, se desqualificaram, sendo facilmente substituídos e atirados no lixo. A descoberta de novos materiais, como o plástico, permitiu a produção de uma infinita variedade de formas de objetos, com distintos atributos, como cores, texturas, funcionalidade, durabilidade etc. A tamanha variedade dos objetos termina por fazê-los, contraditoriamente, pouco perceptíveis, pouco relevantes como presenças em nossas vidas. A fabricação de objetos cada vez mais precários, destinados à rápida obsolescência, inclusive a uma obsolescência programada, tornaram as coisas cada vez mais fugazes e passageiras, dificultando que deixem marcas em nossas existências, que tenham algum significado para além do simples uso. Quando uma cama era capaz de ser o lugar de nascimento de três gerações de uma família, quando ela era uma presença que atravessava existências inteiras, era mais factível que pudesse ter uma duração para além de sua prosaica existência material, indo se tornar presença nas memórias, nas narrativas daqueles que nela vieram à vida. Mesmo um aparato moderno, como o trem ou o bonde, por ser um grande acontecimento de uma época e na vida das pessoas que nela viviam, pode frequentar os relatos biográficos e memorialísticos muito mais do que os aviões e os carros de nosso tempo, massificados, banalizados, rotinizados, que dificilmente podem se constituir em marcas em nossas existências.

A própria separação entre a vida pública e a vida doméstica, entre o mundo da intimidade e o mundo da publicidade, entre o mundo interior e o mundo exterior, fez dos objetos privados, domésticos, íntimos, coisas de menor valor e nenhum interesse para a história. Não é mera coincidência que, na chamada cultura material, os objetos ganhem maior visibilidade com a chamada história da vida privada. Somente na *História da vida privada no Brasil* é que vamos encontrar um capítulo dedicado aos cartões-postais, aos álbuns de família, àquilo que Nelson Schapochnik, autor do texto, nomeou de ícones da intimidade, como a máquina fotográfica, os lambe-lambes, as cadeiras, as poltronas, os pianos, as mesas, os aparadores, os vasos, os quadros, os animais empalhados, as bengalas, os chapéus, as mantas, as armas, os escudos, as cortinas, as toalhas, os leques, os tapetes, as bonecas etc. (Schapochnik, 1998). Já na Grécia Antiga, a separação entre o mundo da casa e o mundo da cidade, entre a domesticidade, vista como desprovida de valor político, e a publicidade, como espaço mesmo do exercício da vida cidadã, que conferia o nome ao habitante da cidade, fazia da mobília, dos instrumentos e dos aparatos domésticos, companheiros desqualificados dos corpos dos escravos, das mulheres e das crianças, vidas nuas, vidas sem sentido político e, portanto, existências obscuras para a memória e para a história. Em Aristóteles, já encontramos essa correlação entre o escravo, definido como um corpo destinado ao uso; e a mobília destinada à administração de uma casa. Embora sejam nossos companheiros cotidianos e, como já afirmava Aristóteles, instrumentos com os quais organizamos as artes de viver, a economia da vida, eles quedam no anonimato que as coisas e os corpos que habitam a vida privada, a intimidade estão voltados (Aristóteles, 2009).

Giorgio Agamben retoma a diferenciação aristotélica entre o escravo, visto como um mero instrumento inanimado, um homem incapaz de obra, um homem que apenas faz uso de seu corpo, e o cidadão, um ser-em-obra, um ser que, graças o uso da razão, do espírito, e não apenas do corpo, é capaz de produzir, de obrar, para pensar o estatuto dos corpos, na sociedade contemporânea, que são alijados da república, que são atirados na condição de vida nua, de vida que significa apenas o uso ou o desgaste do corpo, uma vida fadada e destinada à morte, que tem como único destino e sentido o morrer (Agamben, 2017, p. 21-42). Essas vidas que são lançadas para as margens do social, como trastes, como restos, como farrapos atirados nas sarjetas, nas calçadas, nos acampamentos de refugiados, nos abarrancamentos de vítimas de catástrofes naturais, são desapossadas da cidadania, dos direitos políticos, deixam de ser sujeitos e agentes da história, deixam de ser, para apenas terem existência, deixam de importar para os poderes públicos e para os próprios semelhantes, que não os veem como semelhantes. Esses corpos, e não apenas eles, não costumam chamar a atenção dos historiadores. Há um profundo silêncio sobre a realidade dos corpos, das carnes na historiografia, talvez, fruto dessa associação entre corporeidade, carnalidade, operações físicas e corporais, com a ideia de privacidade, de intimidade, de segredos e banalidades domésticos, nascida com a sociedade burguesa. No mesmo sentido, retomando a comparação aristotélica entre dados corpos e os instrumentos e mobílias, poderíamos tentar compreender esse silêncio sobre os objetos que compõem a economia doméstica. O silêncio sobre esse aspecto da economia, na obra de Karl Marx, é gritante. É notório que, para ele, a desarticulação da economia doméstica, pelo capitalismo, é um passo decisivo na direção do progresso e do desenvolvimento necessário das forças produtivas (Marx, 1982, p. 386-422.). Se as mulheres precisaram de muitos séculos de luta para que seus corpos domesticados pudessem ter sentido histórico e político, visibilidade e dizibilidade no discurso historiográfico, quem lutará pela visibilidade dos objetos, das coisas que nos acompanham em todas as nossas operações e práticas, na vida diária?

Alojados no lugar desvalorizado do uso, de serem meros instrumentos de uso (em Karl Marx (1982) é inegável a hierarquia que no capitalismo há entre valores de uso e valores de troca), os objetos, não são apenas incapazes de obra, já que são imóveis, sem razão, sem consciência, sem vida, mas não são sequer, em si mesmos, obras. Se o homem racional e superior é um ser-em-obra, é um ser capaz de obra e de obrar a si mesmo, os objetos cotidianos, ínfimos, banais, não seriam sequer vistos como obras. A alienação do trabalho, produto da sociedade capitalista, faz dos objetos de produção em série algo com que os homens, com que o trabalhador, seus produtores, com eles não se identifiquem, não os vejam como partes de si mesmos. Na Grécia Antiga, esse era o estatuto do escravo, ele não era uma propriedade, no sentido que entendemos hoje essa palavra, ele não era uma mercadoria comprada pelo senhor, que mantinha total exterioridade em relação a ele. O escravo era visto como parte do próprio senhor, seu corpo era parte do corpo do senhor, era propriedade no sentido de ser um próprio do senhor. Ao utilizar o escravo, era a parte de si mesmo que se estava utilizando (Agamben, 2017). Ora, não compreendemos assim os objetos. Embora façamos corpos com eles, embora eles complementem e prolonguem as nossas mãos, os nossos braços, os nossos olhos, os nossos ouvidos, os nossos músculos, o nosso cérebro, embora façam parte literalmente do nosso corpo (óculos, aparelhos auditivos, marca-passos, próteses, órteses, dentes postiços, dentaduras), não os vemos como partes de nós, os estranhamos, não os entranhamos, dada a relação alienada que com eles mantemos. Os corpos maquínicos contemporâneos são inseparáveis dos aparelhos, instrumentos, dos aparatos técnicos, mecânicos, tecnológicos, digitais etc. Este texto está sendo escrito não apenas pela minha mão e pelo meu cérebro, mas por eles em conexão com o meu computador pessoal com eles conectado (Lazzarato, 2014). Como ignorar, na hora de contar minha história, esse companheiro de viagens que tenho à minha frente e que sinto sob os dedos? Ele não existia durante muito tempo, ele significou uma mudança completa na forma de escrever e produzir um texto, por isso é parte inseparável das vidas das quais veio a fazer parte, ele é inseparável dos próprios textos.

Essa capacidade dos homens livres e racionais de produzirem obras, de serem seres-em-obra, era entre os gregos nomeada de *poiesis*, de onde advém a palavra poesia (Aristóteles, 2012; Agamben, 2017). O homem que era capaz de inventar algo para além de si, que ia além do mero uso de seu corpo, que possuía uma existência para além de instrumental, seria um ser poético, capaz de criação e invenção. Talvez por isso, em nosso mundo contemporâneo, parece que só os poetas são capazes, como faz Manoel de Barros, de perceber as grandezas que há no ínfimo, de enxergar o júbilo das migalhas (Barros, 2001). Só um artista pode, desconsiderando o desprezo como são vistas e tratadas, querer ser uma coisa, se misturar com elas, percebê-las e tomá-las como partes de si mesmo (Barros, 2013, p. 1998). Só os poetas ainda parecem ter sensibilidade para dar atenção ao abandonado, para fazer o aproveitamento de materiais e passarinhos de uma demolição (Barros, 2013, p. 147-152). Só os poetas se propõem a fazer a biografia do orvalho, a contemplar o cisco, já que há pessoas que propendem mais a cisco do que a seres humanos (Barros, 2013). Só eles teriam amor pelos seres desimportantes tanto como pelas coisas desimportantes. Só eles possuiriam a mania de dar formato de canto às asperezas de uma pedra (Barros, 2013, p. 371-372). Só eles podem sonhar com uma educação pela pedra e pelas perdas (Melo Neto, 2008). Só os poetas podem fazer a psicanálise do açúcar e erguer um monumento à aspirina (Melo Neto, 1968). Sim, porque talvez só eles ainda se deem conta de que não há escrita que não seja feita com o corpo, o que nunca esteve no horizonte dos historiadores (Melo Neto, 1968, p. 54).

Só eles têm conseguido dar forma às nossas paisagens com cupins, aos jantares e velórios de nossos comendadores, às nossas vidas severinas, iguais em tudo em suas vidas pequeninas (Melo Neto, 1968). Só eles têm dado estatuto poético à faca, à agulha, ao relógio, ao telefone, ao avião, ao poço, à gaiola, à mesa, aos manequins, à porta, à janela, aos bagaços humanos e desumanos (Melo Neto, 2014). Mesmo no poema deserto cabralino há mais paisagens com figuras de objetos do que nos escritos dos historiadores, cegos para os cães sem pluma que habitam o nosso dia a dia (Melo Neto, 1968). Os historiadores, quando se trata das coisas, dos seres ditos e vistos como inanimados, costumam cultivar o deserto (Melo Neto, 1968, p. 331). Há dentro da perda da memória dos historiadores um lugar privilegiado para a materialidade comezinha da vida, para a materialidade das coisas e dos seres ínfimos, pequenos, rotineiros, banais (Melo Neto, 1968, p. 376). Enquanto os poetas conseguem produzir pequenas odes minerais, os historiadores esquecem da mineralidade do papel que têm entre as mãos, como talvez venham a esquecer da mineiridade e da mineralidade dos corpos atolados, soterrados e mineralizados sob a lama criminosa da barragem de Brumadinho (Melo Neto, 1968). Aquelas vidas pequeninas, que foram levadas pela avalanche de lama da cobiça capitalista e da incúria administrativa, conseguirão espaço de registro na folha mineral dos escritos historiográficos? Assim como dizia Walter Benjamin (Benjamin, 1985), contemplar a história dos vencedores, no Brasil, é contemplar verdadeiramente um mar de lama, de detritos, de cinzas, é contemplar o sofrimento e a tragédia dos corpos e dos objetos. Se um dia a história do crime de Brumadinho for contada, será que o historiador se lembrará de que, ao lado do sofrimento dos corpos, há a catástrofe que ele significou para os objetos que ali estavam, povoando casas e vidas, dando sentido a muitas existências? Os moradores de Brumadinho não choram apenas seus mortos, choram suas coisas, seus pertences, seus instrumentos de trabalho, suas moradias, suas mobílias, seus brinquedos, suas lembranças, seus utensílios, seus objetos sagrados e amados, partes de si mesmos que foram tragadas pela lama voraz da história dos poderosos deste país. Se o anjo da história olhar para nosso passado e tiver os olhos de poeta, como tinha Paul Klee e Walter Benjamin, enxergará devastação sobre devastação, ruínas que irão se acumulando a seus pés: as ruínas das inúmeras culturas e gentes devastadas pelo eterno genocídio e etnocídio, a devastação da natureza transformada em cinzas e lama, a hecatombe dos objetos, atirados nos lixões do desperdício, que se acumulam até os céus, nos limites de nossas cidades e nas fímbrias de nossas vidas. Muitas vezes a história dos pequenos seres e das pequenas coisas, no Brasil, é um retrato quase apagado em que se pode ver perfeitamente nada (Barros, 2013). Em meio a rios desbocados e gente desdentada, nossa história segue na construção permanente de ruínas, cabendo à nossa historiografia se voltar também para a desconstrução dos monumentos que celebram as vitórias dos senhores da vida e da morte, quase sempre erguidos sob o pó e o sangue daqueles seres e objetos que possuem jeito de tapera (Barros, 2013, p. 187).

A nossa historiografia precisa aprender a abrigar o abandono, porque o abandono pode não ser apenas de um homem debaixo da ponte, de um gato no beco, de uma criança presa num cubículo, pode ser também de um prego ermo, de uma lata com cem anos de escória, de um pedra de arroio com seus séculos de murmúrios, de uma borracha de chiclete ou de uma garrafa plástica, infensas e imunes ao tempo, boiando em nossas águas, promovendo em nós a inveja de suas eternidades (Barros, 2013). O historiador cultural deve fazer da escrita da história esse abrigo ao abandono, em suas práticas de pesquisa e em sua escrita deve amar as coisas como a si mesmo, porque esse si mesmo sem elas não existiria. O homem é inseparável daquilo que cria, ao que ele cria foi que se deu o nome de cultura. Como ser historiador cultural sem abrir os olhos para tudo aquilo que é criação humana, para tudo aquilo que compõe a vida dos humanos? Nós somos inseparáveis das coisas de cada época e de cada realidade cultural. Não apenas utilizamos os objetos, como diz Manoel de Barros, eles também nos praticam e nos produzem (Barros, 2013, p. 333). Palavra de historiador, como a de poeta, tem que escorrer substantiva, tem que chegar enferma das dores do mundo, dos limites e das derrotas dos semelhantes e dos dissemelhantes (Barros, 2013, p. 333). As coisas nos espiam, nos olham, tanto quanto nós as olhamos, nos diz Georges Didi-Huberman (1998). Portanto, o historiador cultural é aquele que enxerga o júbilo nas migalhas que sobraram dos grandes desastres e genocídios que constituem a história humana. Em meio aos destroços, nos monturos, sempre será possível colher um lírio, encontrar uma brasa de esperança, um farrapo de utopia, o resto das cinzas de uma batalha, para nos dar conforto e para nos estimular em nossas lutas na vida presente. O historiador cultural é um arqueólogo ou um escafandrista, que faz dos restos pistas de civilizações, culturas, vidas e tempos soterrados ou naufragados. Ao auscultar os despojos, nada se pode deixar de inventariar. Para além dos corpos e ossos humanos, é preciso catalogar e dar sentido à botina rota, à jarra e ao copo quebrados, ao cadeado e ao canivete enferrujados, à cuia e às cestas em pedaços, ao candeeiro e à gaiola, ao punhal e à mola que vêm amolar e apunhalar os nossos sentidos, a nossa imaginação e a nossa cognição.

Retomando o antigo sentido da palavra poesia, o historiador cultural, como todo e qualquer historiador, não só exerce uma atividade poética, como deve dar conta daquelas atividades humanas que estão para além do que os gregos denominavam de *práxis*, atividades que não eram criativas ou inventivas, que implicavam apenas o uso do corpo, que não tinham como fim a realização de uma obra, mas a consecução de uma tarefa (Agamben, 2017). A história cultural lida com a dimensão criativa humana, com sua capacidade de se expressar, de se exprimir, de se representar, de se acrescentar através de suas obras, sejam elas artísticas, artesanais, intelectuais, maquínicas. O conceito de trabalho, como a generalidade da ação produtiva humana, não estava presente na Antiguidade, já que a atividade humana se definia aí por seu produto, e não pela ação que a antecedia (Vernant; Vidal-Naquet, 1989). Temos que voltar a valorizar não apenas a ação de trabalhar, de produzir, tão central no capitalismo, mas os produtos desse trabalho, desalienando nossa relação com os objetos. Os historiadores culturais devem partilhar com os poetas o desejo de fazer coito com as coisas e com as letras, ter um olhar de espanto para todas as pequenas coisas do mundo (Barros, 2013, p. 241-244). Ter um gosto rasteiro, ir por reentrâncias, por frinchas, por gretas, atuando com as lascívias da hera, fazendo rizoma com os homens, com as mulheres, com todos os badulaques que foram capazes de criar (Barros, 2013, p. 241-244). Em vez de trepar nas alturas e nas grandezas, o historiador cultural deve gostar de e fazer baixarias. Procurar ver sempre o que está por baixo, o que habita os poros dos monumentos e dos documentos. O historiador cultural deve auscultar os lugares e os tempos em que há decadência e onde os homens têm a força da indigência e da inteligência. Lembrar que o sentido normal das palavras e das ações deve ser motivo de desconfiança. Nos tempos de lama e ódio, que é a lama da alma, cabe ao historiador cultural manter viva a poesia de que são capazes os seres humanos, que pode explodir da mais ínfima, da menor criatura, da mais débil vida, do mais frágil e banal objeto. Fazer história da cultura é fazer história de nossa *poiesis*, do quando nos tornamos obra, do quando obramos a nós mesmos e ao mundo que nos guarda semelhança. O historiador cultural olha para as pequenas coisas do mundo, para os objetos mais débeis, para aí encontrar o rosto do homem, a cristalização material, formal de sua inteligência, de sua imaginação, de sua memória, de sua emoção, de seu afeto, de seus gostos, de seus valores, de suas formas de pensar e desejar. Em vez de desprezar as migalhas, mostrar o quanto são jubilosas, o quanto dizem de nossos sonhos, de nossas perdas, de nossos lutos, de nossas tragédias, de nossos feitos e defeitos. Lembrar, com o poeta, que se o cisco é infenso à fulgurâncias, a flor nascida nos monturos pode emprestar qualidade e beleza ao cisco. O cisco pode ter para os historiadores a importância das catedrais (Barros, 2013, p. 334). Que os historiadores culturais sejam capazes de fazer dos monturos do passado, dos seres e objetos desimportantes, o material de construção de novas maneiras de inventar o passado, de escrever a história.

Referências

AGAMBEN, G. O homem sem obra. *In*: AGAMBEN, G. *O uso dos corpos* [Homo Sacer, IV, 2]. São Paulo: Boitempo, 2017.

ARISTÓTELES. *A política*. 2. ed. São Paulo: Edipro, 2009.

ARISTÓTELES. *Metafísica*. São Paulo: Edipro, 2012.

BARROS, M. *Tratado geral das grandezas do ínfimo*. São Paulo: Record, 2001.

BARROS, M. *Poesia completa*. São Paulo: LeYa, 2013.

BENJAMIN, W. Sobre o conceito de história. *In*: BENJAMIN, W. *Obras escolhidas*: magia e técnica, arte e política. São Paulo: Brasiliense, 1985. p. 222-232.

BRAUDEL, F. *Escritos sobre a história*. 3. ed. São Paulo: Perspectiva, 2014.

BRAUDEL, F. *O Mediterrâneo e o mundo mediterrâneo na época de Filipe II*. São Paulo: Edusp, 2016. v. 2.

CHARTIER, R. *À beira da falésia*: a História entre certezas e inquietudes. Porto Alegre: EDUFRGS, 2002.

DIDI-HUBERMAN, G. *O que vemos, o que nos olha*. São Paulo: Editora 34, 1998.

DOSSE, F. *A história em migalhas*: dos Annales à Nova História. Bauru: EDUSC, 2003.

ELGER, D. *Dadaísmo*. Köln: Taschen, 2011.

ENGELS, F. Sobre o papel do trabalho na transformação do macaco em homem. *In*: MARX, K.; ENGELS, F. *Obras escolhidas*. São Paulo: Alfa-Ômega, 1986. p. 267-280.

FAVARETTO, C. *A invenção de Hélio Oiticica*. 2. ed. São Paulo: EDUSC, 2005.

FOUCAULT, M. A vida dos homens infames. *In*: FOUCAULT, M. *Ditos & Escritos*: Estratégia, Poder-Saber. Rio de Janeiro: Forense-Universitária, 2003. v. 4, p. 203-222.

FREYRE, G. *Ordem e progresso*. Rio de Janeiro: José Olympio, 1959.

GINZBURG, C. *A micro-história e outros ensaios*. Lisboa: Difel, 1991.

GINZBURG, C. Relações de Força: história, retórica, prova. São Paulo: Companhia das Letras, 2002.

GINZBURG, C. *O queijo e os vermes*. São Paulo: Companhia das Letras, 2006.

GUMBRECHT, H. U. *Produção de presença*: o que o sentido não consegue produzir. Rio de Janeiro: Contraponto, 2010.

GUMBRECHT, H. U. *Atmosfera, ambiência, Stimmung*: sobre um potencial oculto da literatura. Rio de Janeiro: Contraponto, 2019.

HEIDEGGER, M. *Ser e tempo*. 10. ed. Petrópolis: Vozes, 2006.

HERMANN, C. *A materialidade e o adverso nos Bólides de Hélio Oiticica*. Rio de Janeiro: Mundo Contemporâneo, 2017.

HOLANDA, S. B. *Monções*. São Paulo: Brasiliense, 1990.

HOLANDA, S. B. *Caminhos e fronteiras*. São Paulo: Companhia das Letras, 1994.

HOLANDA, S. B. Armas de algodão I e II; O fio e a teia I, II, III e IV; Relíquias das monções I e II. *In*: COSTA, M. (org.). *Sérgio Buarque de Holanda*: Escritos coligidos – Livro I (1920-1949). São Paulo: Editora Unesp: Fundação Perseu Abramo, 2011.

LAZZARATO, Maurizio. *Signos, máquinas, subjetividades*. São Paulo: SESC, 2014.

LE GOFF, J.; NORA, P. *História*: novos objetos. 4. ed. Rio de Janeiro: Francisco Alves, 1995.

LOBO, R. F. M. *Nanotecnologia e nanofísica*: conceitos de nanociência moderna. Forte da Casa: Escolar Editora, 2009.

MARX, K. O trabalhador parcial e sua ferramenta. *In*: MARX, K. *O capital*: Livro 1. 7. ed. São Paulo: Difel, 1982. v. 1, p. 389-392.

MELO NETO, J. C. *Poesias completas*. Rio de Janeiro: Sabiá, 1968.

MELO NETO, J. C. O engenheiro. *In*: SECCHIN, A. C. (org.). *Melhores poemas*: João Cabral de Melo Neto. São Paulo: Global, 1985.

MELO NETO, J. C. *A educação pela pedra*. Rio de Janeiro: Alfaguara, 2008.

MELO NETO, J. C. *Uma faca só lâmina*. São Paulo: Cosac & Naify, 2014.

NAXARA, M. R. C. *Cientificismo e sensibilidade romântica*: em busca de um sentido explicativo para o Brasil do século XIX. Brasília: Editora UnB, 2005.

NOVAIS, F. A. *Estrutura e dinâmica do Antigo Sistema Colonial (séculos XVI-XVIII)*. São Paulo: Brasiliense, 1977.

OSTERWOLD, T. *Pop Art*. Köln: Taschen, 2007.

RAMOS, F. R. L. *A danação do objeto*: o museu no ensino de história. Chapecó: Argos, 2004.

SCHAPOCHNIK, N. Cartões-postais, álbuns de família e ícones da intimidade. *In*: SEVCENKO, N. (org.). *História da vida privada no Brasil 3*: República – da Belle Époque à era do rádio. São Paulo: Companhia das Letras, 1998. p. 423-511.

VERNANT, J.; VIDAL-NAQUET, P. *Trabalho e escravidão na Grécia antiga*. Campinas: Papirus, 1989.

WANDERLEY, L. *O dragão pousou no espaço*: arte contemporânea, sofrimento psíquico e objeto relacional em Lygia Clark. Rio de Janeiro: Rocco, 2002.

O texto à prova de lágrimas

A dramática história da humanidade não é escrita para provocar o choro?

A escritora moçambicana Paulina Chiziane inicia, assim, sua apresentação ao livro *Cadernos de memórias coloniais*, da escritora, jornalista e professora portuguesa Isabela Figueiredo:

> Caíram-me muitas lágrimas na leitura dessa obra, por me fazer reviver os momentos mais amargos do meu percurso. Deixe-me tratá-la por tu, para estar mais próxima de ti, que em África é assim que tratam os mais novos. Reconheço tudo o que descreves: os nomes, os lugares, os factos. A tua escrita é tão poderosa e tão real, Isabela! (Figueiredo, 2018, p. 13).

Eu lia o livro do historiador-sociólogo francês, como gosta de se nomear, Ivan Jablonka, *Laëtitia ou o fim dos homens*, que foi vencedor do prêmio literário Le Monde 2016, quando fui às lágrimas ao ler este parágrafo dedicado à irmã gêmea de Laëtitia Perrais, a jovem assassinada e esquartejada, em 19 de janeiro de 2011, por Tony Meilhon:

> Jessica, nossa filha. O facto de ela se levantar de manhã, de ir para o trabalho, de fazer judô, de tentar tirar a carta de condução, de ter uma namorada, tudo isso já é uma vitória sobre a ordem das coisas,

um imperceptível erodir da imemorial mecânica da submissão. Jovem anônima que caminha pela cidade com sua mochila às costas. Resistente que vive por duas. Que Jessica possa nos perdoar. Este livro é para ela (Jablonka, 2017, p. 308).

Uma obra literária, um romance, em que tudo o que nele está escrito é reconhecido pelo leitor como real: nomes, lugares, fatos. Uma escrita tão poderosa, capaz de levar às lágrimas por nela se reconhecer parte do próprio percurso, como mulher negra, moçambicana, filha de um colonizado, tão racista quanto o pai branco, colonizador, da escritora portuguesa. Um livro de um historiador, vencedor de um prêmio literário, que nos faz chorar ao escrever sobre um *fait divers*, sobre a trágica morte de uma bela jovem, de dezoito anos, e, a partir dela, sobre os dramas dos filhos e filhas de famílias modestas, destroçadas pelo desemprego, pelo alcoolismo, pelas drogas, pela violência doméstica, que são retirados dos pais pelo Estado e que passam a perambular pelas instituições de acolhimento de menores e adolescentes. Num capítulo nomeado de "Laëtitia sou eu", Ivan Jablonka relembra a declaração de Patrick Modiano ao receber o Prêmio Nobel de Literatura e completa:

> "Sempre acreditei que o poeta e o romancista conferiam mistério aos seres que parecem afundados na vida quotidiana, nas coisas de aparência banal. [...] É o papel do poeta e do romancista, e também do pintor, desvendar esse mistério e essa fosforescência que se encontram no fundo de cada pessoa". Acrescentarei que esse é o papel também do historiador-sociólogo (Jablonka, 2017, p. 326).

Na apresentação ao livro de Isabela Figueiredo, ainda podemos ler afirmações como estas:

> A tua obra, *Caderno de memórias coloniais*, faz a análise da história a partir de um lugar proibido às mulheres

castas: o sexo. Fiquei fascinada. Que maravilha, que coragem, Isabela! Até usastes palavras proibidas às meninas bonitas para mostrar que existe uma outra forma mais verdadeira de ver o mundo (Figueiredo, 2018, p. 13).
Através desse espelho de preconceitos, reconhecemos que a história exclui verdades essenciais. Só fala de generais vitoriosos, heróis, batalhas, conquistas. Não diz que esses heróis e generais eram homens e tinham sexo. Não dizem que os exércitos tinham paixões e sentimentos. Nem diz que as mulheres brancas participaram na construção do império colonial de uma forma diferente dos homens. Fala de rainhas enfeitadas de rendas e de sedas. Não fala do sofrimento, do isolamento, das ansiedades mais profundas das mulheres de colonos, que deram também o seu valioso contributo na edificação da história colonial (Figueiredo, 2018, p. 14).

Uma obra de um historiador-sociólogo, alojada, portanto, no campo das ciências sociais, diz partilhar com o romancista e o poeta a tarefa de desvendar os mistérios e as fosforescências que se encontram no fundo de cada pessoa. Um romance, que se intitula um caderno de memórias, fazendo uma análise da história a partir de um lugar nunca trilhado pelos historiadores: o sexo, o corpo, as paixões, os sentimentos, os sofrimentos, as solidões, as ansiedades. Para mostrar que existe uma forma mais verdadeira de ver o mundo do que aquela dos historiadores, só preocupados com generais vitoriosos, heróis, batalhas e conquistas, com rainhas enfeitadas de rendas e sedas, teria, inclusive, recorrido ao uso de palavras proibidas para meninas bonitas, a uma outra forma de narrar.

Surpreendentemente, o campo literário e o campo científico, o campo da ficção e o campo do texto realista, o texto literário, o texto memorialístico e o texto historiográfico parecem estar se aproximando, não diria se sobrepondo, pavor atávico dos historiadores, mas se encontrando numa espécie de zona de confluência, de zona de interstício, que um dia nomeei de "a terceira margem" e que o próprio Jablonka nomeou de "terceiro continente". As obras historiográficas desse historiador e sociólogo francês, que transita também pelo campo literário, tentam propositadamente apagar as fronteiras rígidas entre um texto dito científico e um texto considerado artístico. Seu livro *A história é uma literatura contemporânea: Manifesto pelas ciências sociais* traz no próprio título essa tensão, pois é um manifesto em favor das ciências sociais que proclama a história como uma literatura contemporânea (Jablonka, 2021). Tal como defendo há bastante tempo, Jablonka está convicto de que os historiadores precisam reformular sua forma de escrever, que o que comumente nomeamos de escrita literária tem, muitas vezes, maior capacidade de nos aproximar da realidade, da verdade do mundo e das pessoas, do que a escrita impessoal e denotativa dos historiadores. Um mero fragmento da história contado pela literatura, a história vista através de um evento, de um personagem, da vida quotidiana de pessoas comuns, tem um maior poder de nos impressionar, de nos mobilizar, de nos comover, de nos levar às lágrimas, do que as eruditas e distanciadas narrativas dos historiadores. Em muitos livros de história ganhamos em informação factual e cognitiva, mas perdemos em verdade humana, em contato com os dramas humanos. Os historiadores são capazes de falar da morte de milhares de pessoas numa guerra, numa revolução, num massacre, e não arrancar uma lágrima sequer, podendo, por vezes, heroicizar uma tragédia.

Todos os historiadores sabem que partilhamos muitos procedimentos com a literatura: temos que elaborar uma trama narrativa em prosa, temos que descrever cenas e cenários, definir protagonistas e figuras secundárias, articular acontecimentos, dar inteligibilidade, através da narrativa, a uma dada temporalidade, a uma dada espacialidade, construir significados, discutir valores e posições políticas e ideológicas, contar os eventos. O que a literatura nos ensina e que os historiadores ainda pouco praticam é que os eventos acontecem no interior de uma paisagem, de um clima, numa estação do ano, e isso tem pertinência, são elementos de inteligibilidade de dados acontecimentos históricos. Quantos historiadores, ao descreverem uma cena, lembram-se de dizer se estava frio ou se geava, se estava calor, se o sol abrasava, se era primavera ou outono? Esses recursos narrativos não criariam ainda maior efeito de real, não dariam verossimilhança ao texto, que é o objetivo do historiador? Veja como o faz Jablonka ao narrar a cena de desaparecimento de Laëtitia, na quarta-feira, 19 de janeiro de 2011:

> Jessica fecha o portão e põe-se a caminho pela Route de la Rogère. São sete e um quarto da manhã, ainda é de noite, faz frio. Como é seu hábito, Jessica está adiantada: o autocarro da escola passa às sete e meia do outro lado da rotunda.
> Tendo percorrido cinquenta metros, distingue na escuridão uma vespa caída na berma da estrada, e reconhece-a de imediato como a da irmã. A *scooter* está deitada, o assento coberto de geada, motor desligado e faróis apagados, a chave ainda na ignição (Jablonka, 2017, p. 17).

Partilhamos com a literatura a tarefa de construir personagens, lugares e posições de sujeito no interior da narrativa, inclusive para o próprio narrador. Aqui, uma necessária distinção, enquanto o personagem literário pode só ter lugar no interior da escrita do romance, o personagem histórico tem que ter habitado um real, ter vivido num passado, ter habitado um fora do texto, para o qual este deve apontar. Enquanto o texto literário pode se fechar e se enrolar sobre si mesmo, o texto historiográfico deve se abrir e deixar atravessar por uma exterioridade, por um exterior espaçotemporal. Mas essa distinção só é absolutizada do ponto de vista da historiografia, o texto literário pode tratar de eventos que verdadeiramente ocorreram e de nomes e pessoas efetivamente existentes, como o fez Isabela Figueiredo, sem deixar de ser literatura. E o que falar dos protagonistas de um dado evento, que o historiador do campo da história oral entrevista e que recebem pseudônimos na hora da escrita do texto, não se tornariam, nesse gesto, personagens de ficção?

A principal distinção entre o texto do historiador e o texto literário se dá no momento da construção do lugar de autoria, da posição de autor e narrador, no interior do texto. Há, nesse aspecto, uma curiosa homologia reversa entre os dois regimes de textos: o texto historiográfico que, de saída, reivindica uma autoria autorizada e legitimada, um lugar de autor reconhecido pela instituição científica, dissimula-se e apaga-se no interior do texto, por trás de um nós majestático, produzindo, muitas vezes, a impressão que a história contaria a si mesma, os personagens dos eventos é que contariam a história de que são agentes. Dificilmente o historiador diz eu, assume a primeira pessoa em seu texto. Já na literatura, tudo se passa como se o autor fosse a origem de tudo; é dele que sai o romance, ele é assumidamente o autor do texto, mas, contraditoriamente, também pode criar, ao rés do texto, distintas figuras de narradores. O escritor angolano José Eduardo Agualusa transforma uma osga, uma lagartixa de parede, na narradora de seu romance *O vendedor de passados* (Agualusa, 2012). No entanto, em *Cadernos de memórias coloniais*, como o lugar de autoria da memorialista confunde-se com o lugar de autoria da escritora, Isabela Figueiredo é a principal protagonista de seu romance. Já a grande novidade do livro do historiador Ivan Jablonka é que ele não só narra em primeira pessoa, como se coloca no interior da própria trama, o que pouco fazem os historiadores, mesmo aqueles do campo da chamada história do tempo presente. Ao se colocar no interior da trama, o historiador romperia com a ideia de objetividade e distanciamento de seu objeto de estudo, efeitos de sentido canônicos no chamado texto científico. Vejamos um trecho de sua narrativa, o belo parágrafo com o qual encerra o livro:

> Não quero deixá-la só. Que o meu livro seja a sua fosforescência, as pegadas de lantejoulas e o riso que ela teria deixado no ar numa tarde de verão, um rasto de palavras que dizem tanto a sua graça e a sua nobreza como seus erros ortográficos, tanto o desespero e a infelicidade como as suas *selfies* no Facebook e as noites de *karaokê* no Girafon. Eu queria que ela dançasse e dançasse, por ela e por nós, até o fim dos tempos, queria que a infância fosse um passeio ao sol numa praia polvilhada de seixos e conchas, e queria que a lagoa de Trou Bleu já não fosse o remoinho onde alguém cai, onde alguém se afoga enquanto os homens conversam na ponte, já não fosse a obscuridade tocada por dedos através de uma grade, mas as águas esmeraldas, tranquilas e puras, que atraem o olhar do visitante sentado na margem, a alma em paz. Como dizia Laëtitia, numa de suas cartas-testamentos e com a poesia que lhe pertence, *la vie é fête comme sa* [A vida é festa assim por A vida é feita assim]. Assim, Laëtitia, a vida é festa (Jablonka, 2017, p. 335, colchetes meus).

Eu adjetivei de belo esse texto, que coisa imprópria para um texto de historiador, afinal não seria na dimensão estética, na preocupação com o efeito estético que residiria a diferenciação entre o texto literário e o texto historiográfico? O texto científico, texto preocupado com a enunciação da verdade e com a representação da realidade, deveria se limitar a ser um texto denotativo, um texto que usaria as palavras em seu sentido literal, o que seria uma espécie de sentido grudado às coisas que nomeia, como se isso fosse possível. O texto literário é que seria conotativo, utilizando as palavras em sentido figurado, expandindo seus sentidos e significados habituais, levando as palavras para longe da literalidade, deslocando-as de suas cópulas naturais com as coisas que nomeariam. Mas essa distinção entre literatura e ciência, arte e historiografia se sustenta? Só quem tem da linguagem uma visão naturalizada, só quem não admite, como faz Giorgio Agamben, que a vida que vive não é a vida que fala, ou seja, só quem não admite a incomensurabilidade entre linguagem e mundo, entre a própria língua e a palavra, distinção fundamental da linguística saussuriana (Agamben, 2018; Saussure, 2012). Nós humanos nascemos na linguagem e, como diz Lacan, somos, ao nos humanizarmos, deslocados do plano do real para o plano do simbólico e do imaginário (Lacan, 2014). O mundo que construímos na linguagem, na imagem, no signo, está sempre deslocado, desencaixado do mundo real; ele é realidade humana, isto é, uma elaboração imagético-discursiva do real. Nenhum saber humano escapa da simbolização e da imaginação; todos eles, portanto, são poéticos, são ficcionais, são elaborações conceituais humanas. Portanto, há em todo saber humano uma dimensão estética que pode estar mais ou menos assumida ou velada. Há uma beleza numa equação, numa figura geométrica, numa fórmula, tanto quanto num poema ou num relato historiográfico. Apenas em uma forma de representação ela pode ser intencional e em outras não. Intencional ou até inconsciente.

Mas ao dizer eu, ao narrar em primeira pessoa, o livro do historiador Ivan Jablonka inaugura efetivamente essa novidade que enuncia, ele realmente encontra esse terceiro continente situado entre "o território da imaginação e da liberdade, jardins suspensos, pomares onde tudo cresce graças a um princípio de ficção-prazer [...] onde conseguimos ver aquilo que não existe" e a parte cinza do mapa-múndi da escrita preenchida pelos escritos "utilitários": "artigos de imprensa, documentos, *blogs*, notícias, longos discursos, informações, detalhes a perder de vista", "os terrenos áridos do real e do verídico, cercados por um grande lago salgado composto pelas ciências sociais: história, sociologia, economia etc."? (Jablonka, 2021, p. 13). Nessa paisagem monótona, nesse mundo maniqueísta, dividido entre o mundo maravilhoso da literatura e o mundo cinzento do não literário, qual o lugar reservado para o historiador segundo Jablonka? No lago salgado das ciências sociais haveria lugar para a água salobra das lágrimas? Emoção, afeto, sentimento, sofrimento interior, subjetivo, psicológico teriam lugar nesse terceiro continente? Parece-me que, ao dizer eu, ao se colocar em primeira pessoa em seus textos, Jablonka ainda ocupa o lugar tradicional reservado ao historiador no interior do seu texto: o lugar do investigador. Como tantos outros historiadores, vai dizer eu na hora de expor a sua pesquisa, o levantamento de fontes, o cotejamento das versões, o momento do método e da busca da verdade. A única diferença é que ele espalha esse momento por todo o texto, enquanto a maioria dos historiadores o concentra nos textos introdutórios a seus trabalhos. Sua narrativa se aproxima, como ele mesmo diz, da literatura de escritores como Truman Capote e Norman Mailer, que consagraram o romance policial, a literatura de investigação, herdeiras do jornalismo do *fait divers*, como gênero literário. Ao longo de todo o texto, ele se coloca como o investigador, que contracena com jornalistas, policiais, advogados, promotores, juízes de instrução, peritos criminais, médicos legistas, psicólogos e psiquiatras forenses, testemunhas e familiares, na busca pelo corpo de Laëtitia e pela verdade sobre o crime que a vitimou. A proximidade da investigação histórica com a investigação policial e judiciária, da prática historiográfica com a prática do direito, é um tropos por demais consagrado desde a historiografia do século XIX.

Ivan Jablonka propõe um lugar de charneira para a historiografia onde ela não abriria mão de seu teor investigativo, de seu necessário apego a evidências, fontes, documentos, submetido a procedimentos metódicos de recolha e análise, de seu objetivo de buscar a verdade, de se empenhar na busca do que efetivamente se passou, dando ao conjunto dos eventos, personagens e evidências um tratamento narrativo, literário, distinto. Eu diria que, mais do que da literatura, Ivan Jablonka parece situar o texto historiográfico na proximidade do texto jornalístico, que deve nascer da investigação dos eventos, da consulta e checagem de fontes, mas que deve ser vazado numa prosa clara, informativa, sem abrir mão do uso de recursos literários e poéticos. No que tange ao que chamo de construção da posição de sujeito historiador no interior do texto, não creio que Ivan Jablonka seja um grande inovador, ele é o investigar escrupuloso, o praticante do paradigma indiciário identificado por Carlo Ginzburg, uma espécie de Sherlock Holmes cuja narrativa é um relato de seu processo investigativo (Ginzburg, 1989). Ele é o juiz de instrução, posição assumida por Lucien Febvre, em seu livro clássico sobre François Rabelais (Febvre, 2009). O historiador continua a dizer eu na hora de expor sua investigação, seu método, sua pesquisa, embora a novidade seja Jablonka se assumir também como autor do próprio texto, de sua escrita, coisa que poucos historiadores fazem. Vejamos como ele constrói seu lugar na narrativa:

> Gostaria de começar este capítulo, consagrado aos abusos sexuais pelos quais o senhor Patron foi condenado, com uma consideração de ordem metodológica. Gilles Patron reconheceu apenas uma relação consentida com Jessica depois dela ter atingido a maioridade. Quanto ao resto, sempre se declarou inocente, acusando as jovens de terem mentido por interesse material, por fragilidade psicológica ou por espírito de vingança. A mulher e os três filhos, bem como algumas crianças instaladas no seu domicílio no ano 2000, deram-lhe um apoio inabalável (Jablonka, 2017, p. 123).

Nenhuma novidade, na hora de se colocar questões metodológicas, o historiador fala em primeira pessoa. No entanto, no mesmo capítulo, ao pôr em dúvida a versão do senhor Patron sob as acusações de abuso de que era acusado, surge o tradicional nós, o sujeito coletivo que despersonaliza e desresponsabiliza o sujeito narrador, o historiador, pela dúvida levantada, pretensamente a partilhando com todo mundo, a remetendo para todos os leitores do texto:

> Não se trata aqui de voltar a julgar o senhor Patron. Se alguém tem o direito de o julgar, além do tribunal, é Jessica, e ela recusou-se durante muito tempo a apresentar queixa contra ele, receando que ele ficasse zangado. Temos, contudo, o direito de nos interrogarmos: quem é, afinal, o senhor Patron? (Jablonka, 2017, p. 123).

No momento de se fazer um questionamento do campo da ética da pesquisa, dos procedimentos éticos da profissão de historiador, ele recua para a posição tradicional, não somente de um sujeito coletivo, como para uma posição de pretensa isenção, colocando-se apenas no lugar de sujeito, consagrado pelo discurso científico, do inquiridor ou do inquisidor, tão bem encarnado pelo historiador-etnógrafo do livro *Montaillou: uma aldeia occitânica*, de Emmanuel Le Roy Ladurie (1997). Ele pode fazer perguntas, pode duvidar, mas não pode responder, não pode emitir julgamento. O livro de Ivan Jablonka tem como momentos tocantes aqueles em que, abandonando a figura do investigador, assume o lugar de cronista, de escritor e poeta. Um livro que, embora não apresente a mesma radicalidade do livro da escritora portuguesa, ao colocar o corpo e o sexo, branco e negro, de homens e de mulheres, no centro de uma história do colonialismo, do imperialismo, do nacionalismo, também se dedica a descrever os corpos. Seus personagens, ao contrário da maioria dos personagens históricos, têm corpos e fazem sexo, até porque crimes e violências de natureza sexual estão no centro do evento que narra:

> Laëtitia tinha um ar gracioso. Era magra, elegante. O seu cabelo castanho comprido, farto e sedoso, combinava com os traços harmoniosos do seu rosto, iluminado por um sorriso e por olhos resplandecentes. Sinais de pele ornavam-lhe o peito e as costas.
> Jessica, ao contrário da irmã, adotou os códigos de uma aparência "arrapazada", cabelo curto, silhueta andrógina, ausência de maquiagem, fato de treino, tênis. A "feminilidade" convém a Laëtitia, até porque lhe permite distinguir-se da sua gêmea (Jablonka, 2017, p. 159).

Creio que é no romance-caderno de memórias de Isabela Figueiredo que vamos encontrar uma proposta de escrita da história realmente inovadora, sensível, capaz de mobilizar os leitores, de fazer da história uma narrativa que não seja à prova de lágrimas, uma narrativa que nos faça ter dos eventos e dos personagens uma compreensão interior, nos aproximando de suas fosforescências, como pretende o historiador francês. A escritora ocupa, ao mesmo tempo, os complexos lugares de historiadora, testemunha e personagem, além de autora de seu escrito. Ivan Jablonka colocaria esse texto no lugar do inclassificável, num lugar anfíbio, numa terceira margem difícil de enquadrar nas facilidades das divisões binárias. Mesmo sendo classificado como um romance, o *Caderno de memórias coloniais* nos leva a entrar em contato com uma história de Moçambique que talvez não encontremos em livros de historiadores. Uma história que se passa por dentro das casas, das cabanas, nas moitas, nas relações quotidianas, nos gestos miúdos do dia a dia, em que a dominação colonial se materializa na humilhação, na exploração, no preconceito, na violência, na miséria, mas também até nos momentos de prazer, alegria e gozo. As tensões raciais, de classe, as hierarquias de gênero, aparecem materializadas em gestos, em frases, em ditos e feitos, em rituais e rotinas. Uma história contada a partir do ponto de vista de uma narradora que se coloca em primeira pessoa na narrativa, sem deixar de questionar o seu próprio lugar e olhar. Uma narradora que tem a coragem de expor sua relação edipiana com o pai, a quem ama e com quem tem fantasias sexuais, mas que ao mesmo tempo o reprova e o renega em seu papel de colonizador e homem branco, em seu lugar de macho. Uma história narrada a partir do corpo da autora do texto e dos personagens que traz à baila:

> Os brancos iam às pretas. As pretas eram todas iguais e eles não distinguiam a Madalena Xinguile da Emília Cachamba, a não ser pela cor da capulana ou pelo feitio da teta, mas os brancos metiam-se lá para os fundos do caniço, com caminho certo ou não, para ir à cona das pretas. Eram uns aventureiros. Uns fura-vidas.
> As pretas tinham a cona larga, diziam as mulheres dos brancos, ao domingo à tarde, todas em conversas íntimas debaixo do cajueiro largo, com

> o bandulho atafulhado de camarão grelhado, enquanto os maridos saíam para ir dar sua volta de homens, e as deixavam desenferrujar a língua uma com as outras. As pretas tinham a cona larga, mas elas diziam as partes baixas ou as vergonhas ou a badalhoca [...]. A das brancas não, era estreita, porque as brancas não eram umas cadelas fáceis, porque a cona sagrada das brancas só lá tinha chegado o marido, e pouco, e com dificuldade; eram muito estreitas, portanto, muito sérias, e convinha que umas soubessem isto das outras (Figueiredo, 2018, p. 34).

O lugar da testemunha, esse lugar de fala tão longamente debatido por Giorgio Agamben, esse lugar de fala também marcado por ser intersticial, quase uma impossibilidade, situado entre a vida e a fala, entre uma vida que não pode falar e por isso pede que outro testemunhe e uma fala que diz de uma vida que não é propriamente a sua, que diz de uma vida que já cessou, que já ficou na infância, no passado, é assumido por uma narradora que conta a história em primeira pessoa, que conta a história sem simular o pretenso afastamento e objetividade diante do que escreve (Agamben, 2008). Ao contrário, o que há de emocionante nesse texto, o que nos comove, é que a história não aparece como algo externo à vida, à fala de quem narra. A história passa pelo corpo, passa pela subjetividade, emerge no texto a partir das ressonâncias, das fosforescências que consegue produzir no interior do narrador. Essa história nos faz chorar, nos mobiliza, nos afeta, porque nos chega como vida, mesmo sendo texto, mesmo sendo linguagem, ela vem maculada, suja, misturada com restos de vida. Essa é uma história bem diferente da história à prova de lágrimas que os historiadores costumam escrever, uma história vista de longe, de fora, colhida à pinça, como os insetos raros dos entomólogos, em que a razão trabalha, investiga, analisa, conclui, distante da paixão e da emoção. Uma historiografia escrita numa linguagem esotérica, acadêmica, para não deixar os sentimentos penetrarem no sacrossanto gabinete. Isabel Figueiredo nos apresenta uma história que passa pela vida do narrador, que não deixa de ser crítica, analítica, problematizadora, apoiada em documentos, mas que é narrada, não literalmente, mas literariamente com as estranhas:

> Quase engravidei do filho do vizinho preto. Tinha dez anos e o medo pôs-me de cama. Foi por pouco. Deus protegeu-me. O negrito do lado, vendo-me no telhado da garagem, subiu à sua mafurreira para falar comigo às escondidas da minha mãe. Foi o único com quem me relacionei profundamente. Chegamos a tocar-nos nas mãos, quando ele transferia para meus braços os gatos que tinham fugido para o seu quintal. Tinham as mãos iguais às minhas, rosa-amarelo-bege nas palmas, mas de preto. Falávamos da escola. De jogos. De bichos, sobretudo de cobras, porque havia inúmeras no mato de seu quintal, e ele gostava de me meter medo com isso. E mostrava-nas já cadáveres. Lembro-me do dia em que lhe disse, "minha mãe não me deixa falar contigo"[…]. Se eu estivesse grávida do preto, o meu pai podia matar-me, se quisesse. Podia espancar-me até o aviltamento, até não ter conserto. Podia expulsar-me de casa e eu não seria jamais uma mulher aceita por ninguém. Havia de ser a mulher dos pretos. E eu tinha medo do meu pai. Desse poder absoluto de meu pai (Figueiredo, 2018, p. 67-68).

Quando você chora, se emociona ao ler um texto? Quando o narrador consegue transmitir, em seu escrito, emoções que ele mesmo sentiu, ao pensar, ao lembrar, ao se colocar no momento da escrita, diante de um certo evento ou personagem. Se escrevemos um texto sem que nenhuma emoção seja nele investida, se reprimimos os sentimentos, os afetos, no momento em que elaboramos a narrativa, se procuramos colocar nele apenas raciocínios e argumentos racionais, possivelmente teremos um texto à prova de lágrimas. Se escrevemos buscando nos distanciar do que escrevemos e para quem escrevemos, não haverá empatia possível entre quem escreve e quem lê. Um texto frio, para não dizer frígido, é incapaz de seduzir alguém, de levar alguém à ação. A palavra "comoção", o gesto de comover tem relação com o pôr em movimento alguém, o fazer alguém ser mobilizado subjetivamente para sair de seu lugar de conforto e de indiferença. O texto que informa, o texto que discute, o texto que argumenta e critica não é sempre o texto que comove, que mobiliza, que faz alguém se mover subjetivamente. Como podemos continuar escrevendo a história de um país em que muitos choram todos os dias de fome, de desespero, de tristeza e dor, que todo dia milhares de pretos, pobres, homossexuais, mulheres são violentados, torturados, mortos, sem que derramemos uma só lágrima? Somos capazes de escrever uma história da escravidão, das secas, do cangaço, da classe trabalhadora, das mulheres, dos pobres sem irmos às lágrimas? Será que daqui a algum tempo, ao escrever a história que estamos vivendo, a história dos milhares de mortos na pandemia, dos indígenas e camponeses trucidados, dos quilombolas expulsos de suas terras, não faremos das lágrimas que derramaram o mais pungente documento de nossa época, de nossa história contemporânea? E as lágrimas da esposa de Marielle Franco, ficarão para a história? As lágrimas da mãe de Miguel, quem recolherá numa narrativa? As lágrimas de crocodilo de Flordelis não é um documento do nosso tempo de farsa e hipocrisia? As lágrimas das mães dos meninos assassinados no Vidigal, dos trezentos presos chacinados no Carandiru, de Zuzu Angel e de tantas mães que nunca tiveram o corpo de seus filhos de volta, corpos torturados e trucidados nos porões da tortura, nem que fossem como cadáveres, elas serão recolhidas por alguma narrativa de historiador?

Como esperar que essas coisas não se repitam na história do país, se as racionalizamos, as explicamos, quase as justificamos ao compreendê-las como causações econômicas, políticas ou de outra ordem. A historiografia que escrevemos é para pacificar os espíritos, é para fazer o luto, é para nos livrar da dor e da lágrima? Tudo explicado, nada implicado, e as explicações racionais do mundo escritas pelas esquerdas levando um banho das narrativas emocionais e apaixonadas da direita. O que fazer, chorar o leite derramado?

Referências

AGAMBEN, G. *Infância e história*: destruição da experiência e origem da história. Belo Horizonte: UFMG, 2008.

AGAMBEN, G. *O fogo e o relato*: ensaios sobre criação, escrita, arte e livros. São Paulo: Boitempo, 2018.

AGUALUSA, J. E. *O vendedor de passados*. Lisboa: Dom Quixote, 2012.

FEBVRE, L. *O problema da incredulidade no século XVI*: a religião de Rabelais. São Paulo: Companhia das Letras, 2009.

FIGUEIREDO, I. *Caderno de memórias coloniais*. São Paulo: Todavia, 2018.

GINZBURG, C. *Mitos, emblemas e sinais*. São Paulo: Companhia das Letras, 1989.

JABLONKA, I. *Laëtitia ou o fim dos homens*. Lisboa: Bertrand, 2017.

JABLONKA, I. *A história é uma literatura contemporânea*: Manifesto pelas ciências sociais. Brasília, DF: Editora UnB, 2021.

LACAN, J. Le séminaire, livre XXII: RSI (1974-1975). [Seminário inédito, transcrição em francês por] Patrick Valas. *Patrick Valas*, [*s. l.*], maio 2014. Disponível em: https://www.valas.fr/Jacques--Lacan-RSI-1974-1975,288. Acesso em: 18 set. 2024.

LADURIE, E. L. R. *Montaillou, povoado accitânico de 1294 a 1324.* São Paulo: Companhia das Letras, 1997.

SAUSSURE, F. *Curso de linguística geral.* 28. ed. São Paulo: Cultrix, 2012.

Surfando à beira da falésia

Ou como o historiador navega e escreve em tempos de rede mundial de computadores

> *Gostaríamos de conhecer a vaga [responsável pelo naufrágio], mas há que admitir que essa vaga somos nós mesmos (Jacob Burckhardt apud Hans Blumenberg, 1990, p. 64).*

No ano de 2002, o historiador francês Roger Chartier já se mostrava preocupado com os destinos da historiografia no século XXI. Ele já considerava que a produção historiográfica se debatia, naquele momento, entre certezas e incertezas. E, para ele, o empreendimento historiográfico se tornaria ainda mais difícil, instável, situado à beira do vazio, quando colocava no centro de suas preocupações as relações que manteriam os discursos e as práticas sociais, ameaçado que estaria pela tentação de apagar toda diferença entre lógicas heterônomas, mas articuladas: as que organizariam os enunciados e as que comandariam os gestos e as condutas. Nessa altura, ele já diagnosticava uma crise de inteligibilidade histórica, diante do refluxo dos grandes modelos explicativos, que desde o século XIX facilitara e simplificara o trabalho dos historiadores (Chartier, 2002). Ele vai buscar na obra de Michel de Certeau uma imagem que serviria para representar esse momento de incertezas vivido pelos historiadores: a imagem da beira da falésia, que dá nome, inclusive, a seu livro. Michel de Certeau teria usado tal imagem no texto "Microtécnicas e discurso panóptico: um quiprocó", enfeixado no livro póstumo *História e psicanálise: entre ciência e ficção*, organizado por Luce Giard e publicado no ano de 1987, para caracterizar o trabalho de Michel Foucault. Ao consultarmos o texto de Certeau, chama a atenção a frase completa em que a imagem da beira da falésia aparece pela primeira vez. Diz ele:

> A operação teórica encontra-se, de repente, na extremidade de seu terreno normal, à semelhança de um veículo que tivesse chegado à beira de uma falésia e, à sua frente, existisse apenas o mar. Foucault trabalha à beira da falésia, tentando inventar um discurso para abordar práticas não discursivas (Certeau, 2011, p. 157).

O que eu visualizo, a partir do uso dessa imagem da beira da falésia, tanto para pensar o trabalho historiográfico quanto o trabalho filosófico, tal como teria sido realizado por Michel Foucault, é a impossibilidade de se pensar tanto o ofício do historiador quanto o ofício do filósofo, longe da ilusão da existência de um terreno normal, de um solo fixo para se apoiar, nem que seja à beira do abismo. Esse pretenso terreno imóvel, essa nesga de terra em que se apoiar para produzir o conhecimento, seria constituído por gestos e condutas humanas, pelas práticas sociais, pelos domínios não verbais ou pré-verbais, pelas práticas não discursivas. Mas, curiosamente, pouco acima desse trecho que citei, Michel de Certeau fala que no livro *Vigiar e punir* "o alicerce – habitualmente tão seguro – disponibilizado pela linguagem faz, então, falta", e foi então que Michel Foucault se viu trabalhando "à beira da falésia", tentando inventar um discurso para abordar as práticas não discursivas (Certeau, 2011, p. 157). Eis que a necessidade de um alicerce, outra imagem de fixidez e da existência de uma base sólida em que apoiar o conhecimento histórico, desloca-se para o plano da linguagem, do discurso. Roger Chartier diria para o plano da representação (Chartier, 1990). Afinal, onde se localizaria esse terreno sólido, essa terra prometida ao alívio, ao descanso e ao domínio dos historiadores e filósofos? Em que solo cristalino se podem fincar os alicerces do conhecimento e das grandes obras dos artesãos do ofício de historiar e filosofar? Eles estariam fora do discurso, no que seria o real, a realidade, a coisa, o objeto, a estrutura, a empiria do mundo ou, ao contrário, estariam no arquivo, no que foi escrito, registrado, no documento, no monumento, nos discursos, nas estruturas da linguagem, nos signos, nos indícios, nos sinais, nas evidências? Onde, afinal, o historiador, exausto pela travessia do deserto do sem sentido, encontraria a rocha sobre a qual edificar a sua Igreja, inscrevendo, em pedra, a lei que deveria orientar o seu ofício e as verdades sobre o passado?

Para responder a essas questões, eu partiria, no entanto, da outra imagem que se enuncia de passagem nesse trecho do texto de Michel de Certeau, para figurar o estatuto do conhecimento histórico e os desafios que tem a enfrentar no século XXI, bem como para pensar as suas possibilidades práticas em nosso tempo. Considero que, pelo menos desde o início do século XX, o pensamento filosófico e as reflexões no campo da linguagem, da imagem, da literatura e das artes nos fizeram ver que não há falésia que assegure que não vivamos em um mar revoltoso. Eles fizeram com que percebêssemos que, se dispomos de um veículo, ele há muito navega no oceano, nos desafiando a saber flutuar, a saber surfar as vagas e ondas de nosso tempo, sob pena de afogamento. Como espectadores de um naufrágio, no dizer do filósofo alemão Hans Blumenberg (1990, p. 64), devemos desenvolver um olhar de náufragos, um olhar atento e flutuante, para poder produzir um saber sobre as tempestades, os turbilhões e as catástrofes que constituíram e constituem a história contemporânea. No princípio do século XX, o filósofo francês Henri Bergson já retirava de sob nossos pés qualquer solo firme para se pensar e viver, já nos lançava ao mar do movimento e da mudança ininterruptos (Bergson, 2006). É curioso que sejam os historiadores, os profissionais que trabalham com a temporalidade, que se dedicam a diagnosticar a mudança, que continuem alimentando o que Bergson nomeava de uma visão metafísica do real e da materialidade. A fenomenologia da duração bergsoniana significa uma contestação das concepções positivistas, evolucionistas, idealistas e materialistas vulgar, da visão de senso comum acerca do real e da realidade natural e histórica. Todo realismo empiricista naufraga ao concebermos o real não como um ponto fixo, um estado, uma parada, um momento estático, mas como um fluxo contínuo, como o devir contínuo da mudança natural e histórica. Estamos acostumados a pensar a mudança como o que ocorre a algo que antes estaria em estado de repouso, de identidade e semelhança consigo mesmo. Os historiadores, ao pensarem a transformação, partem da presunção da existência de uma forma fixa anterior, que se alteraria num dado intervalo de tempo. Como nos diz Bergson (1988), os dados imediatos da consciência, as nossas percepções, tendem a corroborar essa imagem da mudança e do movimento como um processo que parte de alguma coisa que antes estava estabilizada, e que por etapas ou estágios sucessivos vai se modificando, até atingir outra forma estável. Bergson, no entanto, nos propõe pensar que a mudança e o movimento não estão fundados em nada previamente, que eles são em si mesmos o fundamento para se pensar tanto o mundo natural quanto o mundo histórico. Nada é menos fixo do que o real ou a realidade, pois o real é movimento, é a movência constante da vida; e a realidade é a mudança incessante e infinita, a realidade é apenas um momento que recortamos, que apreendemos, que retemos do virtual que habita o real. A forma é um momento que podemos perceber da transformação e da deformação, é a cristalização passageira do que se passa. O acontecimento é o que podemos reter e deter da duração.

A nossa percepção, através da sensibilidade e da memória, recorta e estabiliza, numa imagem, parte do fluxo contínuo do real e da realidade. A imagem, a figura, é, portanto, aquilo que estabelece a mediação entre uma realidade e um sujeito em constante movimento. O conhecimento é possível, se pode enunciar proposições e verdades sobre o mundo, porque produzimos imagens arrancadas do movimento e da mudança constantes. O conceito, que é imagem, cristaliza e coagula parte do devir, estabiliza o fluir dos seres e das coisas e nos permite vê-los e dizê-los. A imagem é um cristal de temporalidades, um nó de fios temporais que ganham forma, que saem da condição de virtualidades e se atualizam numa matéria e forma de expressão. O historiador-surfista, em meio às ondas do tempo e da história, tem seus sentidos afetados pela agitação do mar do mundo, desses afetos consegue reter, com o uso da memória, consegue, portanto, perceber fragmentos do que se passa à sua volta, transformando-os em figuras, em imagens, em coisas, em seres, em objetos, em realidades, em acontecimentos que narrará, sobre os quais refletirá, sobre os quais enunciará verdades (Bergson, 1990). São as imagens que fazem a mediação entre o discursivo e o não discursivo, entre os discursos e as práticas sociais, são as formas que articulam as dimensões empíricas, cognitivas, memorativas e imaginárias de nossa experiência. Nas formas se encontram as dimensões conscientes e inconscientes de nosso viver. O historiador-surfista é aquele que aprende a olhar para as formas do mundo, mesmo aquelas que passam ligeiras, como garrafas de náufragos, levadas pelas vagas do tempo, pois sabe que em cada uma há pistas, há traços, há sintomas dos acontecimentos e dos tempos que lhes lançaram às correntezas dos tempos históricos. O historiador-surfista é aquele que leva em conta a materialidade do mundo em seu fluir, a começar pelo seu próprio corpo, sem o qual seria impossível qualquer conhecimento da realidade do mundo. Imerso no mar do tempo e da história, o historiador vê seu corpo balançar, ondear, estremecer, ser batido, arrastado pelas vagas temporais, e sabe que o conhecimento da história e dos tempos só pode ser feito a partir desse percutir das correntes de temporalidades diversas em suas carnes, em sua existência presente. É engajando seu corpo no próprio mover do tempo, é pondo seu corpo em contato com as formações deixadas e produzidas pelos tempos, que ele faz uma experiência, uma experimentação dos tempos. O conhecimento passa necessariamente pela imaginação, pelo inesgotável das imagens que, cambiantes e oscilantes, procuram captar e capturar as gotas fugidias dos instantes que passam. Uma legibilidade da história nas condições imanentes, fenomenológicas e temporais da própria visibilidade das coisas e dos seres. Ler o mundo é estabelecer ligações entre as coisas, o que conclama o uso da imaginação, da ficção, da poética, de nossa capacidade de criar presenças onde a ausência se faz presente.

Precisamos pensar o movimento e a mudança como indivisíveis e constantes, não como ocorrências pontuais, como eventos que têm uma causação naquilo que não era móvel, que era estável. Não podemos pensar o movimento e a mudança como espaços percorridos, como modificação em um estado de coisas que existiria anteriormente a elas. O movimento não é uma sucessão de posições, não é um acidente do móvel, é o seu próprio ser. A mudança não exige uma substância que a anteceda e o movimento, um veículo que o conduza, eles são imanentes e inerentes a todas as coisas e, inclusive, a todos os sujeitos, a todas as subjetividades. Quando um sujeito se coloca diante de um objeto, quando tenta conhecê-lo, ambos estão em constante mutação, portanto a relação de conhecimento é afetada pela movência constante dos seus termos e de seus agentes. Essa discussão atualiza aquela que colocou frente a frente os filósofos gregos Parmênides e Heráclito, que debatiam sobre a possibilidade do conhecer, sobre a possibilidade da apreensão do ser das coisas e dos seres (Platão, 2003; Heráclito, 2012; Palazzo, 2017). Enquanto Parmênides advogava pela existência de um núcleo de permanência, da existência de uma substância primeira dos seres, sem a qual seria impossível o conhecimento; Heráclito advogava pelo movência, pelo devir constante de todas as coisas, e da necessidade de se pensar maneiras de conhecer que pudessem lidar com esse movimento incessante de tudo. A mudança, o movimento, seriam as únicas substâncias das coisas e dos sujeitos. Daí porque esse colocar-se do sujeito diante do objeto não deveria ter como modelo a contemplação, mas a vivência. Viver não é contemplar, é participar daquilo que se busca conhecer, fazer parte daquilo que se conhece. Bergson chega a afirmar que, para se conhecer verdadeiramente, precisaríamos ser interiores aos seres e às coisas. Lembremos que Heráclito já se utilizava da imagem líquida do rio para figurar esse eterno fluir das coisas, para dar a ver o real e a realidade como constante fluxo, como passagem, para pensar as formas que constituem o mundo humano e o mundo natural estando sujeitas à constante liquefação, ao escorrimento, à fuga, à movência, ao desaparecimento. É sugestivo, também, que Heráclito localize o homem, o sujeito do conhecimento, no interior do rio, sendo afetado por seu passar, tendo que tentar dele formar uma imagem, à medida mesmo que ele flui. No entanto, quando lemos essa passagem da obra de Heráclito, imaginamos um homem parado no interior do rio, contemplando-o, ou um homem que nele entra e dele sai, um homem que muda, que não é mais o mesmo, mas nunca imaginamos esse homem sendo levado pela correnteza do rio, tendo que tentar conhecê-lo, formar dele uma imagem à medida que se debate em meio a suas corredeiras, enquanto se desvia de pedras e escolhos, enquanto luta para não se afogar, enquanto vê apavorado o precipício da queda d'água se aproximar. Creio que essa é uma imagem que diz muito de nossa condição contemporânea de historiador, profissional que tem que figurar os tempos enquanto é arrastado, velozmente, pelo seu fluir. Mas considero que a imagem do rio, por maior que seja, ainda queda modesta para figurar as temporalidades contemporâneas e os desafios que os historiadores enfrentam para conhecê-las, dizê-las, figurá-las, assim como para vivenciá-las. Acho que somente a imagem do mar revolto e encrespado dá conta de figurar a contemporaneidade.

Se é preciso que tenhamos uma outra imagem do real e da realidade, o mesmo se dá em relação ao tempo. Como diz Bergson, estamos acostumados a pensar o tempo como já desenrolado, como intervalos matemática e cronologicamente mensuráveis, como segmentos divisíveis e estanques que, normalmente, nomeamos usando a noção de período. Ignoramos a dimensão virtual do tempo, a sua mobilidade incessante, o seu fluxo contínuo, o seu vir a ser não segmentável. Temos dificuldade em articular uma narrativa histórica que figure o movimento do tempo, o seu fazer-se constante, uma narrativa que parta não de uma imagem exterior e congelada do tempo, mas que procure acompanhá-lo em seu vir a ser infinito. Tomamos o tempo como se ele já estivesse feito, como se ele já estivesse pronto, notadamente quando se trata do passado. Tanto Bergson quanto Walter Benjamin se colocaram como críticos do historicismo e sua adesão a uma visão linear e teleológica de tempo, uma visão simplificadora, que retira do tempo a sua multiplicidade e seu caráter contraído, para pensá-lo como uma linha distendida entre o passado e o presente (Bergson, 2006; Benjamin, 2016). O passado está inteiramente contraído no presente, que tem a missão de desdobrá-lo. O passado se contrai, no presente, no plano da ação e se desdobra no plano do sonho, da imaginação de futuros possíveis. O arquivo de que falava Michel Foucault, o conjunto de tudo aquilo que foi dito e feito e de tudo aquilo que se pode dizer e fazer, assim como a memória, tal como a compreendia Bergson, só existem como coextensivos ao presente que se passa, trazendo virtualidades múltiplas de futuros (Bergson, 1990; Foucault, 1986). Ao propor a alegoria como forma de figuração do passado, Walter Benjamin afirma a virtualidade do passado, que retorna em choque e em coalescência com o presente, produzindo imagens críticas e dialéticas. Tal como o sintoma freudiano, o passado sempre habita o presente como virtualidade de retorno e expressão (Freud, 2016).

O tempo que os homens e mulheres sentem e vivem não é o tempo que se pode mensurar, é um tempo qualitativo, um tempo intensivo, e não um tempo extensivo e quantitativo. O tempo que dura não pode ser calculado, ele pode ser narrado, desde que se fixe o olhar nos movimentos de passagem, no por onde o móvel passa, por onde o tempo passa, e não no tempo passado: vê-lo sem medi-lo, apreender sem detê-lo. A narrativa feita por uma consciência, por um olhar, que tomem a si mesmos como objeto, que sejam espectadores e atores, ao mesmo tempo, olhar imanente, humano, e não olhar divino, transcendente. Uma narrativa em que o narrador não se coloque como se estivesse acima ou ao lado do tempo, vendo-o como uma figura acabada, como algo que se vê de fora, mesmo que seja à beira da falésia, mas um narrador que se põe no interior das vagas do tempo, que se faz um navegante, que tenta surfar as ondas de um tempo visto como revolto e turbilhonante. Uma narrativa que restitua a mobilidade ao movimento, a fluidez à mudança, a duração ao tempo. O que os historiadores realizam, comumente, é uma espacialização do tempo, transformando-o em um intervalo, em uma extensão, em um segmento recortado e fixado, como se mata e se fixa, com alfinete, uma borboleta que é feita para esvoaçar e se deslocar, se metamorfosear. Continuamos pensando que a história será científica se conseguir apreender em suas malhas o esvoaçar do tempo, se conseguirmos retirar do tempo sua dimensão intempestiva, matando-o para termos sobre ele controle e podermos estudá-lo, fazer dele uma autópsia, como se faz a um cadáver.

A experiência temporal, que é a experiência humana, é um jorro contínuo de novidades, de mudanças, de mutações, de transformações. O tempo não é uma espécie de recipiente, de espaço, um invólucro no qual se localiza o evento. O tempo não é mera sucessão de instantes e de acontecimentos. O tempo é a matéria mesma de que os eventos são feitos, todo tempo vivido e todo o tempo singular do momento se encontram no acontecimento, naquilo que ele tem de novo, original, imprevisível, tudo que nele atualiza as virtualidades, as possibilidades, o devir que é o tempo. Como extrair, de uma temporalidade pensada nesses termos, verdades, aspiração e injunção maior do trabalho historiográfico? É necessário que se tome a verdade, também, em outros termos, que se admita que ela também é temporal, passageira, que ela não se aloja numa essência ou numa substância a ser encontrada no interior e no mais profundo das coisas e dos seres. É preciso tomar a verdade como uma aparição de superfície, como um juízo que não se separa dos termos que o compõem e da forma que adquire. A verdade não é da ordem do desvelamento, do desnudamento, mas é da ordem da construção, da invenção. A coisa e sua verdade são fabricadas ao mesmo tempo, através da forma que lhes é dada. Costuma-se ignorar a dimensão estética da verdade. Os historiadores, em sua alienação acerca da dimensão estética de seu trabalho e de sua conexão com a verdade que produzem, tendem a pensar o estético como algo ornamental, decorativo, sem nenhuma incidência sobre a inteligibilidade e a recepção dos objetos que abordam. A aparição do objeto, na historiografia, se dá na narrativa, elaborada pelo historiador, no tempo presente. O objeto não preexiste à forma que lhe é atribuída, assim como a verdade que dele se elabora. Postados no presente, retroativamente, o historiador prefigura e refigura o passado, retroage o juízo verdadeiro, porque conta com a vantagem de saber o trajeto que os acontecimentos seguiram e, por isso, encontra os sinais desse percurso no passado, sinais que quando eram presentes, e passavam, poderiam nem ser notados, poderiam nem ser sinais, nem mesmo existir como fatos para os contemporâneos. As verdades do passado são sempre verdades conferidas por sua invenção, sua elaboração narrativa, portanto literária e poética no presente. Aqueles eventos que, ao presente, parecem nítidos e inexoráveis, no passado poderiam até nem ter sido notados e anotados, pois em si mesmo cada tempo é uma multiplicidade indistinta e indivisa, intensiva e qualitativa.

O grande desafio para os historiadores continua sendo o de construir uma narrativa que faça perceptível o movimento, a mudança, que ajude a pensar a mutação de todas as coisas, que seja capaz de figurar a duração em seu devir ininterrupto. Para Henri Bergson, somente a intuição e o raciocínio, associados à imaginação, seriam capazes de nos dar uma figuração da mudança (Bergson, 1988). Por termos uma percepção lacunar do mundo, pelo fato de os registros do passado também serem lacunares, necessitamos da capacidade de imaginar, de produzir imagens, para colmatar essas lacunas. É a imaginação que nos permite fazer associações entre elementos dispersos, que nos permite estabelecer pontes entre os dados empíricos, as coisas e os signos. Os raciocínios, as intuições, as imagens só valem pelas percepções possíveis que representam. Concebemos verdades, intuímos verdades, imaginamos verdades que se tornam realidades. O historiador deveria tentar conhecer o passado intuitivamente, sem passar pela abstração, pela generalização do raciocínio, que esquematiza e simplifica. Por lidar com dimensões que são qualitativas, que não são quantitativas, que são, portanto, heterogêneas, por lidar com o mundo humano em que tudo é heterogêneo em relação a tudo, o historiador tem que dilatar a sua percepção, cavar e alargar a percepção, não sacrificando os dados do sentido e da consciência, e isso só é possível através da intuição artística. O apego dos historiadores a uma cientificidade de matriz cartesiana e positivista, estacionados numa figuração realista e naturalista dos acontecimentos, tendo uma imagem estática do que seja o real, os leva a negarem a dimensão artística, literária, ficcional da escrita da história, única dimensão capaz de alargar a percepção em relação às coisas e aos seres, em relação à materialidade concreta do mundo humano. Assim como fazem os artistas, é tarefa do historiador fazer ver o que normalmente não vemos, alargar a nossa visibilidade, figurar e apresentar não apenas figuras nascidas de raciocínios, mas também imagens nascidas da emoção, do afeto, da sensibilidade. Desprender-se da realidade para nela ver mais coisas, tentando atualizar as imagens virtuais do passado.

Os historiadores, por lidarem com a mudança, com o movimento, devem se empenhar em construir narrativas marcadas pelo uso de conceitos experimentais, fluidos, flexíveis, plásticos, que tentem se moldar às figuras fugidias do real. É preciso que abandonem os esquematismos, os conceitos rígidos, já prontos, para pensarem sua atividade como criadora de conceitos diferentes daqueles costumeiramente manejados. Ao contrário de recusar a aparência das coisas e se abismar em busca de uma pretensa essência dos eventos, tomá-los pelo que são, ou seja, aparecimentos, aparições. O historiador deve procurar pensar o aparecer, a emergência do evento, o vir a ser de sua forma. Lembrar, antes de tudo, que os objetos com que trabalha são imagens, fruto da percepção e da memória, a memória através das imagens de seu aparecer. Se a historiografia quer, efetivamente, invadir o campo da experiência, afrontar o real, deve tomá-lo como aquilo que é: matéria, vida, movimento, duração, percepção, consciência. O real é imagem em seu aparecer, só passível de ser capturado pela intuição do movimento, da mudança. Hoje, mais do que no tempo de Bergson, conhecer é se movimentar na direção de penetrar a imagem, é tentar acompanhar seu movimento de constituição, o aparecer das coisas aquém dos fatos, buscando tocar a singularidade do acontecimento antes de qualquer generalização. Buscar dar conta do estilo particular da aparição. A historiografia precisa refletir sobre seu caráter de conhecimento por imagens, romper sua alienação em torno do imagético, deixar de considerar ser sua tarefa buscar reproduzir, reapresentar as coisas do passado em sua empiricidade, abandonar essa desesperada busca por um solo firme, um alicerce para seu conhecimento, mesmo que ele esteja à beira da falésia. O conhecimento por imagem se situa aquém da representação e do empobrecimento que ela impõe, com seus esquematismos, com suas abstrações, com suas pré-visões. Devemos situar a escrita da história entre as aparições práticas das formas e das imagens, e não entre as práticas e as representações.

Conhecer por imagens, como nos diz Georges Didi-Huberman (2020), é renunciar à síntese do resolvido, do tudo feito, e aventurar-se na intuição do se fazendo. O historiador não deve enxergar o passado como algo acabado, encerrado e fechado sobre si mesmo, mas como um arquivo sempre aberto, sempre disperso e lacunar, sempre heterogêneo, atravessado por silenciamentos e encobrimentos, tomando seu trabalho não como o da cópia, da representação, do decalque desse passado, mas de sua invenção e criação por imagens sempre diferenciadas e distintas. Para além dos arranjos já dados, o constante rearranjo de todas as coisas pela interpenetração espaçotemporal entre presente e passado. Pela construção do que Walter Benjamin nomeou de imagens dialéticas, em que imagens de tempos diversos se encontram, se chocam, produzindo a alegoria iluminadora, produzindo, no encontro, a fagulha de esclarecimento, dando outra imagem tanto ao presente quanto ao passado (Benjamin, 2016). Tentar tocar o real através do poder de imanência das imagens, tomando a narrativa não como reprodução de um real visto como estático, mas como a criação de imagens que nasçam da tentativa de acompanhar o próprio movimento das coisas.

Se a realidade contemporânea é marcada pela liquidez, como defende Zygmunt Bauman (2021), em livro em que transparece uma certa nostalgia por um real que algum dia teria sido sólido, o historiador deve tomar a produção do conhecimento como uma aventura que se passa em meio às vagas do tempo, em meio ao ondear das imagens e das formas, do sem parar do movimento e do revolvimento. Assumir, como fez Fernand Braudel (2016), a imagem do mar para figurar a história e o tempo, mas, ao contrário dele, não subestimar o brilho superficial das ondas, nem as espumas e os sargaços que ele atira na areia, nos contrafortes da falésia. Em vez de tomarmos a escrita da história como o mergulho em busca de identificar correntes profundas, invisíveis, que movimentariam, silenciosas e quase imóveis, as superfícies dos oceanos do tempo, como fez o historiador dos Annales; pensá-la como uma forma de surfar, de deslizar sobre, de acompanhar os movimentos e as mudanças do mar encrespado do tempo e dos acontecimentos. Para um surfista, conhecer uma onda só é possível no ato mesmo de apanhá--la, de acompanhá-la, de com ela se envolver, se enovelar, se molhar. Nesse gesto, ao mesmo tempo consciente e intuitivo, ao mesmo tempo de memória e de imaginação, ao mesmo tempo técnico e estético, ao mesmo tempo racional e emotivo, ele sabe a onda, no duplo sentido que a palavra "saber" tem em nossa língua, ou seja, ele a conhece, adquire minimamente sobre ela uma sabedoria, pelo contato direto com a sua materialidade líquida – mesmo que esse saber nasça do tombo, do mergulho, da perda de equilíbrio e da queda –; mas também a sabe porque a deixa com o seu gosto na boca, porque faz prova de seu sal, de seu sabor, porque ela não é só uma prova pela qual se passa, mas é uma prova que se faz.

Para saber do tempo e da história, é preciso deles fazer prova, não no sentido estabelecido ainda nos princípios da profissionalização da disciplina, ou seja, a prova como a apresentação de um documento, de uma evidência que traria a verdade à tona e acabaria com qualquer discussão, mas fazer prova nesse duplo sentido do termo, adquirir um saber pelo passar por uma experiência de pesquisar o arquivo, pelo contato com a materialidade que a história e o tempo produziram e deixaram e pelo ato de fazer deles prova, ou seja, experimentá-los, fazê-los parte de si, entranhá-los, tanto quanto estranhá-los, encarná-los, degluti-los antropofagicamente, incorporá-los, fazê-los seu, como quando o surfista bebe parte da onda em que se equilibra. Ela não só toca os seus sentidos, ela os invade, entra pelo nariz e a boca, rompendo com qualquer noção contemplativa do conhecimento, qualquer visão do saber como distanciamento e recuo. O historiador-surfista seria aquele que abandona a sua posição de observação distanciada e descomprometida, localizada na beira da falésia, de onde contemplava o jogo do mar da história, sem com ele se comprometer, sem por ele ser afetado, sem se molhar, para aceitar o desafio de fazer prova do passado, nele se atirando através do mergulho nas imagens que a ele sobreviveram, nos restos e escolhos que foram deixados. Tomar o arquivo como um mar que se procura sulcar, estriar, acompanhando seus movimentos mesmo de constituição, de formação.

Portando o seu frágil equipamento, as regras definidas para o ofício em um dado momento, o que pode chamar pomposamente de método de pesquisa, que seria a sua frágil prancha amarrada no tornozelo, para que não lhe escape de vez qualquer simulacro de chão, de solo, verdadeira tábua de salvação, fio de Ariadne a evitar o vagar nessa realidade labiríntica; o historiador-surfista de nosso tempo e de múltiplas temporalidades (quantas águas vertidas no mar em tempos diversos não se misturam na onda que agora o surfista tem à sua frente?) afronta o desafio de sair sabendo mais sobre a materialidade, a realidade fugidia, turbilhonante, fluida, que afrontou, que experimentou, que dela fez prova, a realidade da história e do tempo. Um conhecimento também ondulante, em que parte se perde, esgota-se assim que aquela crista singular de água se desvanece na praia, embora algo reste, fique, seja memorizado, algo se aprenda para a aventura de tomar a próxima onda. Conhecimento do singular, daquilo que ocorre uma única vez, conhecimento da diferença e não da semelhança, da identidade, esse é o conhecimento do historiador. Cada onda, assim como cada evento, aparece e desaparece, se apresenta, não se reapresenta, se faz e se desfaz, sendo sua realidade a sua duração, o quanto dura. A vaga emerge da superfície agitada e heterogênea do mar, o agita por algum tempo, para se desvanecer, realizando, no entanto, o imperceptível trabalho de demolição cotidiana da falésia que a tenta conter, desmanchando-a em grãos de areia. A mesma coisa se dá com os eventos históricos, essas marolas e espumas desprezadas por Braudel, que no seu acontecer único, no seu acontecer de superfície, no seu ser passageiro e em movimento vão realizando o trabalho cotidiano da mudança. Como diz Bergson (2006), pelo fato dos humanos comumente habitarem a terra firme, têm dificuldade em conceber os seres, as coisas, o real, o tempo sem a fixidez de uma espacialidade estática. Não conseguimos pensar e tentar conhecer as coisas como sujeitas ao jogo e ao balanço do mar. Precisamos sempre imaginar e construir pontos fixos com os quais fixar a vida e a existência.

Os historiadores têm que aprender a olhar para as imagens, têm que reeducar o olhar para tentar figurar o fugidio, um olhar imanente que, como o olhar do surfista, acompanha a onda em sua formação e intui o momento preciso de abordá-la e a ela se entregar, no mesmo movimento com que tenta guiar-se sobre ela. O saber do surfista é um saber da experiência, do aprendizado pelo contato repetido com a materialidade daquilo que afronta, e é um saber pela prova, muitas vezes literalmente ao sentir o sal na boca, por provar a cada onda singular que sulca. O historiador-surfista é aquele que olha para a materialidade deixada pelos acontecimentos e tenta perceber os movimentos de constituição daquela forma, sabendo-a em transformação, que aquela imagem é apenas uma cristalização momentânea de um fluxo espaçotemporal, a formação singular proporcionada pelo entrecruzamento de distintas linhas temporais. Assim como uma vaga no oceano é composta de águas de muitos tempos que ali se misturam, cada evento histórico é um nó de temporalidades. O historiador-escafandrista não nada bem nas águas do contemporâneo, seu olhar vertical se abisma e se perde na escuridão das profundezas abissais em que busca a verdade, enquanto na superfície, às suas costas, a história continua a se passar, a se precipitar, mordendo e corroendo as pretensas terras firmes, que por dentro também são trabalhadas pela movência de lavas de fogo, atirando para as margens restolhos, destroços produzidos por seu trabalho constante de corrosão. O ácido do sal do tempo roendo como um câncer todas as formas pretensamente cristalizadas, petrificadas. O historiador-surfista sabe que não precisa se abismar em busca das camadas mais profundas do tempo, dos sedimentos temporais, pois eles estão sempre vindo à tona, revolvidos, turbilhonados, agitados pelo movimento constante das águas da história. O recalcado retorna, o sobrevivente devém, o esquecido aflora como sintoma, o passado, como dizia Bergson (1990), está contraído no presente, composto de múltiplos lençóis de tempo. O que medeia e possibilita que uma subjetividade em movimento produza conhecimento sobre uma realidade também móvel é a imagem, a figura, que espacializa e produz a presença das coisas e dos seres. O historiador-surfista, um sujeito em movimento, conhece os acontecimentos que se dão no mar do tempo e da história porque abre os olhos em meio à neblina provocada pelo salpicar das águas dos eventos, aprende a olhar com a experiência que acumula, com as memórias, inclusive estésicas, corporais, que possui, com a intuição e a imaginação, com o raciocínio que advém no momento do encontro singular com a onda, com o acontecimento, construindo dela/dele uma cena, uma paisagem, uma imagem que orienta a sua ação sobre ela/ele. Golpe de vista que apreende o real em sua cintilação de superfície. É preciso lembrar que a narrativa, que a linguagem, é figurativa, portanto, imagética.

O real toca os discursos através da imagem; nas imagens o real deixa seu traço, seu sulco, assim como ocorre no gesto fotográfico. A fotografia, embora dependa do olhar humano, da forma de olhar, de focalizar, de enquadrar, dependa das convenções imagéticas e das intenções de quem fotografa, não deixa de ser a impressão na película, da marca de algo que se localiza em seu exterior, um sulco, um rastro, uma impressão de algo que constitui um furo da imagem. É tarefa para o historiador do século XXI superar a alienação imagética da historiografia, sua recusa em refletir sobre o caráter figurativo da linguagem, sobre o caráter tropológico e metafórico da escrita da história, sobre sua capacidade de, através da construção de imagens, se deixar atravessar e afetar pelo real que não cessa de passar e que tem no encontro entre as imagens de ontem – aquelas que sobrevivem ao tempo – e as imagens de hoje – do choque dialético das imagens – a produção daquilo que Walter Benjamin (2016) nomeou de imagem crítica, de imagem dialética, aquela capaz de produzir iluminações acerca do que se passou.

O historiador escreve, narra, embora, ao longo do século XX, a alienação diante da dimensão literária, retórica, poética, ficcional, artística da escrita historiográfica tenha sido a tônica. Todo o trabalho do historiador se dirige para a produção de um relato e, curiosamente, durante muito tempo, o que menos os historiadores pensavam e debatiam era sobre o ato de escrever, sobre o uso da linguagem, sobre as estruturas de enredo, sobre a dimensão figurativa e tropológica do seu texto. Hayden White (2014) se tornou o grande ogro da historiografia por ter enfrentado esse silêncio, por ter chamado a atenção para o fato de que os historiadores não só vivem em meio a imagens, como as produzem incessantemente ao falar do passado. O historiador inventa o passado, não no sentido da fantasia, mas no sentido da descoberta arqueológica, ou seja, escavando as várias matérias e imagens dos tempos enterradas no visível. Inventa-o ao reconfigurá-lo, ao elaborar, a partir da visualidade do arquivo, imagens para descrevê-lo, para encená-lo, para demonstrá-lo. O que nos chega do passado são restos de sua materialidade, são formas visuais, quase sempre lacunares, arruinadas, dispersas, heterogêneas, através das quais podemos ter uma experiência de contato direto com o que dele sobrou, com suas ruínas, com seus monumentos, com alguns de seus traços, mas também nos chegam imagens que esse passado produziu, em seus documentos, em seus monumentos, em todos os artefatos culturais e artísticos, em todos as formas que esse passado deixou. Surfando o mar dos tempos, e das imagens que deles nos chegam, o historiador tem que ser um leitor dessa visualidade e produtor de novas imagens a partir dela. Se o recurso com que conta para narrar o passado são as palavras e se as palavras, se os conceitos remetem a agregados de imagens, a esquemas imagéticos, o historiador enfrenta o desafio de produzir imagens a partir de outras imagens. A narrativa do historiador não descreve apenas o que um dia foi visto ou o que se vê; ela descreve o próprio ato de ver, escreve o processo de olhar que as palavras assumem em seu próprio ato de composição. As palavras do historiador devem ser imanentes e transmitir uma dada sensorialidade diante do que foi visto ou do que se vê. Um ver que está sempre entre a coisa e seu limiar de mudança, de transformação, de desfiguração, a imagem como densificação, condensação de um fluxo, de uma materialidade passageira, como a vaga, como a onda que se adensa, que se condensa em dado momento, para depois novamente se desfigurar e desmanchar. O historiador lida com a dialética das imagens, com o choque entre as imagens que sobrevivem, que se acumulam, vindas do passado, em nosso arquivo cultural e social com as imagens que busca criar, no presente. Sabemos que no mar do tempo e da história há também coisas e formas, há imagens que parecem resistir ao movimento e à mudança, que quedam num fundo que parece cristalino, empedrado, firme. Desde as rochas abissais, desde os arrecifes, até o frágil sargaço, o ouriço ou a estrela-do-mar que boiam em suas águas parecem sobreviver ao movimento constante da massa líquida dos tempos. No entanto, sabemos que, na longa duração, todas as formas que parecem estáticas e cristalizadas estão sujeitas ao desgaste, à deformação, à porosidade e à ruína.

As vagas do tempo trabalham diuturnamente no sentido de desfigurar, de deformar, de liquefazer também essas formas. Na história, como no mar, há repetição e há diferença, com a diferença emergindo da própria repetição. De tanto ser batida constantemente pelas ondas que se repetem, a falésia desmorona, queda completamente diferente do que era em sua forma, e o historiador se vê sem terra firme sob os pés, pisando em um solo desmoronado. As imagens, as formas, inclusive as formas materiais com que o historiador trabalha, também possuem uma densidade que balança, ondeante, entre a petrificação tumular de uma memória e a pura dança de um ato, de um gesto, de um evento, que de tão fugaz, de tão acidental, de tão passageiro, se torna pura dispersão, sem memória possível, ou seja, o historiador trata com formas e com imagens que oscilam entre o que dura e parece duro e o que não dura, o que é inefável, evanescente.

Cada evento histórico, como o oceano, é o encontro de múltiplos tempos, é um nó que conecta diversas linhas temporais. Os eventos nos deixam imagens que os abrem para além deles mesmos, que carregam a virtualidade de outras imagens possíveis. As formas, por mais materiais e cristalinas que sejam, nunca estão definitivamente fechadas em si mesmas; elas são sempre abertura para possíveis outras formas, por serem constituídas, de forma imanente, pelo movimento e pela mudança. A forma de hoje carrega múltiplas possibilidades de deformação e transformação. O que o historiador faz com as formas e imagens do passado não é restituí-las à sua forma original, não é resgatá-las tal como teriam sido anteriormente, mas é reabri-las para que as possibilidades, para que as virtualidades que possuam possam ganhar forma. Se os historiadores tivessem maior consciência de que seu trabalho se volta para dar forma, para construir uma dada forma de ver o passado, teriam uma maior preocupação com a dimensão literária e estética de seu ofício. A narrativa historiográfica, como todo relato, também visa produzir efeitos estéticos e eles são fundamentais para o tipo de recepção que terá o texto. O texto historiográfico não está isento da interrogação sobre sua forma e o tipo de afecção, de emoção, de prazer e desprazer, de desconforto, de choque, que ele causa no leitor.

Todas as imagens, não somente as construídas pelos historiadores, são sobrevivência e infância, ao mesmo tempo. Como diz Georges Didi-Huberman, as imagens são lugares da laboriosa tristeza, do que sobrevive em nós, e nos obrigam a ter que afrontá-las e pensá-las, mas também os lugares da alegria da descoberta, da criação, da invenção, da abertura para possibilidades. Assim como o mar, cujas águas parecem estar aí há milênios e que, no entanto, não param de se renovar, de receber novas águas, os arquivos de formas e imagens, com que lidam os historiadores, são lugares de trocas e conversões entre espaços e tempos heterogêneos, de práticas que se repetem e diferem ao se repetir, que obedecem a uma rítmica entre a continuidade e a descontinuidade. O mar do tempo e da história, o mar de imagens em que estamos mergulhados, assim como o oceano, obedece a uma rítmica, obedece a uma respiração feita de avanços e recuos, de aparecimentos e desaparecimentos, de retornos e fugas. O historiador não deve recusar a imagem em nome do conceito, como se este não fosse imagético e imaginário, não deve se furtar à imagem poética, não deve tomar a metáfora como uma sujeira em seu discurso. Só nos posicionaremos como um saber ainda capaz de significar, de ter algo a dizer, como um saber que participa do nosso tempo e sobre ele tem incidência, se deixarmos de nos equilibrar sob o solo, já ruinoso e solapado da ciência moderna, da ciência positivista, e afrontarmos o desafio de pensar um saber das imagens, da materialidade mesma das coisas, e não uma ciência das abstrações, dos esquemas, das estruturas desencarnadas e descarnadas, das representações arquetípicas e simbólicas. Numa sociedade das imagens, o historiador deve ser preparado para pensá-las e para saber realizar um trabalho crítico a partir delas e com elas. Como diz Didi-Huberman, a imagem é uma respiração e um sintoma, um signo, de nossa relação com o mundo e conosco mesmos, com o espaço e com o tempo, com o corpo e a linguagem, com o pensamento e o inconsciente, com o luto e com o desejo. E por que a imagem é respiração? Porque ela é distanciamento e aproximação, recuo e avanço, ela, como o mar, é oscilante, é o terceiro termo que medeia e mistura essas dimensões aparentemente antagônicas. Ela é o eu e o outro, o espaço e o tempo, o corpo e a linguagem, a matéria e o signo, o consciente e o inconsciente, o desejo e o luto. Como a terceira margem do rio, que é o próprio rio em fluxo e a passar, escavando as outras duas margens que parecem retê-lo e contê-lo, mas que se esboroam à sua passagem, a imagem escava no real outras camadas possíveis de seu próprio ser, assim como o historiador escava no passado outras camadas possíveis de tempo, no mesmo momento em que, como o pai do conto roseano, habita o próprio tempo e o seu fluxo.

A imagem nos lembra da materialidade do mundo, das coisas, dos homens. Ao contrário de materialismos históricos que, por muito tempo, nos ofereceram uma visão desmaterializada do mundo, em que a materialidade das coisas era substituída por abstrações conceituais, em que os humanos eram substituídos por personagens conceituais, em que os esquemas estruturais substituíam as relações e práticas humanas, os acontecimentos eram considerados meras espumas ou marolas na beira de um mar movido por correntes subterrâneas e só visíveis aos olhos do historiador-escafandrista. É preciso que atentemos para a materialidade do arquivo, para a materialidade do que chamamos de fonte. Ávidos por dados, por informações, por discursos, esquecemos de olhar para a fonte como um artefato, como resto da materialidade mesma de um dado tempo. Vamos ao arquivo e o perdemos em sua materialidade. Conversão do olhar que nos leve a enxergar a materialidade mesma dos humanos, as suas carnes, os seus corpos, negligenciados, sofridos, as carnes sensíveis e vibráteis dos homens e das mulheres. É preciso estar atento para as percepções, os afetos, as emoções, as comoções, aquilo tudo que nos move, física e subjetivamente.

Os historiadores têm muito mais o que fazer, em nosso tempo, do que ficar cantando o mantra de sua cientificidade. Como sabe um psicanalista, isso é sinal de insegurança e fragilidade. Recorrer à estratégia da denegação, como aprendemos com Freud, é tentar exorcizar um fantasma ou uma fantasia, algo que sabemos muito próximo de nós. A denegação é um sintoma de se saber habitado e inseparável daquilo que se denega. E o que ocorre com a denegação da dimensão artística, como, em dado momento, se denegou a dimensão filosófica ou política de nosso ofício. Ainda seríamos platônicos, querendo expulsar o poeta da cidade, porque ele convenceria os cidadãos do que não seria a verdade; no entanto, lembremos, toda a filosofia platônica é teatral e, portanto, retórica e poética.

A historiografia tem uma dimensão científica por ser um saber normativo, disciplinar, por obedecer a regras de produção que são instituídas e controladas pelos próprios pares, que, no entanto, não cessam de debatê-las e modificá-las, já que a prática científica também está sujeita à mudança e ao movimento no tempo. O saber histórico é produto de lugares institucionais e, portanto, sujeito a políticas e a polícias do conhecimento. Como nos diz Michel de Certeau, a operação historiográfica é produto de um lugar social e obedece a uma disciplina, a partir da qual nasce uma escrita.

A escrita historiográfica obedece a uma regra primordial: ela deve, necessariamente, recortar e citar o arquivo (entendendo arquivo não só como tudo o que foi dito, como tudo o que foi feito pelos humanos e deixou vestígios, mas também como toda a possibilidade de dizer, toda a virtualidade presente nos restos, nos documentos e monumentos do passado). Ela é uma escrita necessariamente aberta para um fora, que utiliza a função referencial da linguagem para apontar para algo que se passou fora dela. O texto do historiador é um texto folheado, que acolhe e cita outros textos, outras vozes, embora todas submetidas à voz do historiador, que distribui lugares e posições de sujeito, no interior de seu escrito.

Ao contrário da literatura, cujo texto pode se fechar em si mesmo, pode se enrolar sobre si mesmo (embora também possa ser aberto e apontar para um fora), o texto do historiador tem que figurar um ausente, tem que encenar algo distinto dele mesmo. Usando a linguagem, deve produzir, como nos diz Roland Barthes, efeitos de real, deve produzir a verossimilhança, produzir a presença, fazer aparecer o desaparecido. Não se trata de emitir um discurso capaz de copiar, de decalcar e, muito menos, de resgatar o que se passou. Não se trata de imitação ou de reapresentação, mas de aparição, de invenção. O historiador inventa o passado (não no sentido da fantasia), mas no sentido da atribuição de sentidos e significados aos eventos lacunares que chegaram até o presente e sempre a partir dele. Por ser lacunar, o arquivo exige o trabalho poético e ficcional da imaginação, a escrita da história requer a criação intuitiva da imagem, que irá tamponar, momentaneamente, as lacunas do arquivo. O historiador é aquele que escava, através da cognição, do raciocínio, mas também através da imaginação criadora das virtualidades presentes no arquivo. Não tenhamos medo de encarar, de olhar no olho o mundo das imagens, aprendendo a fazer delas um uso crítico, transgressivo. O historiador parte das formas materiais do arquivo, da materialidade das imagens, para figurar o passado, e seus efeitos políticos e sociais dependerão de sua urdidura estética: não é a verdade que garante a eficácia do texto do historiador, mas como ela é forjada e apresentada narrativamente. Lembremos que se hoje navegamos em meio ao mar revolto das redes sociais, das redes informacionais, da rede mundial de computadores, aprendamos, portanto, a nelas surfar, sob pena de continuarmos nostálgica e reativamente agarrados, em pânico, aos destroços do mundo analógico, aos restos salvados de idades de ouro, ao bote salva-vidas de esquemas explicativos e ideologias políticas com pretensões universais e prometedoras da redenção, esperando o improvável resgate por algum indômito salvador do mundo. Amarremos bem a nossa prancha-método ao nosso corpo e nos lancemos na água do tempo e da história, tendo sempre em mente o pensamento heraclitiano:

> Não vejo nada além do vir-a-ser. Não deixar enganar! É vossa curta vista, e não a essência das coisas, que vos faz acreditar em terra firme em alguma parte do mar do vir-a-ser e perecer. Usais nomes das coisas como se estas tivessem uma duração rígida: mas nem mesmo o rio em que entrais pela segunda vez é o mesmo que da primeira vez (Heráclito, 2012, p. 258).

Referências

BAUMAN, Z. *Modernidade líquida*. Rio de Janeiro: Zahar, 2021.

BENJAMIN, W. Sobre o conceito da História. *In*: BENJAMIN, W. *O anjo da História*. 2. ed. Belo Horizonte: Autêntica, 2016. p. 168-192.

BERGSON, H. *Ensaio sobre os dados imediatos da consciência*. Lisboa: Edições 70, 1988.

BERGSON, H. *Matéria e memória*: ensaio sobre a relação do corpo com o espírito. São Paulo: Martins Fontes, 1990.

BERGSON, H. *O pensamento e o movente*. São Paulo: Martins Fontes, 2006.

BLUMENBERG, H. *Naufrage avec spectateur*: paradigm d'une métaphore de l'existence. Paris: Arche, 1990.

BRAUDEL, F. *O Mediterrâneo e o mundo mediterrâneo na época de Filipe II*. São Paulo: Edusp, 2016. v. 2.

CERTEAU, M. *História e psicanálise*: entre ciência e ficção. Belo Horizonte: Autêntica, 2011.

CHARTIER, R. *A história cultural*: entre práticas e representações. Rio de Janeiro: Bertrand Brasil, 1990.

CHARTIER, R. *À beira da falésia*: a história entre certezas e inquietudes. Porto Alegre: Editora da UFRGS, 2002.

DIDI-HUBERMAN, G. *Imagens apesar de tudo*. São Paulo: Editora 34, 2020.

FOUCAULT, M. O enunciado e o arquivo. *In*: FOUCAULT, M. *A arqueologia do saber*. 2. ed. Rio de Janeiro: Forense-Universitária, 1986. p. 87-151.

FOUCAULT, M. A água e a loucura. In*: Ditos e escritos I:* Problematização do sujeito: psicologia, psiquiatria e psicanálise. Rio de Janeiro: Forense Universitária, 1999, p. 186-189.

FREUD, S. *Inibição, sintoma, medo*. Porto Alegre: LP&M, 2016.

HERÁCLITO. *Fragmentos contextualizados*. São Paulo: Odysseus, 2012.

PALAZZO, S. *Heráclito e Parmênides*: o uno e o múltiplo. São Paulo: Salvat, 2017.

PLATÃO. *Parmênides*. 4. ed. São Paulo: Loyola, 2003.

WHITE, H. *Trópicos do discurso*: ensaios sobre a crítica da cultura. São Paulo: Edusp, 2014.

A natureza avançando nas palavras

Como fazer do ambiente e do corpo parte da história cultural

O poeta da *Gramática expositiva do chão* (Barros, 2022) nos ensina como fazer comunhão com as árvores, com as aves, com as chuvas, com os ventos, com o sol, com os sapos. O poeta, fazedor de amanhecer, nos ensina a ver o sexo das nuvens, a ver que todas as coisas podem ter qualidades humanas, que todas as coisas podem ter qualidade de pássaros. O poeta nos ensina, sobretudo, que as palavras podem arborizar os pássaros e humanizar as águas. Ler Manoel de Barros é ver a natureza avançando nas palavras, é ver as palavras ganhando a consistência da pedra, o escorregadio do musgo e da lesma, o estado líquido e inaugural das fontes. Mas, para isso, seria preciso que falássemos a partir de ninguém. Creio que há nesse poema uma profunda reflexão filosófica, um desafio lançado para quem escreve e para quem educa. O poema fala no aprendizado que o se colocar na condição de ninguém nos traria. O poema nos alerta para a cegueira gerada em relação às coisas do mundo, em relação ao que chamamos de Natureza, pela centralidade que o Homem ganhou como espécie e como sujeito do conhecimento, notadamente no mundo Ocidental moderno.

A separação entre Homem e Natureza, um dos acontecimentos nucleares da modernidade, com a ruína da antiga concepção do Cosmos, levou a uma progressiva e profunda alienação dos humanos em relação ao mundo natural, inclusive em relação à sua própria natureza carnal. A bio-lógica Ocidental, que construiu uma visão cada vez mais singularizada e individualizada do corpo humano, que produziu uma visão cada vez mais interiorizada e ensimesmada do corpo, foi a base da emergência das biopolíticas e das necropolíticas, que são traços nucleares da sociedade burguesa (Foucault, 2022; Mbembe, 2018). Quanto mais se penetrava na espessura da carne em busca da verdade dos corpos, mais eles se fragmentavam em uma infinidade de sistemas, órgãos e funções. Essa viagem para o interior das vísceras, esse olhar vertical que substitui o antigo olhar que tateava as carnes em busca dos sintomas daquilo que seriam os seus segredos e mistérios, contraditoriamente, separa cada vez mais as carnes humanas das carnes do mundo. Com a derrocada da teoria dos miasmas, com a internalização corporal das doenças – esse olhar anatomoclínico, que se abisma em busca dos males físicos –, o corpo humano se fecha progressivamente para o que chamamos de meio ambiente (Foucault, 2011). O humano visto como espelho e componente do cosmos, guardando semelhanças com as coisas do céu e da terra, tendo em suas carnes assinalações, signos, sinais de parentesco com estrelas, plantas, seres marinhos, dá lugar a um Homem soberano sobre a Natureza e dela distanciado e diferenciado.

A partir do século XVIII, com o Iluminismo, os homens e as mulheres, como seres plurais e diversos, dão lugar ao singular coletivo o Homem, grafado com letra maiúscula. De um ser subordinado e apequenado pela Providência, pela presença divina, de um nada, de um ninguém diante de Deus, o Homem torna-se Alguém, o sujeito por excelência do mundo, o Único ser dotado de Razão, o único ser dotado da consciência, inclusive da consciência de si mesmo (Foucault, 2016). A História, que deixa de ser, também, uma dispersão de histórias paralelas, para assumir a condição de um singular coletivo, passa a ter como sujeito esse Homem universal e transcendental (Koselleck, 2007). É desse Homem que se vai contar, agora, através dos romances de formação, através da ideia de instrução, o seu processo de educação no tempo, de sua constituição enquanto espírito. Os evolucionismos emergem colocando esse Homem como a escala final de um processo de evolução da própria Natureza, que existiria para nos produzir e para nos colocar no seu governo. A antropogeografia, do final do século XIX, se interroga sobre as injunções que o meio exerce sobre os humanos, mas para pensar como processos educativos e invenções tecnológicas nos poderiam libertar desse aprisionamento ao mundo natural, que Karl Marx nomeou de império do reino da necessidade (Marx, 2004). Para ele, assim como para Hegel, uma das primeiras formas da liberdade humana seria seu afastamento das necessidades naturais, a superação, através do desenvolvimento das forças produtivas, da escravidão à Natureza (Hegel, 1996).

Paulatinamente foi se formando um certo consenso, no Ocidente, que ia dos pensamentos mais conservadores, como o pensamento eugenista e socialdarwinista, até os mais contestadores, como o marxista, de que existia uma luta entre Homem e Natureza, que ser humano seria negar, cada vez mais, o que há de natureza em nós. O conceito de civilização, tão nuclear na produção historiográfica, tido como meta maior de qualquer processo educativo, e que esteve no centro da conquista colonial europeia, do colonialismo, significava esse processo de afastamento do Homem de sua condição animal, de sua situação de ser biológico, para enfatizar as dimensões culturais e simbólicas da existência humana. A condenação cristã às carnes é reapropriada e realimentada pelos saberes científicos, médicos, jurídicos. O racismo e o sexismo, inseparáveis desse processo dito civilizatório, da empresa colonial, das relações étnico-raciais e de gênero, fazem das carnes e de dados órgãos marcadores de inferioridade e subalternidade, fazem da cor da pele e dos órgãos genitais não apenas marcadores de diferenças e singularidades, mas signos de exclusões e hierarquias (Spivak, 2022). A nossa condição carnal passa a ser lembrada, apenas, quando pretensamente assinalaria a existência de seres inferiores, quando não excluídos, anormais e abjetos. A alma, o espírito, a razão, a consciência, o gênio passam a ser atributos destacados na hora de se identificar a caracterizar aqueles que seriam os seres humanos superiores: os brancos, os homens, os normais, aqueles pertencentes às camadas sociais privilegiadas.

A condição carnal, tal como já apontava o cristianismo, é agora reservada para os trabalhadores, para as mulheres, para os loucos, para os criminosos e delinquentes, para os não brancos, para os anormais. Aqueles que antes eram suspeitos do pecado nefando passam agora a ter suas carnes consideradas doentes de homossexualismo. O dispositivo da sexualidade concentra a atenção, busca produzir conhecimentos, como nunca antes, acerca dos órgãos genitais, das práticas e taras sexuais, dos desvios e patologias do sexo, para melhor governar as carnes, essa dimensão suspeita de nossa existência. Podemos dizer que, à medida que o corpo é tomado como alvo de políticas de governo, mais ele tende a ser abstraído das próprias carnes (Foucault, 2020). O corpo é, cada vez mais, um construto artificial humano, fruto de pedagogias e intervenções médico-psicológicas, até chegarmos nos paroxismos em que nos encontramos, em que quase se pode montar corpos em contraposição às carnes que se têm. Quanto mais avançam os saberes sobre os corpos, mais as carnes parecem ser ninguém, a condição carnal cada vez mais é reservada àqueles que, por algum motivo, não podem transcendê-las, àqueles que, por serem *zés-ninguém*, não podem aspirar à condição ciborgue ou farmacopornográfica (Haraway, 2020; Preciado, 2023). A recusa humana do que chama de Natureza, do que nomeia de natural, é central tanto para o que nomeamos de História, como para aquilo que nomeamos de Educação, ambas nos levariam para longe da animalidade e de nossa condição natural. A História seria o processo de afastamento entre Homem e Natureza através do tempo, o processo histórico seria, ao mesmo tempo, processo de humanização e processo de desnaturalização. Humanizar-se torna-se sinônimo de desnaturalização. A Educação seria o próprio processo de humanização e de desnaturalização.

Os danos que nós humanos viemos causando ao mundo, a destruição desabrida dos recursos naturais, o desprezo pelo meio ambiente, a agressividade em relação a e as atitudes de desprezo por plantas e animais, a poluição desabrida das águas, a forma predatória como se explora a natureza, inclusive as formas genocidas de escravização e eliminação dos próprios seres humanos, vistos como mais próximos da Natureza, muitas vezes tidos como não humanos (os indígenas nas Américas, as populações africanas, os nativos australianos), nascem dessa separação operada no pensamento ocidental entre o natural e o humano, a ponto de um renomado historiador nomear seu livro de *O Homem e o mundo natural*, como se não fizéssemos parte dele (Thomas, 1988). A condição de animal ou de bicho passou a ser pejorativa para os humanos. A teoria da evolução das espécies, de Charles Darwin, causou e ainda causa polêmicas e controvérsias, porque demonstra que nós humanos somos um acontecimento, como outro qualquer, no interior da natureza (Darwin, 2018). Nada de especial nos está destinado ou prometido pela nossa condição natural, por isso continuamos sujeitos à morte, como todo ser vivo. A recusa do ser natural nos humanos talvez se deva, justamente, a uma busca desesperada de negar ou vencer a morte, promessa de todas as religiões e filosofias da transcendência. Se negamos a nossa condição carnal, se pretendemos a ela transcender, é a própria finitude, é a própria mortalidade que negamos. Com a morte de Deus, a partir do século XVIII, buscou-se outras formas de transcendência, como a historicidade, a ciência, o conhecimento. Fazer história garantiria a alguém a imortalidade, o deixar o nome gravado nos anais dos tempos, assim como o ter fama ou tornar-se herói garantia a imortalidade na Antiguidade.

O educar-se, o tornar-se um letrado, também abria a possibilidade a uma dada forma de transcendentalidade. A escrita, notadamente a partir do desenvolvimento da tecnologia de impressão, garantiria a imortalidade daquele que escreve. O surgimento do romance, a emergência do que nomeamos de literatura, garantiria a sobrevivência de um ser humano sem carne, sem corpo, um ser humano cuja existência e sobrevivência seria garantida pelo nome, pelas palavras. Mesmo na ausência das carnes, mesmo depois da morte, ele ou ela seria Alguém, teria a existência garantida pelo processo de educação. O letramento, a educação, garantiriam que um mundo só de letras e palavras pudesse ser erguido e colocado no lugar daquele mundo ameaçador da natureza. Ao contrário do que propõe o poeta do Pantanal, trata-se de tomar a escrita, a poesia, como evasão desse mundo da natureza, que prometia fomes, sedes, dores, doenças, catástrofes e mortes. Ao mesmo tempo que cantam e contam a Natureza, os românticos a tornam idílica, idealizada, humanizada, romantizada, distante de sua materialidade real. A natureza da ficção é o contraponto ao real da natureza, contra o qual nada se pode. Ao contrário da natureza ir avançando nas palavras, à medida que ela é dita, é transformada em paisagens, cenas e cenários, as palavras vão evacuando a natureza na sua materialidade incômoda. Assim como domestica as paixões e os desejos humanos, aquelas pulsões e impulsos que nos lembram do bicho-em-nós, praticando uma educação sentimental, o romance domestica a natureza, a apresenta tão cultivada, docilizada e domesticada como faz a arte do jardim e a instituição dos zoológicos e dos jardins botânicos, empresas de domesticação da natureza, muitas vezes atravessadas pela dominação colonial, pela pilhagem do outro e pela exotização do diferente. Texto voltado para a domesticidade e a privacidade burguesa, o romance produz uma natureza íntima, ao mesmo tempo, que nos afasta de uma intimidade com o mundo natural, inclusive com a nossa própria rusticidade carnal. Domesticar os sentidos e as sensibilidades, eis a tarefa da educação proporcionada pelo romance (Blanchot, 2011; Flaubert, 2017; Foucault, 2016).

A modernidade é um longo processo de alienação dos humanos em relação ao meio ambiente. Os avanços tecnológicos, a mecanização, o fascínio pelas máquinas e pelos artefatos, fruto da indústria humana, estabeleceu uma hierarquia de valor entre o natural e o artificial. Os humanos passaram a ser capazes de criar ambientes quase que completamente artificiais, embora não possam prescindir do ar ou da água. O crescimento das cidades, o fascínio que elas passaram a causar, levou a um crescente desprestígio do mundo rural e da vida no campo. Os homens e as mulheres do campo passaram a ser vistos como anacronismos de um passado a ser superado, seres retrógrados, incapazes de ser sujeitos e agentes do progresso ou da revolução. Marx chegou a chamá-los de "saco de batatas", um amontoado de gentes sem qualquer capacidade de esboçar um projeto coletivo (Marx, 2011). Era dos homens novos da cidade, dos operários, que se esperava o partejamento do futuro. Embora todas as grandes revoluções ditas socialistas ou comunistas tenham sido, majoritariamente, realizadas por camponeses, quando se pensa no sujeito, no agente do futuro, é da cidade, é do homem distanciado da natureza que se espera a direção e a ação. Os campos se esvaziaram, progressivamente, em todo o mundo, a vida metropolitana passou a ser a condição de vida da maior parte da população do globo. Nas cidades, simulacros de uma natureza racionalizada e domesticada, uma natureza sob a imagem e semelhança dos humanos passou a se fazer presente. Desde o pet domesticado, aprisionado em casinhas, quintais, apartamentos, vestido como humano, convocado a se comportar e até a responder como humano, até a planta com a qual se conversa, minituarizada, plantada em jarros, canteiras, varandas e telhados, simulam essa humanização do natural. O animal rei quer que todos os animais e até as plantas tenham o seu rosto, só assim eles se tornam Alguém, ganham até nomes, registros, batismos, festas de aniversário e são levados para a cama, chamados de filhinho, amor, paixão, bebê etc.

Quando, hoje, um vírus, um micro-organismo, vem nos lembrar que a Natureza continua existindo, continua produzindo novas formas de vida, que, nela, não chegaram ao fim os processos de criação, mutação e metamorfoses, que ao chegar a produção dos humanos ela não chegou ao seu telos, não atingiu a sua meta, o seu fim, torna-se fundamental refletir sobre a nossa relação com o ambiente. As cidades, que desde o princípio foram erguidas como fortalezas contra os perigos, contra as ameaças vindas do mundo exterior, inclusive do mundo natural, das feras e insetos que poderiam ser uma ameaça aos humanos, descobrem-se vulneráveis, espaço propício e ideal para a transmissão, proliferação e mutação do bichinho invisível, inodoro, insípido, intáctil, quase um ser inexistente, de ficção. Quando o furacão Ida alaga e causa danos e destruição em várias cidades americanas, escancarando a impotência humana diante das forças da natureza, derrubando em minutos o que a engenharia humana levou meses para erguer, equiparando a todos na desgraça, não perdoando ricos ou pobres, negros ou brancos, mas atingindo, com mais rigor ainda, os mais vulneráveis, penso que está na hora de os humanos ouvirem o poeta do *Tratado geral da grandeza do ínfimo* (Barros, 2001) e assumirem a sua condição de Ninguém quando colocados diante dos processos naturais, das forças e dos fenômenos que a natureza pode desencadear. Abrir mão da ideia de que se pode ter uma relação de sujeito dominador e domador do mundo natural. Assumir a condição de sujeitado à condição natural, de subordinado a forças naturais, que nos transcendem e nos governam, a começar através do funcionamento de nossas carnes. Quando vem a doença incurável, quando vem a decrepitude insanável, quando vem a catástrofe natural incontornável, os humanos se descobrem Ninguém. E por que não assumir esse lugar na hora de produzir conhecimento e saber sobre o mundo, as coisas, sobre os humanos?

O processo de aquisição da linguagem é, comumente, visto como um passo dos humanos para fora da Natureza, em vez de ser visto como um desdobramento possível das próprias disposições naturais das carnes humanas. Costuma-se pensar a capacidade de simbolização humana como se fosse desencarnada, como se fosse uma saída da condição carnal. Quando Nietzsche pensou a linguagem e o símbolo como formando parte da corporeidade humana, ele deu importantes pistas no sentido de tratarmos o pensamento como algo atrelado a um corpo, como produto da saúde ou da doença de um organismo, e não uma instância metafísica, transcendente, apartada de nossa condição carnal (Nietzsche, 2012). Opor espírito e matéria, alma e corpo, pensamento e corporeidade, natureza e cultura é continuarmos militando no espaço aberto pelo dualismo, pelo maniqueísmo grego e judaico-cristão. Empenhado em descristianizar o pensamento, Nietzsche chamou a atenção para o fato óbvio de que o que pensa é um corpo, de que o que fala, o que escreve é um ser de carne e osso e, como tal, mergulhado e sob o efeito dos afetos de um mundo povoados de entes ditos naturais. Nietzsche, que abriu uma importante tradição de historicização dos conceitos, pensou a linguagem, as palavras, os conceitos como fruto das afecções do mundo sobre uma dada carne e não apenas sobre um pretenso espírito desencarnado e etéreo, imaterial e abstrato, imagem e semelhança de como se pensa o ser divino. A relação do pensamento com a vida, sua capacidade de favorecer ou dificultar, mortificar a vida, atravessa toda a reflexão nietzschiana sobre as diversas modalidades do niilismo. O desejo de nada, o desejo de morte, tem na negação do corpo, da carnalidade da vida e do conhecimento que ela possibilita, seu traço definidor.

Ao contrário da metafísica, a filosofia de Nietzsche não julgava o mundo a partir da comparação com um extramundo, não valorava as coisas terrenas a partir de um mundo abstrato e pretensamente superior, feito de ideias, como fizera Platão – o filósofo que para ele inaugurou esse ódio ao corpo, que vai ser continuado pelos cristãos –; ou feito de espíritos angélicos, sem carnalidade, sem desejo, corpos diáfanos imunes à dor e ao sofrimento, como fizera o cristianismo. Nietzsche talvez seja o primeiro exemplo de alguém que experimentou uma nova linguagem, uma nova maneira de escrever e fazer filosofia, para que a natureza, para o que há de natureza em nós avançasse nas palavras, nelas pudessem ter expressão e existência. Para Nietzsche, escrever era uma questão de saúde ou de doença, nas palavras filosóficas ficavam as marcas da condição das carnes que as produziam. Nietzsche nos lembra, com razão, que as palavras são inseparáveis da voz que as emitem, das mãos que as escrevem, do humor e do estado nervoso de quem as pronuncia ou registra (Nietzsche, 2004; Deleuze, 2018). Não existem palavras sem o aparelho fonador, se os humanos não tivessem uma carne com ele dotado, não poderiam ter desenvolvido a linguagem, se não tivessem adquirido, no processo de mutação da espécie, uma mão tão hábil e especializada, uma mão que deixou de ser pata, à medida que a posição ereta e o bipedismo surgiram no horizonte da espécie, os humanos não seriam o que são. Sem a rotação do dedo polegar, com a sua contraposição ao restante da mão, a habilidade da escrita seria impossibilitada. Nesse processo de se erguer do chão, de se afastar da terra, de deixar de rastejar, de engatinhar, processo que a criança humana repete em seu desenvolvimento, residiria um gesto decisivo para esse desprezo dos homens pela sua condição terrena e sua paixão e obstinação em se tornar um ser desterritorializado, um ser extraterrestre, um ser que busca transcender a condição terrena, vê-la como meramente passageira, como uma travessia na direção de um além-mundo.

Os humanos veriam nesse levantar-se, nesse erguer-se sobre suas próprias pernas, nesse desligar-se da condição quadrúpede, a marca de sua própria excepcionalidade no interior da natureza e seu destino para ser dela o dominador e comandante. O Homem teria passado a ser Alguém ao se erguer do chão. Todo humano que quer ser alguém deveria abandonar o baixo e se deslocar na direção do alto. É nas alturas que viveriam os deuses e os seres superiores, os humanos que deles se aproximam. Em todos os humanos em que predominam o baixo, moral e corporal, existiria a proximidade com as forças do mal, do demoníaco, do diabólico, aquelas que, em vez de elevar os homens, os atraem para baixo, para os abismos e precipícios. Quando Zaratustra abandona a altura dos montes e desce até onde habitam seus discípulos, ele se dá conta de que é possível um pensamento do baixo, que é aí que se encontram as verdades da vida, que os valores morais nascem do baixo, e não daquilo que se julga ser os valores superiores. O pensamento trágico é esse que encara a vida como ela é, com seus altos e baixos, é aquele que afirma a vida apesar de suas dores e sofrimentos, é aquele que não nega a nossa condição animal, que não nega as nossas carnes, a nossa condição de ser para a morte. O niilismo positivo é aquele que encara a finitude e diz sim à vida apesar de tudo (Nietzsche, 2020).

Zaratustra, o educador, aquele que educa para a aceitação da vida, com todas as suas imperfeições, sem buscar vender aos discípulos paraísos ou finais felizes para a existência. Uma educação que começa pela afirmação da própria carnalidade do mestre e do discípulo, e não pela ficção de que o processo educativo se passa entre duas inteligências, entre dois espíritos, entre duas consciências sem corpo. Uma educação que assume a dimensão erótica da relação de aprendizagem e do próprio saber, já que o ato educativo implica a relação entre corpos vibráteis, entre carnes que se deixam afetar pela presença do outro, pelos afetos do mundo. O mestre não é uma cabeça ambulante, sem corpo e sem sexo. O discípulo, o educando, não é um corpo angelical desprovido de desejo e de erotismo. No ato educativo, mestres e alunos estão presentes de corpo inteiro, investem desejo, investem afetos, investem paixões e sentimentos em tudo que fazem. O ato educativo provoca sensações e sentimentos, envolve muito mais do que uma racionalidade desprovida de emoção e sedução. Não há aprendizado sem intelecção, mas esta depende, também, da sedução, da disposição afetiva e emocional para o aprendizado. Mesmo que a educação fosse feita só de palavras, elas carregariam consigo traços do corpo que as produziu. A educação é feita de vozes, de gestos, de poses, de rostos, de *performances* corporais. O professor e o aluno são seres que empenham todo o seu corpo no processo de aprendizado, mesmo que não se deem conta disso.

Quando leio os livros dos historiadores, fico me perguntando onde estão os cenários naturais que os escritos literários são capazes de elaborar narrativamente? Por que o poeta é capaz de fotografar o vento de crinas soltas (Barros, 2011, p. 356) e nós historiadores nem atentamos em nossas narrativas para a presença do vento? Será possível que os historiadores conseguirão fazer a história do Golfo do México sem dar atenção a seus ventos enfurecidos e destrutivos? Por que o poeta pode ver e dizer uma cigarra atravessada pelo sol, como se um punhal atravessasse o corpo (Barros, 2011, p. 358), e nós historiadores fazemos de conta que nem o sol, nem os insetos existem e fazem presença na vida humana? Podemos contar as histórias das secas sem lembrar do sol e das pestes, sem lembrar de seus animais vetores? Por que o poeta em suas aventuras linguísticas pode propor o enlace de um peixe com uma lata, e os historiadores, que tratam das aventuras humanas, não se dão conta dos enlaces, dos casamentos entre os homens e os objetos, os homens e os seres e entes naturais, em cada ação que se realiza? Por que, como historiadores, não nos aventuramos linguisticamente a trazer para a ordem das palavras (Barros, 2011, p. 359), para a narrativa, os elementos naturais, o meio ambiente no qual os homens evoluem e dos quais falam? Quando a historiografia vai incluir o que denominamos de Natureza como parte da história humana? Apenas o campo da História Ambiental costuma estabelecer essa relação entre os humanos e outros seres e entidades ditos naturais. É preciso lembrar que o conceito de Natureza e nossas próprias concepções sobre o mundo natural mudaram historicamente, são produto de dadas condições históricas. A Natureza é uma invenção humana, como tudo que habita o campo do conceito e da linguagem (Wulf, 2019). As palavras, as narrativas inventam paisagens, elas são um produto do olhar e do narrar humanos. Portanto, as palavras e o que chamamos de Natureza não estão distantes, como costumamos pensar; pelo contrário, a natureza avança ou recua dependendo de como a conceituamos, de como a vemos e concebemos, de como a dizemos e imaginamos. Estamos no interior ou fora da Natureza dependendo de como concebemos e dizemos o próprio ser dos humanos.

A Natureza já habita o mundo das palavras e dos conceitos, só precisamos trazê-la para o interior da escrita e para o interior da fala, em discursos, saberes e práticas em que ela costuma se ausentar. Se o professor de física, de biologia ou de geografia tem que tratar de objetos e fenômenos ditos naturais, tem que fazer que o que chamamos de Natureza habite suas aulas, por que os historiadores, os professores de outras disciplinas, não podem fazê-lo? E, acima de tudo, por que, ao falar da natureza, não lembramos de oferecer dela uma imagem que contemple a presença em seu interior dos seres humanos? O poeta suspeita que, para fazer isso, os humanos teriam que mudar a sua concepção e, por conseguinte, a sua atitude perante o meio ambiente, o mundo natural. A arrogância humana tem que dar lugar à modéstia, a pretensão humana tem que dar lugar a uma atitude de aceitação de nossa condição de seres sujeitados a, mais do que sujeitos do mundo natural. É preciso que deixemos de considerar que só nós humanos somos Alguém, que os outros seres naturais, que partilham conosco a terra, não chegam nem mesmo a ser Ninguém, pois são vistos apenas como complementos, como seres auxiliares, cujas existências se justificam sempre que estão a serviço do humano. Acostumados pelo capitalismo a tudo coisificar, fazemos até de corpos humanos, considerados menos dignos de existência, mais próximos da Natura, coisas para serem utilizadas. Carnes humanas que, como mercadorias, podem ser vendidas, compradas, traficadas, como parte de um mercado mundial sempre em expansão e capaz de integrar e entregar todo e qualquer ente ou item. Enquanto não admitirmos o direito das outras espécies animais e vegetais existirem por si mesmas, tendo como única justificativa o simples existir, sem que ponhamos no centro de nossa avaliação das coisas a noção de utilidade, noção burguesa por excelência, não estaremos preparados para aceitar a gratuidade das existências. Enquanto não retirarmos o Homem do centro do mundo, enquanto não nos colocarmos na posição de Ninguém, teremos dificuldade em falar a língua dos pássaros, em fazer a rã mijar nas palavras.

Numa sociedade em que todo mundo quer ser Alguém, pedir para que, diante das entidades que nomeamos de naturais, assumamos a nossa ninguendade parece um mero sonho de poeta, um delírio de quem sonha com os começos dos tempos, quando todas as coisas não haviam sido repartidas, nem nominadas (Barros, 2011, p. 193), quando hierarquias e exclusões, quando danações e desditas foram produzidas pelas palavras e seu poder de nomeação e classificação. Mas se os homens ergueram mundos e muros com as palavras, os podem fazer ruínas e derribadas, bastando prestar atenção em suas sonoridades, nas mutações que elas podem provocar com a simples mudança de ênfase ou entonação. Aprendermos a falar da Natureza, como Ninguém, é se educar para refundar as relações entre os humanos e o mundo natural, como se estivéssemos voltando ao mundo antes do Verbo, ao fundar, ao estabelecer, ao dividir. O que chamamos de Natureza anda falando com as linguagens, com as sonoridades, de que é capaz. Ela anda nos alertando, por vários meios, de que, se não nos educarmos no sentido de estabelecermos uma nova relação com o nosso ambiente, com o nosso cosmos, com o nosso entorno natural, nosso destino poderá ser o desaparecimento. Ela vem falando de modo cada vez mais potente (pestes, furacões, tufões, chuvas e secas extremas, verões e invernos exacerbados), e precisamos ouvi-la, fazê-la avançar em nós mesmo, aceitando-nos como uma minúscula parte dela, como um elemento que pode ser destruído se continuarmos ameaçando o todo. Coloquemo-nos no lugar de Ninguém, antes que realmente ninguém sobre para contar a história. Vamos contar agora a história de nossas predações, de nossos crimes contra o que chamamos de Natureza, vamos, como historiadores, fazer a natureza avançar em nossas narrativas, em nossas palavras, fazer a natureza se ramificar, se espalhar, brotar em nossas palavras, para que possamos nos educar para uma relação isenta de arrogância, de presunção, de desprezo, de displicência, de desrespeito, de predação, de cobiça, em relação à natureza, inclusive em relação àquela que nos habita, que nos constitui, muitas vezes esquecida, negada, invisibilizada. Falar da condição e posição de Ninguém para poder fazer parte de um todo, para poder se ver e se dizer como uma parte, como outra parte qualquer, de uma incomensurável e complexa realidade, da qual, apesar de tanta soberba, sabemos ainda tão pouco e sobre a qual, por mais que tentemos, não temos o menor domínio. Utilizemos as despalavras, como poetas que todos somos e podemos ser, aumentemos o mundo, o pensemos e o concebamos de uma outra forma, com o uso das metáforas. Como poetas que somos, sejamos pré-coisas, pré-vermes, pré-musgos, compreendamos o mundo sem conceitos, refazendo o mundo por imagens, por eflúvios, por afetos (Barros, 2011, p. 355).

Referências

BARROS, M. *Tratado geral das grandezas do ínfimo*. São Paulo: Record, 2001.

BARROS, M. *Poesia completa*. São Paulo: LeYa, 2011.

BARROS, M. *Gramática expositiva do chão*. Rio de Janeiro: Alfaguara, 2022.

BLANCHOT, M. *O espaço literário*. Rio de Janeiro: Rocco, 2011.

DARWIN, C. *A origem das espécies*. São Paulo: Edipro, 2018.

DELEUZE, G. *Nietzsche e a filosofia*. São Paulo: n-1, 2018.

FLAUBERT, G. *A educação sentimental*. São Paulo: Companhia das Letras, 2017.

FOUCAULT, M. *O nascimento da clínica*. 7. ed. Rio de Janeiro: Forense Universitária, 2011.

FOUCAULT, M. *As palavras e as coisas*: uma arqueologia das Ciências Humanas. São Paulo: Martins Fontes, 2016.

FOUCAULT, M. *O belo perigo e a grande estrangeira*. Belo Horizonte: Autêntica, 2016.

FOUCAULT, M. *História da sexualidade I*: a vontade de saber. 11. ed. Rio de Janeiro: Paz e Terra, 2020.

FOUCAULT, M. *Nascimento da biopolítica*. 2. ed. São Paulo: Martins Fontes, 2022.

HARAWAY, D. *Manifesto ciborgue*. Barcelona: Kaótika Libros, 2020.

HEGEL, G. W. F. *Filosofia da história*. Brasília: Editora UnB, 1996.

KOSELLECK, R. *Futuro passado*: contribuição à semântica dos tempos históricos. Rio de Janeiro: Contraponto, 2007.

MARX, K. *Manuscritos econômico-filosóficos*. São Paulo: Boitempo, 2004.

MARX, K. *O 18 de Brumário de Luís Bonaparte*. São Paulo: Boitempo, 2011.

MBEMBE, A. *Necropolítica*. São Paulo: n-1, 2018.

NIETZSCHE, F. *Humano, demasiado humano*. São Paulo: Companhia de Bolso, 2004.

NIETZSCHE, F. *A gaia ciência*. São Paulo: Companhia de Bolso, 2012.

NIETZSCHE, F. *Assim falou Zaratustra*. São Paulo: Edipro, 2020.

PRECIADO, P. *Testo junkie*: sexo, drogas e biopolítica na era farmacopornográfica. Rio de Janeiro: Zahar, 2023.

SPIVAK, G. *Crítica da razão pós-colonial*. São Paulo: Politeia, 2022.

THOMAS, K. *O homem e o mundo natural*. São Paulo: Companhia das Letras, 1988.

WULF, A. *A invenção da natureza*: a vida e as descobertas de Alexander von Humboldt. Campinas: Crítica, 2019.

Com sedas matei, com ferros morri

Que nomes podem ter certas carnes e certos corpos na língua de madeira da historiografia acadêmica?

> *Perdi-me do nome,*
> *Hoje podes chamar-me de tua*
> *Dancei em palácios*
> *Hoje danço na rua*
> *Vesti-me de sonhos*
> *Hoje visto as bermas da estrada*
> *De que serve voltar*
> *Quando se volta para o nada*
> *(Pedro Machado Abrunhosa, 2007).*

De início, ela atrai a atenção de três rapazes: Fernando, Ivo e Flávio. Eles grafitavam um prédio abandonado, na cidade do Porto, e a encontram morando em uma tenda, com pequenos objetos, débeis traços e trastes de sua existência: um cobertor amarelo, uma camiseta de malha azul, comprimidos Parlodel 2,5 mg, um pente, um delineador, dois batons, pedaços de jornal, garrafas vazias, um sapato preto, vários preservativos. Após uma primeira conversa, Fernando se lembra de tê-la conhecido na casa de sua mãe, que vivia da prostituição. Era dezembro de 2005, e os três voltaram mais vezes para conversar, levar-lhe comida e cozinhar para ela, que lhes conta sua precária situação de saúde, já que descobrira, desde os anos noventa, ser portadora do vírus HIV e sempre se recusara a fazer tratamento, chegando a fugir de uma internação hospitalar e de uma comunidade terapêutica na cidade de Setúbal. No início do ano letivo, em fevereiro de 2006, ela se torna assunto das conversas e motivo de curiosidade entre os alunos da Escola Augusto César Pires de Lima e da Oficina São José, instituição de abrigo de menores, mantida pela Igreja Católica, que estava no olho do furacão de um escândalo motivado por denúncias de abusos sexuais e desvio de dinheiro, que terminou por levar o diretor da instituição a cometer suicídio no momento de seu julgamento. Fernando, Ivo e Flávio falam de um homem que tinha mamas e parecia mesmo uma mulher, o que fez com que mais onze garotos se dispusessem a ver com seus próprios olhos aquelas carnes raras e equívocas, aquele ser estranho[2].

A partir do dia 15 de fevereiro de 2006, aquelas carnes e o que restava do corpo que ela construíra, com esmero, desde os dezoito anos de idade, com a ingestão de hormônios, o uso de próteses de silicone e intervenções estéticas no rosto, que a tornaram uma mulher bonita, uma linda loira, que muitas vezes personificou Marilyn Monroe em apresentações nos palcos dos bares gays mais badalados da cidade, passaram a saber o que é a dor e o sofrimento em sua mais cruenta realidade. A dor da queda, da debacle física provocada por uma sucessão de doenças infecciosas, como tuberculose, pneumonia e candidíase, e pelo consumo de drogas; a dor da perda da imagem que tanto almejou, da queda social que a levou a abandonar a casa que alugava na Travessa do Poço das Patas,

---

2. Toda a narrativa da vida e morte de Gisberta foi feita a partir de Jaquelini Cornachioni (2021), Mariana Gonzales (2022) e Mamede Filho (2016).

do trabalho sexual que realizava na Rua de Santa Catarina e dos espetáculos nos bares Bustos, Syndicato e Kilt e nas galerias do hotel Malaposta, do vagar pelas ruas da cidade, tendo que recorrer a instituições para comer, tomar banho e conversar, somam-se agora à tortura diária perpetrada por pequenos grupos de garotos, entre 12 e 16 anos, que se revezavam, todos os dias, nas agressões e maus-tratos. Com medo do contato direto com suas carnes adoecidas e transgressivas, os garotos atiravam-lhe pedras e a atingiam com varas e bastões, a chutavam e pateavam. As carnes da imigrante transexual brasileira foram sendo submetidas a todos os tipos de ferimentos. Toda vez que era convocada a sair da tenda, onde se escondia sob um cobertor, e dizia não ter condições, pedindo que a deixassem em paz, novas agressões ocorriam.

No dia 18 de fevereiro, pelas 14h30, encontraram-na fora da tenda, deitada de lado, toda coberta e só com a cabeça descoberta. O garoto David ordena que se levante, ela responde não poder por estar muito mal, e chora convulsivamente, diante das dores ocasionadas por mais agressões e pela queda sob seu abdômen de um barrote de madeira atirado pelo atacante. No dia 19 fevereiro, um novo grupo chega para agredi-la, encontram-na deitada no chão, vestida com uma camiseta e nua da cintura para baixo, deixando à mostra o objeto de curiosidade, aquele membro recusado que já haviam exigido que mostrasse. Chamaram-na e ela só foi capaz de emitir gemidos e sussurros, não se mexendo, mesmo quando agrediram suas pernas com o uso de uma vara. Voltaram a procurá-la no dia 21, encontraram-na fora da tenda, deitada sobre uma pedra, com as pernas encolhidas, nua da cintura para baixo, com muitos arranhões e equimoses espalhadas pelo corpo. Ao não receberem nenhum tipo de resposta aos seus chamamentos, verem a sua palidez e acharem que não respirava, colocando a chama de um isqueiro perto de sua narina, supuseram que estivesse morta. Comunicaram, então, aos outros garotos e começaram a pensar como se livrariam daquela carne torturada, do que restava daquele corpo de mulher glamourosa, da rapariga espampanante, do corpo vestido e composto por calças ganga ou texana, vestidinho rosa, com um laço atrás, pelo penteado que valorizava seus cabelos loiros, compridos. Embora alguns achassem que ela tinha direito a um funeral, o enterro foi descartado, porque não dispunham de utensílios para cavar a cova. A queima do corpo, por seu turno, poderia chamar a atenção pela fumaça e o cheiro. Foi então que se lembraram do poço que existia na própria construção abandonada. No dia 22 de fevereiro, às 8h30 da manhã, Ivo calçou uma luva de lã na mão direita, deu a outra a José Alexandre e Fernando envolveu suas mãos em um saco plástico. Embrulharam-na em mantas e transportaram-na por 100 metros até o poço. A linha d'água estava a 10 metros da superfície. Os três a empurraram para dentro do poço e, nesse instante, Gisberta, esse era seu nome, o nome que ganhara de si mesma, morreu por afogamento. Sim, aquelas carnes ainda estavam vivas, ainda tentavam permanecer existindo, ainda se rebelavam contra a morte física, como tantas vezes teve que resistir à morte social.

Gisberta Salce Júnior, sim uma mulher, que é o júnior, o filho de um pai de quem terminou por recusar o nome, mas não a filiação. Gisberta, resumida e classificada através de categorias e lugares de sujeito como imigrante brasileira, transexual, que vivia do trabalho sexual e artístico, portadora de HIV/Aids, vivendo em situação de rua, foi torturada e assassinada em Portugal, no ano de 2006. A mulher cheia de vida, que passeava com seus dois cachorrinhos, que tomava cafés com as amigas, foi se tornando a mulher emagrecida, triste, que se recusava a fazer tratamento, passando a andar com roupas rasgadas, sem maquiagem, sem o uso dos sapatos de salto, cortando o cabelo de modo masculino. Sua queda para o fundo do poço foi uma viagem longa e dolorosa, que começou antes que a morte a vencesse, aos 45 anos. Viagem que começou no dia em que, aos 14 anos, comunicara à mãe que queria ser mulher, no dia em que, ao transgredir os códigos binários de sexo e gênero, alojou-se numa espécie de limbo, num lugar de transição, numa travessia e numa transversalidade vista como incômoda e perigosa para uma sociedade cisheteronormativa. Corpo que passa a ser culpado e violentado pela própria sedução e atração que desperta. Carnes que são torturadas por serem desejadas e desejantes, que são vistas como abjetas e, portanto, disponíveis para a sevícia e a morte, por habitarem as margens da ordem social. Antes mesmo de se tornar um ser nômade, sem teto e sem endereço, Gisberta já embaralhava os endereçamentos dos códigos e das identidades. Gisberta nomadizou na linguagem e na imagem, foi um ser passante e, por isso mesmo, passageiro, um ser que mesmo assim deixou traços de sua passagem por este mundo, traços de batom e sangue.

O que pode o discurso historiográfico diante de carnes como as desse ser deslizante e desviante de qualquer fixação, de corpos que burlam os códigos costumeiros e se constroem na contramão da ordem, de sujeitos que afirmam sua existência no seu desaparecimento, na sua fuga em busca da morte? O que pode a linguagem acadêmica dos historiadores diante desse arquivo de dores e sofrimentos, desses testemunhos dos limites do ser humano, da resistência e resiliência daqueles que só dispõem como armas políticas de suas carnes fragilizadas e expostas? Com qual vocabulário, com qual repertório conceitual se procurará dizer, representar, com um mínimo de empatia, essas vidas infames, que se nos revelam de difícil entendimento pela persistência em afrontar todos os saberes e todos os discursos, do religioso ao caridoso, do policial ao judiciário, do médico ao sociológico? Que língua pode roçar essas carnes, tocar esses corpos, servir de matéria de expressão para suas dores, seus padeceres, seus prazeres? Qual a língua que pode adentrar os desvãos, os recônditos, os inauditos, pode seguir as quedas em que emergem e se perdem esses seres das noites, das sombras, da meia-luz?

Se Gisberta ganhava a vida, pagava suas contas, fazia suas compras exercendo o trabalho sexual, ela pode ser definida e incluída no interior da classe trabalhadora? Pode-se esperar que ela seja uma mulher de classe, que tenha consciência de classe, que seja um agente da revolução e da transformação social? Ela fez parte dos mundos do trabalho ou dos trabalhos por muitos considerados imundos, que não devem ser ou existir nesse mundo? Ela, uma mundana, trabalhadora sexual, pode ser sujeita e objeto de uma história social do trabalho? Ela, que não apenas vendia sua força de trabalho, que vendia as próprias carnes, que encarnava a própria mercadoria, que trocava prazeres por dinheiro, que comerciava desejos, sonhos e fantasias, pode ser enquadrada como pertencente à classe explorada, ser sua representante e porta-voz? Ela, que foi assassinada e torturada por um grupo de garotos, filhos do proletariado, dos desvalidos, eles também abandonados por seus pais e por suas mães, eles que também foram carnes baratas para a sevícia e a exploração sexual de poderosos e cristãos, pode ser tomada como objeto de uma história vista de baixo ou do baixo? Ao matá-la, ao agredi-la, matavam e agrediam a mãe prostituída e drogada que tiveram ou mataram e agrediram o pai, um pai tão fugitivo de seus papéis previstos pela norma quanto aquele corpo fugitivo do masculino? Ela, que viva era desprezada pela maioria da própria classe trabalhadora, por aqueles que eram considerados e consideradas lideranças de classe, morta se tornou ícone de movimento social, bandeira do movimento LGBTQIA+. Aquela que sequer se orgulhava de si mesma, que se mortificou na autopunição, que se entregou ao desejo de morte, morta se torna ícone e símbolo de movimentos sociais, da marcha do orgulho gay, torna-se presença ausente, torna-se símbolo. Mas esse processo de mitificação e idealização nos ajuda a nos aproximar de quem foi Gisberta ou nos afasta cada vez mais de sua existência concreta? A memória política que a esquerda dela fabrica, o processo bem cristão, à portuguesa, de martirização e quase canonização de seu nome, não a desapossa mais uma vez de sua vida e de seu corpo?

Ela, que foi batizada Gisberto e se definiu e se viu como sendo mulher, é englobada pela categoria mulher presente nos estudos feministas? Ela, mulher tão singular, tão particular, que chamou a atenção e o ódio transfóbico de seus assassinos, que desde o primeiro encontro exigiam, aos gritos, que mostrasse seu órgão genital, para tirarem a dúvida se era mulher mesmo, pode ser sujeito de uma história do feminino e do feminismo? Ela, que resistiu a expor uma genitália que compunha suas carnes, mas não compunha seu corpo, resto abjeto de uma carnalidade recusada, que no que parece ter sido um gesto desesperado de pedido de clemência a seus torturadores foi finalmente deixado à mostra, mesmo que sob uma camiseta, como se quisesse satisfazer a curiosidade desejante e erótica de seus algozes, pode ser incluída na categoria pretensamente universal de mulher? Há correntes do feminismo que lidam muito mal até hoje com as mulheres transexuais. Muitos feminismos são cisnormativos, até porque tendem a biologizar as diferenças sexuais, embora tenham historicizado as categorias de gênero? Os estudos de gênero e feministas não ficam confortáveis diante da prostituição e da transexualidade, dois lugares de sujeito, dois rótulos sociais usados pelos discursos para enquadrar aquele ser estranho/*queer*. Como lidar com alguém que se autonomeia de Gisberta Júnior, que no próprio nome transgride a binaridade de gênero, que se coloca numa identidade de passagem, que explicita a dimensão convencional de qualquer marcação social, de qualquer ordem discursiva, de qualquer língua?

E os espetáculos da artista, da *performer* Gisberta, aquela que dançou em palácios e nas ruas, podem ser objeto de estudo da história cultural e da história das artes? Gisberta e suas versões de *Diamonds are a girl's best friend* (1953) podem ser catalogadas como manifestações da cultura popular ou da cultura de massa? Erudita é que ela não seria jamais. Talvez possa ser inscrita na chamada cultura *camp*, uma defesa antiacadêmica da cultura popular, que ganhou projeção na década de oitenta, sendo caracterizada por comportamentos, atitudes e interpretações exageradas, artificiais e teatralizadas, fazendo a caricatura do que já era caricato ou um adjetivo para nomear o que seria de mau gosto, cafona, brega. Atirar as *performances* de Gisberta, que a faziam se sentir uma estrela, ter momentos de felicidade, prazer e gozo, para esses lugares conceituais é efetivamente tentar compreender a artista que foi a imigrante brasileira? O que seria fazer arte para essa mulher arteira, que fez de seu próprio corpo um objeto de construção estética, que tentou fazer de suas carnes uma escultura? Em que desvão conceitual se vai atirar essas artes das bombadeiras, que esculpem corpos de sonhos à base de silicone, que modelam carnes para que encarnem imaginários e imaginações?

Ela, que aos 18 anos se vestiu de sonhos ao fugir para Paris, para escapar dos assassinatos das travestis, no bairro da Casa Verde, em São Paulo, ancora a sua vida na cidade do Porto, aos 20 anos de idade, termina vestida com as bermas das estradas, vagando sem leme e sem rumo, pode ser sujeita de uma história da prostituição ou da imigração? Essas categorias a resumiriam, dariam conta do que ela foi? Ela pode ser objeta abjeta da história da violência ou da criminalidade, na maioria dos casos vestida com a roupa descolorida dos números e estatísticas? Ela, que um dia quis brilhar e aparecer, que sonhou com a Cidade Luz e com a ribalta, veria seu corpo mais uma vez apagado sob o cinza das cifras e das porcentagens? Onde colocar essa mulher na linguagem acadêmica que, com Jean-Jacques Courtine (2023) bem poderíamos nomear de língua de madeira, por suas categorias rígidas, duais, por sua tradição canônica de narrativa épica, realista e historicista, fato de que muitos e muitas de nosso ofício sequer têm consciência?

A palavra "cânone" deriva da palavra grega *kanon*, que denominava uma espécie de vara ou régua, que servia de instrumento de medida. Com o tempo, o seu significado deslizou para o de padrão ou modelo a ser tomado como regra, como norma. No século IV d. C., o uso de cânone se generaliza quando os chamados pais da Igreja Católica definem em concílio os chamados Livros Sagrados, aqueles que transmitiriam a verdadeira palavra de Deus, aqueles que apresentariam as leis, que alicerçariam a fé e que deveriam ser seguidos pela comunidade de cristãos. Para estabelecer o que seriam os textos canônicos, a Igreja teria recusado aqueles textos considerados apócrifos, heréticos, transgressores. Portanto, desde o princípio, o cânone é uma espécie de língua de madeira, linguagem vara ou linguagem régua, que visa regrar o que pode e o que não pode ser dito, quem pode ou não falar, quem pode ou não ser referido, ser nomeado. Muitos, nesse processo de canonização, perderam seus nomes e ficaram sem seus textos, submetidos a fogueiras e incinerações.

Esse *corpus* em chamas e essas carnes, muitas vezes reduzidas a cinzas nas fogueiras, foram relegadas ao silêncio e ao esquecimento. O cânone, ao mesmo tempo que busca monumentalizar dados textos e nomes, visando preservá-los da morte e de seu corolário, o esquecimento, é um mecanismo de apagamento de nomes, de esquecimento de ditos e escritos. O cânone é uma régua que consagra, que sacraliza e que, ao mesmo tempo, produz a danação e a reprovação. Passar a régua através da regra é o gesto que o cânone institui. Imaginem essa mulher sem regras, mesmo aquelas mensais, essa mulher que quis ela mesma saber e determinar o que fazer com sua vara, inclusive negar a sua existência, como caberá, com seus excessos, no cânone que institui limites e fronteiras para o discurso das historiadoras e dos historiadores. Talvez nós, profissionais da historiografia, possamos aprender com a literatura modernista como se faz para transgredir o cânone, gesto que dá sentido a essa escrita literária, que a faz ser literatura. Foi nela, notadamente num poema escrito por Alberto Pimenta, intitulado "Indulgência Plenária", que a língua de Camões e Herculano pôde melhor percorrer e discorrer as carnes torturadas, mas, ainda assim, transgressivas e insubmissas de Gisberta, mesmo quando seu corpo já havia adormecido, entorpecido, desistido da existência. Ele trata, no poema, justamente, da impropriedade da língua em dizer Gisberta, essa língua totalmente generificada que é a língua portuguesa, tendo que se colocar em trânsito e em transe entre carnes e corpos que divergem e que divertem os sentidos e classificações, abrindo um vasto mundo entre o homem e a mulher.

> Camadas e camadas
> sulcos e marcas lambidas
> a recortar tudo o que em ti se moveu
> para dentro e para fora do teu previsível mundo
> à Espera só que chegassem e partissem
> os que perguntavam sempre a certa altura
> Que fizeste ao Teu corpo
> como se tivessem entrado
> num labirinto
> onde se iam perder
> Como
> se o não soubessem
> desde o início (Pimenta, 2015, p. 78-79).
> Conversas sobrepostas
> que abriam com a lua-nova do pôr-do-sol
> e fechavam Quando vinha
> o sol nascente
> assassinar o brilho da Lua-cheia
> parece impossível
> o sentido dumas
> e o sem-sentido das outras
> Digamos hidratante primeiro e depois
> terracota nos teus Lábios esgotados
> Tudo isso
> afastava-as de qualquer gramática
> convencional
> Um dia seria inevitável
> seres Tu a vítima afogada
> nessa emotiva troca de silêncios e falas
> que só falavam nas formas
> que emprestavas à carne (Pimenta, 2015, p. 80-81).

Não é de língua de madeira, mas de língua de carne e poesia, de uma linguagem ao mesmo tempo crítica, ética e estética que se precisa fazer a escrita historiográfica, para que não continuemos afogando gente como Gisberta no poço sem fundo do silêncio e do esquecimento, da convenção e da abstração, da cifra e da cinza. Como uma escrita historiográfica marcada pela tradição realista e naturalista pode acolher uma personagem marcada pela fuga do real de suas próprias carnes, uma personagem que construiu uma realidade para si, ancorada no sonho e na imaginação, na rebeldia contra as imposições de um real que acabou por esmagá-la? A historiografia é um discurso que, ao tentar reprimir e disfarçar a sua condição poética, torna-se pouco capacitada a dizer e fazer ver vidas que foram pura poesia, por serem vividas como recusa do próprio referente material da existência, recusa de colagem ao pretenso significante despótico de uma carnalidade biológica determinista. Seres que fazem poemas de suas próprias formas carnais, que se recusam a tomar a sua materialidade mesma como destino que, embora tendo sua materialidade o tempo todo apontada, conotada, como sendo de um sexo e de um gênero, preferem a denotação da fantasia, da construção de um corpo que se descola e se desloca da pretensa naturalidade determinista da biologia, do binarismo sexo/gênero.

O discurso historiográfico, com seu visualismo, com sua ênfase no olhar, na autopsia, não seria, na verdade, cúmplice daqueles garotos que queriam ver, auscultar, tocar a verdade de seu sexo, queriam desnudá-la e, com isso, desmontar e demonstrar sua mentira, sua fantasia, sua loucura, sua neurose? O discurso historiográfico, ao equiparar o ver com o encontrar a verdade, com suas metáforas visuais, como desnudar, desvelar, revelar, servindo de apoio para pensar e descrever a operação de conhecimento, não terminaria por acompanhar todos aqueles que na vida de Gisberta quiseram retirar suas roupas, seus véus, para denunciar o equívoco de sua identidade, todos aqueles e aquelas que quiseram revelar seu segredo?

O discurso historiográfico se colocaria ao lado dos discursos e práticas de poder que, visando estabelecer a verdade daquele nome e daquele corpo, os atiraria para o campo da mentira, do embuste, do fingimento, quando não do desvio, da anormalidade, da monstruosidade, da imoralidade, da loucura? Como um discurso preso aos dualismos, aos binarismos que estruturam nossa vida social, pode dar lugar a um corpo que se coloca no lugar do terceiro excluído, esse lugar de charneira, de fímbria, de zona cinzenta, nesse lugar que aparece como zona de trânsito, de transição, de fluxo, de movimento, lugar de desmanchamento das figuras e rostos binários que costumam ontologizar os entes e seres na cultura ocidental? Como dar conta de um ser que não se diz como essência, mas um ser passante, um ser nômade, que desliza e desliga os códigos de partição e oposição que costumam estruturar nossas formas de ver e dizer o mundo? Como dizer um ser que esvoaça, que brilha como um pirilampo em noite escura, um ser que se abisma em viagens existenciais que o levam para longe daquilo que dizem ser seu ser mesmo, seu si mesmo? Um ser que, antes mesmo do gesto que a matou, já frequentava o fundo do poço, um ser em jorro permanente, um ser liquefeito, um ser viscoso, escorregadio, deslizante, superfície de inscrição de fantasias e desejos alheios, um ser performático e teatral, uma tela branca de projeção de fantasias.

Como o discurso historiográfico, que nasceu comprometido com o colonialismo, com a colonização do lugar do outro, com a conquista do outro, com a objetificação de um outro visto como diferente e distante, no tempo e no espaço, um ser passado, um morto, pode dizer um corpo que só existiu em vida, um personagem que naufragou com sua morte, um ser que foi afogado com suas carnes, que foi apenas vida? Um ser de difícil objetificação por ser mutável, por ser da ordem do jogo e da dissimulação. O discurso historiográfico pode tratar de seres como Gisberta sem colonizá-los, sem vir a substituí-los por categorias abstratas que os silenciam e os escondem? Tornar Gisberta personagem da história não seria mais uma vez colocá-la no lugar do morto, construir para ela uma tumba de letras que, se poderia ser tomada como uma homenagem, um monumento, não seria também uma forma de apaziguar a sua incômoda e impossível presença, não seria uma maneira de domesticá-la, de normalizá-la, de, dando a ela uma existência de letra, matá-la em sua novidade carnal disruptiva e passageira? Dar a Gisberta uma história não seria afastá-la de nós, produzir uma distância amedrontada, uma distância intransponível, com a qual se viu muitas vezes confrontada em vida, não seria alojá-la num tempo outro, num tempo que não é o nosso, não seria fazer dela uma extemporânea? Não seria dar a ela um outro espaço que não é o nosso, onde não nos encontramos, um espaço outro onde não nos reconhecemos, por ser dito passado, por ser dito anterior ao nosso? Não seria essa uma forma de não nos comprometer com o crime de que Gisberta nasceu definitivamente para a fama, a infame que, uma vez trucidada, torturada, ganha ares de celebridade e lugar de mito e emblema? Gisberta partejada por um crime, do qual contaríamos a história, não seria uma forma de nos distanciarmos e de nos convencermos que nada temos com esse sangue derramado, com esses hematomas, com essas lesões, com esse suspiro final de martírio?

Como escrever a história daquilo que o filósofo Jacques Derrida chamou de diferença (*différance*), e que muitos têm dificuldade de entender, que muitos julgam ser uma abstração filosófica, simples jogo de linguagem de um filósofo difícil (Derrida, 2019). Mas, se alguém quer entender o que

Derrida chamou de *différance*, olhe para Gisberta, ela é esse pequeno a (para se referir uma categoria lacaniana) que faz a diferença, esse significante, esse signo, essa materialidade, esse traço que não se deixa subjugar, colonizar pelo sentido, ela sempre sobra, resta, excede. Gisberta é a própria parte maldita do ser e do signo, que recusa a repetição e a captura pelo sentido, um ser cuja existência se baseia em processos de diferenciação permanentes (o que restou em ti do menino que um dia foste o menino de mamãe?), traço vivo, que jogou o tempo inteiro com a vida e com a morte (um dia mataste Gisberto para Gisberta nascer, e lutava todo dia para que essa existência se viabilizasse na precariedade de seu ser), com a ausência e a presença (brincadeira maior, motivo de tua desgraça, o esconde-esconde de tua genitália, presença denegada, ausência sonhada, presença ausentada através de truques e técnicas corporais de disfarce e dissimulação). Como a diferença (*différance*), Gisberta viveu permanentes movimentos de esgarçamento e esquecimento, traço constantemente rasurado (sonho maior: rasurar tuas carnes, raspar os traços que te condenavam socialmente ao lugar do macho, do masculino, fazer das carnes um palimpsesto para nele inscrever uma nova genitalidade, uma nova carnalidade, um novo ser). Como Derrida definiu a diferença (*différance*), teu corpo foi um devir espaço do tempo, foi uma espacialidade construída e destruída ao longo de uma temporalidade própria, um tempo e um espaço dos quais buscavas, desesperadamente, ter o controle. Mas tua corporeidade foi também um devir tempo do espaço, pois tua espacialidade carnal não deixou de ser transformada e transmutada ao longo do tempo. Para escrever tua história, é preciso que a narrativa historiográfica seja capaz de acompanhar fluxos e não os paralisar em cenas e personagens congelados.

A personagem Gisberta é o fracasso de qualquer lógica opositiva, mesmo que seja dialética. Em Gisberta nunca houve síntese, mas heterogeneidade, multiplicidade, tensão não resolvida, daí a dificuldade de pensá-la com a lógica cartesiana e formalista, taxonômica e representacionista da historiografia ocidental. Ela foi sempre reafirmação do mesmo com o outro, invaginações, o isso com o aquilo, sem poder haver escolhas, o que sempre adveio com o impossível. Gisberta afrontou o impossível, aquilo que Jacques Lacan (2014) nomeou de real, ela viveu em busca da impossibilidade, sua vida foi a tentativa de materializar o que se colocava no campo da inviabilidade, ela lutou em toda a sua existência para viabilizar o que se lhe apresentava como o não viabilizável. Murro em ponta de faca, mas como evitar, como não dar as mãos à palmatória, como não afrontar a dor da exposição à violência, se disso dependia o seu respirar, a sua vida mesma? Por isso preferiu descer até o fundo do poço, perder o alento e o fôlego, ter a garganta calada, a voz naufragada, do que se submeter a uma realidade insuportável, a realidade de uma carne que a traía, que a atraiçoava, que a negava, uma carne que não era ela mesma, que não a representava, que não a apresentava (por isso o travestir-se em cada apresentação), que não correspondia à sua presença (sofisticada ou desleixadamente preparada).

O poeta e compositor português Pedro Machado Abrunhosa dedicou, também, um poema a Gisberta, também tentou dizer, à maneira de poesia, essa personagem e seu drama. Nele, a tragédia de sua queda em nome do amor, em busca de ser amada, desejada e querida como a pessoa que queria e julgava ser. Como um gênero narrativo nascido da épica antiga, como a escrita da história pode narrar uma tragédia? A historiografia não surgiu entre os gregos antigos na contramão da narrativa trágica, como uma narrativa prosaica e voltada para a exemplaridade? Uma narrativa nascida para ser mestra da vida pode dar conta de seres que não guardam em sua existência nenhuma exemplaridade, não foram, nem quiseram ser modelo de nada, fugiram da norma, se desviaram da vara do cânone e se entregaram a outras mais prazerosas? Uma carne que nasce sexuada com um pênis, que é imediatamente alojada pela cultura na categoria de macho, na categoria de masculino, que cresce e se socializa sendo chamada e tratada como um menino, que vê suas carnes sendo adestradas e pressionadas para ser um homem de verdade, ser viril, másculo, começa a resistir a essas imposições e agenciamentos, começa a se rebelar, querendo ser chamada de tua, não de teu, tem que, para isso, perder o próprio nome, tem que se desnomear e renomear, gesto de poder fundante na vida social. Gisberta funda a si mesma, rejeitando o poder parental e jurídico que lhe dera um nome, realiza um gesto de radical liberdade, dá asas e carne a seu nome de fantasia, com ele monta um ser outro, um corpo fabricado pela imaginação.

Um ser cuja vida seria feita de contrastes, de subidas e descidas, da luta incessante para ser algo que tudo à sua volta, que a ordem social, que os códigos e valores tentavam sabotar e impedir. Por que a historiografia tão encantada com as lutas sociais, tão disposta a heroicizar, a romantizar aqueles que resistem, que são resilientes, que contestam e protestam, não está atenta para as batalhas diárias de seres como Gisberta? Aqueles/as que vivem na e da batalha não encontram lugar nas narrativas épicas dos historiadores? Gisberta, um ser que cantou em palácios e que terminou por morar na rua, que se vestiu de sonhos e terminou vestida pelas bermas da estrada. Sua vida transcorreu entre uma sujeita que se inventou e a sarjeta que a destroçou e a destrocou, a desvestiu até a morte, a despossuiu da posse do si mesmo, que havia afirmado ao inventar um nome para si, o nome equívoco de Gisberta Júnior, a filha de mesmo nome do pai, impossibilidade, ironia e derrisão. Um ser que foi, em sua trajetória, queimando todos os portos seguros, que foi abandonando todos os lugares de conforto, todas as instituições, todos os lugares de sujeito projetados para ela, foi queimando todos os navios e pontes, inclusive com seus amigos e amigas mais íntimos/as, até quedar ancorada no porto solidão, tendo apenas o nada para onde voltar, sem pais e sem país, desterritorialização absoluta, linha de fuga sem ritornelo, buraco negro, poço sem fundo. A historiografia, narrativa que traça laços e pontes, que trama e tece um enredo, que produz textos e contextos, como pode trazer essa linha equívoca, essa ponta solta, esse fio desencapado, esse traço esvoaçante e barroco para seu entramado narrativo?

A historiografia que busca sincronizar todas as temporalidades, que busca reduzir o emaranhado dos tempos, numa linha única e contínua de temporalização, que não convive bem com os tempos soltos e esquizo, esquisitos, como pode atrelar esses contratempos, que foram os tempos de vida de Gisberta, a seu tempo rei? Gisberta, que, em seus dias de agonia, não sabia se eram anjos ou demônios que a chamavam, que a faziam sair do estado de torpor à custa de pancadas e patadas, que perdeu a própria noção de tempo, que não sabia nem mesmo se os mil homens na cama tinham sido realidade ou sonho, dando-se conta que só o céu não podia esperar, vendo-o se aproximar, a cada dia, a cada sessão de tortura, sem que, ele também, tivesse a face azulada e paradisíaca que um dia o discurso cristão a havia ensinado. O céu dela se aproximava, como dor e martírio, trazido pelos anjos saídos de uma instituição católica, os anjos do extermínio, do apocalipse, anjos decaídos pela miséria, pelo abandono, pela sevícia de suas carnes angelicais por demônios adultos, vestidos com sotanas negras, com suas varas não canônicas a lhe darem lições de imoralidade e impudicícia. O céu não podia esperar por tanto horror e iniquidade, não podia esperar mais ao ver tanto sofrimento, e caiu sobre ela como uma noite escura. Assim como na hora da morte do Crucificado, na hora de sua morte, o céu se fez trevas, o fim vindo lhe buscar, calando lentamente sua voz, afogando seu grito nas profundezas da terra.

A escrita historiográfica nunca esteve preparada para encarar a noite, as trevas, os gritos de dor ou de prazer. A escrita historiográfica moderna é fruto dos ditames das Luzes, quer esclarecer, clarear, fazer a luz entrar, quer desenterrar, quer dizer, quer falar. Seu regime visualista, oculocêntrico, exige o visualizar; por isso a tudo quer arrancar da noite do esquecimento, tem dificuldade do ouvir, do se deixar afetar pelos gritos e imprecações. A historiografia, quase sempre, constrói um mundo sem sonoridades, sem outras sensações, que não as sensações visuais. Gisberta viveu do som, viveu da música e na música de sua voz equívoca; ela existia na fala, na voz, no nome, na linguagem, embora as carnes procurassem contrariá-la. Era na palavra, no som da palavra que ela existia; por isso, sua morte, lenta, se deu pela progressiva incapacidade de falar, de gritar, de protestar, de xingar, sua entrega ao mutismo e à afasia fez com que seus algozes a tomassem por morta. Quando deixou de gritar seu nome, quando deixou de afirmar, em alto e bom som, o seu ser mulher, o prosaico de seus genitais à mostra foi o contradiscurso que a derrotou e a matou. Ela havia, num gesto de clemência, e ainda assim de sedução, deixado de gritar suas verdades, para se render mortificada à verdade material e visual de genitais traidores e mortais. Motivo da atração e da repulsa que a matou.

A historiografia sempre teve dificuldade em tratar desses seres que foram porta-estandarte no escuro, que sambam na avenida ao anoitecer, que brilham no apagar das luzes, que são celebridades de instantes fugidios, que, como uma mariposa, se incendeiam, se deixam queimar no brilho de uma chama. Seres que, sempre que se apagam as luzes, é o futuro que parte, seres que vivem na fímbria do presente, que têm dificuldade de duração. Como fazer a história do efêmero, essa escrita que sequer dá conta do desejo de seus personagens, que dirá de inscrição passageira dos desejos em corações que são esquecidos ao fecharem a braguilha e a porta? Como fazer a história de seres como Gisberta, que com sedas matou e com ferros morreu? Como fazer histórias de sedução e de satisfação sádica? Gisberta não teria sido castigada por ter matado tantas masculinidades, tantas machezas militantes a golpes de seda e sedução, por ter assassinado com sedas sua própria masculinidade? A pequena camisola sedosa, que ainda exibia em seu martírio, não seria ela mesma a arma de seu crime? Para repor a história no lugar, para repor a ordem fálica, para repor a sedação da ordem heteronormativa, só os golpes de ferro, de instrumentos perfurocortantes, a lembrar e repor o império do falo. No encontro da seda com o ferro, no martelar da seda com a sede do ferro, a vitória final e assassina do machismo, da heteronorma, da cisgeneridade. Descontruir um corpo de seda, a ferro e fogo, foi o que buscavam os anjos vingadores da ordem, que também os excluía.

A historiografia foi sempre uma escrita deslumbrada com o ferro e com o fogo, da guerra e da batalha, uma história de homens, másculos e heroicos, a morrer em seus épicos confrontos. A historiografia sempre desprezou a seda e a sede, sempre desprezou tudo o que convencionalmente remete ao feminino, ao desejo, ao sonho, à dimensão que se considera superficial na vida. A própria concepção dominante do ato de conhecer, de saber no Ocidente, tem como imagem a penetração, a busca do âmago, a descida às camadas mais profundas de um dado ser, de uma dada coisa, de uma dada realidade. A imagem do processo de conhecimento é fálica, tem parentesco com esse ferir a pele das coisas com o ferro da inteligência, com o ferrão do saber. Conhecer, chegar à verdade, nunca provém do acariciar as formas, do sentir as texturas e as linhas, do acompanhar e tatear as formações de objetos, nunca é o deslizar e o afagar a superfície dos corpos, sentir a carnalidade do mundo. Uma mente desencarnada desce como um raio fulminante e perfura seu objeto, o viola, o violenta, e com isso conquista sua verdade. A historiografia não ficou à margem dessa imagem do conhecimento, ela julga que conhecer é atravessar, penetrar e devassar a superfície dos tempos e eventos. A historiografia jamais é pensada como carícia, como apalpamento, como bolinação de seu objeto, construído nesse ato próprio de perquirição, de bordejar formas e limites. O objeto historiográfico aparece como um já lá, um dado, um evento, uma cena, um fato, do qual se vai fazer a penetração crítica, no qual se vai emprenhar e empenhar a agudeza da lâmina da inteligência, nunca o esvoaçar da imaginação.

Gisberta, aquela personagem que, como tantas, trouxe pouco à existência e dela levou ainda menos, se tratamos de coisas materiais, aquilo que a ordem capitalista em que viveu tanto preza. Mas Gisberto trouxe pouco, também, do ponto de vista imaterial, subjetivo, afetivo; e Gisberta, sua sucedânea, levou ainda menos quando se trata de coisas como dignidade, respeito, cidadania, amor. Ambos aprenderam que a distância até o fundo é tão pequena, que a queda é uma possibilidade a todo ser humano, esse ser bípede que se pôs de pé e que, por isso mesmo, está sujeito facilmente ao tropeção e à prostração. Gisberta, como a Conceição da música famosa, tentando subir só desceu, que fez tantos subir, não encontraste neles o apoio que buscavas para se erguer. Foste caindo, rolando até o pó daquela construção abandonada, onde pensava não poder descer mais, até ser lançada às profundezas do poço, em que te quedaste morta. A historiografia está acostumada a frequentar espaços mais elevados, como um saber de Estado e colonizador, nasceu votada a legitimar e festejar os poderosos, a contar as tramas do poder, a dar visibilidade aos seres de fama, mesmo quando se diz olhar para baixo. Gisberta, foste parar tão embaixo em tua queda, que é difícil que o olhar da historiografia tenha olhos para te ver. Tu, um ser das sombras, das noites, das simulações, das fantasias, das diversões, não és solo firme, não és objeto seguro e firme para se fazer história. Ser abjeto, como devir objeto de conhecimento? A quem interessa a vida de Gisberta? A sua morte parece ter interessado mais do que a sua existência.

Para tornar um/a sujeito/a objeto de uma história, é preciso ter por ele/a empatia, interesse, curiosidade. Para ser mais exigente, é preciso ser capaz de amá-lo/a, em toda a sua diferença e singularidade. Alguém amou Gisberta, alguém foi capaz de amá-la para além do momento fugidio do prazer a preço de um punhado de euros? Se levarmos em conta as cenas finais de sua existência, tudo o que ela parece ter despertado foi o ódio, a raiva mais assassina. Ela, que, como todo ser humano, deve ter passado a vida em busca de ser amada, que significava ser aceita em sua diferença (*différance*), ser incluída, em seus próprios termos, na dramaturgia da vida social, foi testemunhando, das formas mais lancinantes, naqueles dias de agonia, que o amor dela se afastava para cada vez mais longe. Talvez possamos visualizar em suas mãos em súplica, em seus olhares de dor e mágoa dirigidos aos rostos adolescentes de seus algozes, suas últimas petições de amor. Como num crescente eco, que de tudo se apossava, como uma sonoridade que ia ficando mais remota, seu apelo pelo amor foi se ralentificando: "o amor é tão longe/o amor é tão longe/o amor é tão longe". Será que nós historiadores e historiadoras seremos capazes de nos aproximar dessa súplica de amor que vem do passado, de seres como Gisberta? Serão personagens como ela que escolheremos como nossos ancestrais, como nossos antepassados? Será com a parca herança que deixou que nos comprometeremos no presente? Estamos dispostos/as a colocar a nossa voz e a nossa escrita a serviço de fazer passar para a letra da historiografia esses corpos triturados pelo moinho do mundo? Os poetas, como Cartola, Jair Amorim, Waldemar de Abreu, Paulo Abrunhosa e Alberto Pimenta, souberam fazê-lo; que aprendamos com eles.

Referências

BALADA de Gisberta. Composição e interpretação: Pedro Abrunhosa. *In*: LUZ. Interpretação: Pedro Abrunhosa. Porto: Universal Music, 2007. Digital.

CORNACHIONI, J. Relembre a história de Gisberta e conheça o movimento "Se A Rua Fosse Minha". *Revista Marie Claire*, Rio de Janeiro, 3 jul. 2021. Disponível em: https://revistamarieclaire. globo.com/Mulheres-do-Mundo/noticia/2021/07/relembre- -historia-de-gisberta-e-conheca-o-movimento-se-rua-fosse- -minha.html. Acesso em: 18 set. 2024.

COURTINE, J. *Corpo e discurso*: uma história das práticas de linguagem. Petrópolis: Vozes, 2023.

DERRIDA, J. *A escritura e a diferença*. 4. ed. São Paulo: Perspectiva, 2019.

DIAMONDS are a girl's best friend. Composição: Jule Styne e Leo Robin. Interpretação: Marilyn Monroe. *In*: GENTLEMEN Prefer Blondes [trilha sonora do filme]. Interpretação: vários intérpretes. Los Angeles: 20th Century Fox, 1953.

FILHO, M. A brasileira que virou símbolo LGBT e cujo assassinato levou a novas leis em Portugal. *BBC Brasil*, Lisboa, 23 fev. 2016. Disponível em: https://www.bbc.com/portuguese/noticias/2016/02/160218_brasileira_lgbt_portugal_mf. Acesso em: 18 set. 2024.

GONZALES, M. Quem é Gisberta, brasileira ícone LGBT em Portugal que dará nome à rua. *Universa Uol*, São Paulo, 21 maio 2024. Disponível em: https://www.uol.com.br/universa/noticias/redacao/2022/05/21/gisberta-a-brasileira-trans-que-e-referencia-da-luta-lgbtqia-em-portugal.htm. Acesso em: 18 set. 2024.

LACAN, J. Le séminaire, livre XXII: RSI (1974-1975). [Seminário inédito, transcrição em francês por] Patrick Valas. *Patrick Valas*, [*s. l.*], maio 2014. Disponível em: https://www.valas.fr/Jacques-Lacan-RSI-1974-1975,288. Acesso em: 18 set. 2024.

PIMENTA, A. *Marthiya de Abdel Hamid segundo Alberto Pimenta*: Indulgência plenária. Belo Horizonte: Chão de Feira, 2015.